Charles Breaux

Reise ins Bewußtsein

Chakras, Tantra und Jungsche Psychologie

Aus dem Amerikanischen von Gislinde Müller

Knaur®

Gewidmet

Gyalwa Karmapa, der die Buddhaschaft zu einer unvergeßlichen lebendigen Realität machte.

Landrian O'Donnel, inkarnierte Dakini, die mich die schmerzvolle Lektion des Preises meines Stolzes lehrte.

Nanna Bolling, Barbara Hess, Inge Miller und Dana und Tony Pasquale für ihre Liebe, Unterstützung und Hilfe.

Einen besonderen Dank an Sergei Diakoff und Äge Delbanco für ihre Großzügigkeit.

Inhalt

Einführung

*D*as erste Buch über Yoga kaufte ich mir als Teenager. Darin war ein meditierender Yogi abgebildet, auf dessen Rückgrat sieben Lotusblüten eingezeichnet waren. Der Autor berichtete über eine geheimnisvolle Kraft (Kundalini), die über diese Lotusblüten (Chakras) aufsteigt, und davon, daß Tiere und fremdartige Gottheiten in den verschiedenen Chakras wohnen. Diese exotischen Bilder faszinierten mich. Offensichtlich weckten sie alte Erinnerungen, die ich nicht richtig zuordnen konnte. Mein Verstand stolperte über die Bedeutung des seltsamen östlichen Wortes »Yoga«. Im College las ich theosophische Literatur. Nach dem Studium von Leadbeaters Buch über die Chakras wußte ich – so interessant es auch war – immer noch nicht, wie man sich das Wissen über die Chakras zunutze machen kann.

Seither sind viele Jahre vergangen. Informationen über Chakras sind in New-Age-Kreisen Gemeinplätze. Deshalb sind sie nicht weniger verwirrend. Viele Autoren und Lehrer verbreiten überzeugend dogmatisch ganz unterschiedliche Theorien über die Bedeutung und Funktionen der Chakras. Es existieren fortwährend Widersprüche zwischen den Vorstellungen über die Verbindungen der Chakras mit Organen, endokrinen Drüsen, Tönen, Farben und über die Bedeutung, die den Chakras zugeschrieben wird, ganz abgesehen von den vielen Wunder-Heilmethoden zu ihrer Ausbalancierung und Reinigung.

In diesem Buch möchte ich dazu beitragen, das Fundament für ein praktisches psychologisches Verständnis der Chakras zu legen. Zu diesem Zweck behandle ich ausführlich den historischen und philosophischen Kontext des Tantra, den Heimatboden des Chakra-Systems. Darüber hinaus werde ich zeigen, inwieweit sich die Psychologie von C. G. Jung und dieses System entsprechen.

Nach meinem College-Abschluß in Psychologie, Philosophie und Weltreligionen trieb mich mein jugendlicher Idealismus dazu, Erleuchtung anzustreben. Dies war damals für mich das einzig lohnenswerte Ziel. Ich wurde zum modernen Einsiedler. Nach einer dreijährigen Periode der Abgeschiedenheit und intensiver Meditation erwachte die Kundalini. Einige Tage und Nächte lang loderte ein brennender Schmerz in meinem Becken und Unterleib. Schließlich stieg er die Wirbelsäule hoch und verschwand über die Schädeldecke. Einige Wochen lang befand ich mich in einem Zustand der Verzückung. Ich hatte angenommen, in ein magisches »erleuchtetes« Wesen verwandelt worden zu sein. Statt dessen stand ich nur am Anfang einer unbeschreiblichen Reise.

Mit dieser ersten Begegnung mit der Kundalini begann meine Öffnung für die Fähigkeit zum übersinnlichen Sehen und Heilen. Etwa ein Jahr später zwangen mich schwere Verdauungsbeschwerden, die mit ärztlicher Hilfe nicht geheilt werden konnten, diese Fähigkeiten zur Anwendung zu bringen, um mich selbst zu heilen. Ich arbeitete daraufhin mit anderen zusammen und gab später Unterricht in übersinnlicher Wahrnehmung und im Heilen. In dieser Zeit experimentierte ich viel mit Methoden, an den Chakras zu arbeiten. Mein psychologischer Hintergrund half mir, meine übersinnlichen Wahrnehmungen in der Aura und in den Chakras zu strukturieren und zu interpretieren. Die Psychologie von C. G. Jung fand ich dazu besonders geeignet.

Eines glücklichen Tages führte mich ein Freund in das tibetanische Tantra ein, und ich durfte an einer kleinen privaten Zeremonie für fortgeschrittene Schüler von Gyalwa Karmapa, der 16. Inkarnation des Hauptes der Kagyu-Linie des tibetanischen Buddhismus, teilnehmen. In dieser Zeremonie setzte sich Karmapa eine schwarze Krone auf. Seine spirituelle Ausstrahlung war ungemein stark. Das hat mich zutiefst bewegt. Daraufhin folgte ich Karmapa auf seiner Reise entlang der Westküste der Vereinigten Staaten, um Unterweisung und Initiation zu bekommen. In den Jahren danach studierte ich zu Füßen verschiedener anderer Lamas und nahm an mehreren Meditations-Retreats[1] teil. Je mehr ich über das Tantra lernte, desto klarer wurde mir, daß viele der Methoden, die ich intuitiv für die Arbeit an den Chakras entwickelt hatte, sich weitgehend mit dem Tantra deckten.

Im Frühjahr 1981 umarmte mich die Göttin Kundalini ein zweites Mal. Über einen Zeitraum von einigen Monaten hatte ich zahlreiche Begegnungen mit ihr und erhielt beim Meditieren eine Reihe von tantrischen Initiationen. Darüber hinaus durchlebte ich eine Anzahl früherer Leben als Yogi und Lama noch einmal. Dadurch wuchs mein Verständnis für das Tantra, und es wurde mir klar, warum es auf mich eine solche Faszination ausübte.

Das Tantra nimmt im wesentlichen Bezug auf unser Verhältnis zur ursprünglichen Natur des Kosmos. Wie hat sie sich im Leibgeist konkretisiert, oder aber wie ist sie getrübt? Welche Verwandlung findet statt, wenn sie aus ihrer Verstrickung befreit wird, die aus dem Bestreben resultiert, ein individuelles Gefühl der Identität zu entwickeln? Sind wir und der Kosmos identisch? Wie finden wir die Antwort auf diese Fragen? Gautama Buddha knüpfte sechs Knoten in ein seidenes Taschentuch und fragte einen seiner Nachfolger, wie man diese auflöst. Durch Knüpfen der Knoten zeigte Buddha, wie unsere individuelle Identität durch die Knoten des Ego in jedes der ersten sechs Chakras eingebunden ist. Wir müssen sie, so lehrte Buddha, in der umgekehrten Reihenfolge aufknoten, in der sie geknüpft wurden.

Gemeinhin stellt man sich vor, das Erwachen der Kundalini, das erfolgt, wenn die Knoten aufgeknotet sind, sei mit Erleuchtung identisch. Dazu muß ich klar und deutlich sagen: So einfach ist das nicht. Im Gegenteil – wir können gnadenlos einem Alptraum verfallen, wenn wir nicht sorgfältig die Inhalte des Unbewußten und die karmischen Muster integrieren, die in der Folge in großer Zahl aufsteigen.

Carl Gustav Jung rät in *Aspects of the Feminine,* schlafende Hunde nicht zu wecken, denn die gefährliche Reise ins Unbewußte ist weder nützlich noch nötig, wenn wir nicht aus innerer Notwendigkeit dazu getrieben werden. Er meinte, die Furcht unseres Inneren sei manchmal sogar gesund, denn sobald wir in seine Geheimnisse eindringen, wird der Boden der uns bekannten wissenschaftlichen und moralischen Standards unserer »vertrauten« Welt unter unseren Füßen brüchig. Er macht deutlich, wie tief diese Furcht vor der inneren Welt sitzt, und zeigt auf, daß diese Furcht den primitiven Geist dazu führte, religiöse Lehrgebäude und Praktiken zu schaffen, die den Schamanen und Priestern die Vollmacht gaben, uns vor ihr zu schützen.[2]

Das alte System des Tantra entstammt zwar den gleichen historischen Tiefen der Psyche. Seine Schlußfolgerungen und Praktiken sind jedoch einmalig. Die Beziehung des Tantra zu unserer inneren Welt und dem Leben ganz allgemein ist das zentrale Thema des vorliegenden Buches. An dieser Stelle möchte ich lediglich darauf hinweisen, daß das Tantra zeigt, wie die vitalen Kräfte des Kosmos sich nicht von denen unseres Leib-Geistes unterscheiden. Das vollständige Akzeptieren von beidem und die Transformation unseres Bewußtseins, die dem folgt, sind sein Hauptanliegen.

Diese Orientierung wird mit der Psychologie von C. G. Jung verglichen. Aus Jungs Sicht befinden wir uns in einem fortschreitenden Prozeß der Verwirklichung, den er Individuation nennt. Durch diesen Prozeß dehnen wir als individuelle

Einheiten des Lebensbewußtseins unser Bezugsfeld so aus, daß es die persönlichen und universellen Bereiche des Unbewußten einschließt.

Individuation vollzieht sich durch die Erfahrungen in unserer Traumwelt und durch die Ereignisse des Alltagslebens. Die äußere Welt wird von Jungianern als Bildschirm betrachtet, auf den die Bilder des Unbewußten projiziert werden. Aus tantrischer Sicht ist unser Leben ein Wachtraum, das spontane Ausagieren von archetypischen Themen, von alterslosen Mythen.

Das Leben lebt durch uns. Es so zu akzeptieren, wie es ist, von seiner Banalität bis zu seiner Erhabenheit, ist die Grundlage unseres psychologischen wie unseres spirituellen Wachstums. Deshalb sind sowohl im Tantra wie in der Psychologie von C. G. Jung spirituelle Praktiken und therapeutische Methoden nicht von bewußter Teilnahme am Alltagsleben zu trennen.

Sowohl die tantrische wie die Jungsche Psychologie würdigt die alchemistische Transformation des menschlichen Bewußtseins. Das Tantra versinnbildlicht unsere Metamorphose in einem System von Chakras, die sich öffnen, während wir nach und nach für die verschiedenen Dimensionen der Psyche erwachen. In jeder dieser sieben Chakras veranschaulichen Gottheiten und andere Symbole die Inhalte und die Funktionen, die sich auf der jeweiligen Ebene finden. Aus Jungscher Sicht sind die universellen Themen, die sich in den zahllosen auf der ganzen Erde verbreiteten Geschichten von Helden und Heldinnen, von Göttern und Göttinnen finden, Dramen, in denen die Entwicklungsstadien unseres Wachstums in die Bewußtheit hinein gezeigt werden.

In *Ursprungsgeschichte des Bewußtseins* zeigt der Jungianer Erich Neumann auf, wie wir als Individuen die gleichen Entwicklungsstadien durchlaufen, aus denen heraus sich die Menschheit kollektiv entwickelt hat. Auf die Mythologie der

Welt projiziert, beginnen und enden diese archetypischen Phasen mit dem Bild der Schlange, die sich in den Schwanz beißt (Uroboros). Die Stadien dazwischen sind: Die Erschaffung der Welt, die Große Mutter, die Trennung der Ureltern, die Geburt und die Prüfungen des Helden, die Tötung des Drachen, die Rettung der gefangenen Jungfrau und die Romanze mit ihr und die Verwandlung und das Göttlichwerden des Helden. Im nachfolgenden Text werde ich diese archetypischen Stadien in Beziehung zu den sieben Chakras setzen.

Es gibt viele Bereiche, in denen tantrische Praktiken und Jungsche Psychologie übereinstimmen und sich gegenseitig befruchten. Die westliche Psychologie sollte den vielen Tausenden von Jahren tantrischen Erforschens der transpersonalen Bereiche der Psyche hohe Achtung und die Bereitschaft entgegenbringen, davon zu lernen. Aus der Psychologie von C. G. Jung kommt dagegen das praktische Wissen, wie man mit den heutigen persönlichen Aspekten westlicher psychologischer Prozesse umgeht.

Im hinduistischen und buddhistischen Tantra gibt es viele Sekten und eine Vielfalt von Lehren. Ich nehme überwiegend auf das tibetanische Tantra Bezug; denn damit habe ich persönliche Erfahrungen machen können, und es ist in unserer Zeit noch sehr lebendig. Ich habe das meinem Gefühl nach Grundlegende herausdestilliert, und ich stelle diese Essenz so weit wie möglich mit Hilfe des Mediums Jungscher Psychologie dar.

Die Sprache des Tantra ist visionär und reich an Symbolen und Metaphern, die in den Meditationen von Yogis früherer Zeiten spontan entstanden sind. Manchmal ist es das beste, wenn du diese Bilder zu deinem tieferen Selbst sprechen läßt und keine Übersetzung für den rationalen Geist suchst. Zu diesem Zweck habe ich an das Ende eines jeden Kapitels eine Meditationsübung gestellt, bei der tibetanische tantrische

Gottheiten und Vorgehensweisen ins Spiel kommen. Auf diese Art läßt sich wohl das, was das Tantra wirklich ist, am besten vermitteln.

All das beruht auf unmittelbarer persönlicher Erfahrung. Ich möchte dem Leser jedoch klarmachen: das, was ich beschreibe, sollte man nicht mit dem orthodoxen tibetanischen Buddhismus verwechseln. Ich zeige einen Weg, auf dem die tantrische Methode in zeitgenössische westliche Ansätze zur Heilung und zur Entwicklung des Leibgeistes integriert werden kann. Ich habe die grundlegende Weltanschauung des tibetanischen Tantra dargestellt und sie dabei ihres kulturellen Rankwerks entledigt. Jamgon Kongrul zeigt in *The Torch of Certainty*, wie schwer es für den westlichen Geist ist, den kulturellen Hintergrund der tibetanischen Tradition zu begreifen. Seiner Meinung nach ist es unangemessen und überflüssig, daß wir uns diesen überstülpen. Die Darstellung der geistigen Grundlagen der Lehren ist alles, was seiner Meinung nach notwendig ist.[3]

Uns, die wir vom westlichen Rationalismus durchdrungen sind, kommt die tantrische Lehre auf den ersten Blick wie eine bizarre Mythologie oder wie Aberglauben vor. Nur wenige Menschen, die mit der Psychologie von C. G. Jung oder allgemein mit Mythologie sehr vertraut sind, können die psychologischen Wahrheiten, die aufs schönste in das Gewebe tantrischer Lehren eingewebt sind, würdigen. Es ist deshalb für den Durchschnittsmenschen am besten, wenn man die wesentlichen Lehren leicht verständlich darstellt. Was wir brauchen, ist eine Synthese, ein gemeinsamer Boden für den tantrischen Ansatz und unsere westliche wissenschaftliche Sichtweise.

Glücklicherweise ist dieser gemeinsame Boden schon recht gut etabliert. Die wissenschaftliche Evidenz für parapsychologische Erscheinungen ist beträchtlich. Phänomene wie übersinnliche Wahrnehmung, Reinkarnation, die Aura und sogar die Existenz und die Ausstrahlung der Chakras sind wissenschaftlich untersucht worden und konnten bis zu einem gewissen Grad nachgewiesen werden[4]. Die Ähnlichkeiten zwischen der Weltanschauung der Mystik und der modernen Physik sind ebenfalls erforscht worden. Auf diesem Boden führe ich die beiden Systeme – das tibetanische Tantra und Jungsche Psychologie – zusammen.

Das nächste Problem, mit dem ich bei der Darstellung tantrischer Lehren konfrontiert war, ist persönlicher Art. Ich habe Eide abgelegt, viele der Lehren, die ich empfangen habe, geheimzuhalten. Dieses Problem habe ich so gelöst, daß ich keine Methode darstelle, die nicht schon anderswo veröffentlicht worden ist, und daß ich Erkenntnisse aus meinen persönlichen Erfahrungen mit den Methoden mitteile.

Fraglos sind die tantrischen Methoden, die in diesem Buch angeboten werden, effektiver, wenn sie im richtigen Kontext von einem Lama gelehrt werden. Ich glaube jedoch, daß die Visualisierungsübungen, die in den ersten Kapiteln dargestellt werden, dank ihrer archetypischen Bedeutung jedem, der ernsthaft Meditation praktiziert, von Nutzen sein können. Mit den höheren Techniken, die in den Kapiteln 6 bis 8 kurz dargestellt werden, sollte man nicht ohne die Führung eines erfahrenen Lehrers experimentieren.

Der Jungsche Psychotherapeut und der tibetanische Lama leisten für den Klienten bzw. Schüler etwas sehr Ähnliches. Beide verfügen über reiche Erfahrung auf der Reise nach innen. Wenn wir mit ihnen zusammenarbeiten, leiten sie uns auf unserer Suche nach Heilung und Ganzheit durch Gefahren und Abgründe. Es gibt viele wertvolle psychologische Bücher zur Selbsthilfe, aber ihre Hilfe kann man nicht mit derjenigen des Therapeuten, der sein Handwerk versteht, vergleichen. Auch dieses Buch ist kein Ersatz für einen echten tantrischen Lehrer. Wenn die tibetanischen Lehren und Praktiken auf dich Anziehungskraft ausüben, möchte ich dich ermuntern, ein Dharma-Zentrum oder tibetanisches Kloster in der westlichen Welt aufzusuchen.

Die Praktiken der tibetanischen Tradition wurden von Männern und für Männer geschrieben. In den Meditationsübungen, die ich hier darstelle, habe ich den Versuch gemacht, einen Ausgleich zwischen der männlichen und weiblichen Perspektive zu finden. Einige Visualisierungsübungen und Methoden, die hier dargestellt werden, wurden so geändert, daß sie auch von Frauen angewendet werden können. In manchen Meditationsübungen wird jedoch verlangt, daß der Mann sich mit einer weiblichen Gottheit identifiziert und in anderen, daß die Frau sich als männliche Gottheit sieht.

Zwischen verschiedenen Sekten und Traditionen gibt es viele Unterschiede, was Gottheiten und Meditationspraktiken anlangt. Aber es geht uns hier nicht um wissenschaftliche Genauigkeit, sondern um die vitale Chamäleon-Natur der Psyche. Deshalb habe ich versucht, die wesentlichen Prinzipien der tantrischen Methode darzustellen. Wenn du mit den dargestellten Methoden experimentieren möchtest, dann betrachte diese bitte als Symbole oder Werkzeuge, die dich zu inneren Erfahrungen leiten können. Diese können, wenn du es zuläßt, durch archetypische Kräfte und den Lehrer in dir (den Buddha-Geist, oder in Jungscher Sprache das Selbst) zu lebendigen Realitäten werden.

Schließlich muß ich noch einige Warnungen aussprechen. Eine junge Frau, die im Ashram eines bekannten »Supermarkt-Gurus« lebte, kam zu mir, weil sie an intensiven Schmerzen des unteren Rückens und an einer Entzündung ihrer weiblichen Geschlechtsorgane litt. Sie hatte strikt zölibatär gelebt und nach den Anweisungen ihres Mentors täglich einige Stunden Kundalini-Yoga geübt. Ich versuchte ihr diplomatisch aufzuzeigen, daß es vielleicht einen Zusammenhang zwischen ihren körperlichen Problemen und den schwärenden emotionalen Problemen gab. Als ich ihr vorschlug, einige dieser Probleme mit Hilfe psychotherapeutischer Methoden anzugehen, entwickelte sie starken Widerstand und beteuerte, »mit diesem Zeugs« müsse sie sich nicht abgeben, dafür seien ihre spirituelle Praxis und ihr Lehrer da. Ich konnte kaum glauben, daß ihr Lehrer sie veranlaßt haben könnte, die Kundalini zu aktivieren, während sie diese verzweifelt daran hinderte, durch das zweite und dritte Chakra aufzusteigen, weil sie sich weigerte, »sich mit diesem Zeugs« abzugeben. Noch im Ashram, etwa sechs Monate später, brach der Damm, und sie mußte in eine psychiatrische Klinik eingeliefert werden.

Ich habe immer wieder beobachtet, daß Menschen mit eiserner Willenskraft und religiösem Idealismus ihre psychischen Bedürfnisse ignorieren, während sie einer spirituellen Heilslehre nachjagen. Auf viele dieser »spirituellen Schizophrenen«, denen man sicher die besten Absichten attestieren kann, üben die heute so zahlreichen charismatischen und oft selbsternannten Gurus große Anziehungskraft aus.

Spirituelle Entwicklung vollzieht sich nur durch den ungehinderten Fluß der ursprünglichen Kräfte des Kosmos durch den Leibgeist. Sie kann langsam vor sich gehen oder in dramatischen Sprüngen. Sie ist von Variablen, wie dem Ausmaß der Öffnung, die in früheren Leben stattgefunden hat, und dem Ausmaß des psychischen Widerstandes im gegenwärtigen Leben abhängig. Ich persönlich bin der Überzeugung, daß es weiser und sicherer ist, daran zu arbeiten, daß die psychischen Blockaden bearbeitet und damit beseitigt werden, als Techniken einzusetzen, um die Kundalini zum Erwachen zu bringen. Das bedeutet natürlich, daß du erst einmal spüren mußt, daß die Blockaden da sind, und dann bereit bist, daran zu arbeiten.

Erleuchtung ist das Ergebnis psychischer Reife, und du kannst deine Fähigkeit, zu wachsen und dich psychisch zu entwickeln, nicht von der Erfüllung deiner physischen Bedürfnisse abtrennen. Diese drei Aspekte deiner selbst sind untrennbar miteinander verwoben, sind Teil eines Kontinuums. Das ist nicht unbedingt neu, aber sehr wichtig zu wissen und zu beachten.

In anderen Worten, das Ego-Selbst ist das Gefährt, durch das man wächst. Gautama Buddha benutzte die folgende Metapher: Das Ego-Selbst ist das Floß, das dich über den Fluß des Lebens trägt. Ohne es kannst du ihn nicht überqueren. Hat man das andere Ufer jedoch erreicht, dann braucht man es nicht mehr, ja, der Versuch, es hinter sich herzuziehen, würde dich auf dem weiteren Weg zu den erhabenen Höhen des Bewußtseins behindern.

Dieses Buch beginnt mit dem Wurzelchakra und folgt dem Verlauf des physio-psychisch-spirituellen Kontinuums hinauf durch die Chakras. Diese werden als aufeinanderfolgende Stadien der Entwicklung der Psyche betrachtet. Der Pfad führt nicht immer direkt zum Gipfel. Oft geht er in tiefe Schluchten, manchmal verläuft er entlang von Wasserstraßen und führt durch Täler und Wüsten hinauf zu den Höhen des inneren Selbst. Wenn man sich auf die Wildnis im Inneren einläßt, weiß man vielleicht manchmal nicht, wie es weitergeht.

Wenn man jedoch über seinen Schatten springt, dann gelangt man zum Licht im Inneren. Dann spürt man, daß jenseits der Furcht, der Wünsche und Schmerzen und der vorgefaßten Meinungen des Ego-Selbst plötzlich das Verlangen überstark wird, sich seiner wahren Natur zu erinnern. Sowohl das Tantra wie die Psychologie von C. G. Jung bemühen sich, diesen geheimnisvollen Prozeß zu ergründen und die notwendigen Bedingungen im Leibgeist zu schaffen, so daß die spirituelle Transformation stattfinden kann. Es spielt dabei keine Rolle, daß die beiden Ansätze von weit entfernten Enden des historischen Spektrums und von entgegengesetzten Enden der Erde kommen.

1

Wurzeln und Bedeutung des Tantra

$\mathcal{N}$iemand weiß, wie alt das Tantra ist. Die ersten schriftlichen Texte entstammen der hinduistischen Tradition und werden mit 500 n. Chr. datiert. Der erste buddhistische Text entstand etwa 600 n. Chr. Die Lehren sind jedoch viel älter und wurden jahrhundertelang jeweils vom Lehrer an den Schüler weitergegeben. Die Wurzeln des Tantra sind in der Vorgeschichte der indischen Kultur zu suchen. Das hinduistische und buddhistische Tantra sind die Hauptäste eines Baumes, der seine Wurzeln in alten Kulten und mündlichen Traditionen hat und auf dessen Stamm in Nepal, Tibet, der Mongolei, China, Japan, Kambodscha, Java, dem Nahen Osten und nun auch in der westlichen Welt Zweige gewachsen sind.

Die ungestörte Zivilisationsentwicklung des alten Indien ermöglichte es dem Tantra, sich aus den fruchtbaren Tiefen des mythologischen Geistes heraus zu entwickeln und durch hingebungsvolle spirituelle Denker zur Blüte zu gelangen. Einige seiner Mythen und Riten gehen möglicherweise in die Zeit des Paleozoikum zurück (ca. 20 000 v. Chr.). Im prähistorischen Gräberkomplex von Pech-Merle in Frankreich finden sich in einer Kammer Bilder mit weiblichen Emblemen. Philip Rawson zeigt, daß sie denen, die heute in indischen Heiligtümern verehrt werden, sehr ähnlich sind.[1]

In prähistorischen Kulturen wurde die schöpferische Kraft des Kosmos gewöhnlich als Muttergöttin verehrt. Die frühe Indus-Kultur machte darin keine Ausnahme. Auf manchen Indus-Kunstgegenständen wird sie in Form von Tieren dargestellt, deren heiliger und kultischer Wert in ihrer Stärke und ihrer sexuellen Kraft lag.

Die Betonung der Fruchtbarkeit beschränkte sich nicht nur auf Göttinnen und Tierbilder. Es gab männliche Figuren in Yogaposition mit Hörnern als Kopfputz und erigiertem Penis. In Stein gehauene erigierte Phalusse von einer Höhe bis zu 70 cm zeigen ebenfalls diese frühe Verehrung der generativen Kräfte der Natur.

Der Gott Shiva, der im hinduistischen Tantra schließlich zu einer Hauptgottheit wurde, hat sich offensichtlich aus diesen Indus-Kulten entwickelt. Shiva wird oft wie der gehörnte Gott der Indus-Siegel dargestellt: In Yogi-Positur sitzend mit erigiertem Penis. Sein universelles Symbol ist ein erigierter Phallus (Lingam), und sein Gefährt ist Nandi, der Bulle.

Im alten Indien war die einzige bedeutsame soziale Umwälzung die Invasion von Indo-Europäern (den Ariern) um ca. 1500 v. Christus. Die Arier brachten ein Pantheon von Himmelsgöttern mit, ein Geschwader von Priestern, die Hymnen rezitierten und Rituale vollzogen und eine psychoaktive Substanz, die Soma genannt wurde, ekstatische Bewußtseinszustände hervorrief und magische Kräfte weckte. Die Arier waren kriegerisch und hatten eine patriarchalische Kultur. Sie glaubten, sie könnten sich die Götter durch ihre Rituale und magischen Kräfte gefügig machen. Im Lauf der Zeit wurden ihre Rituale zu komplexen Nachbildungen des gesamten Kosmos, und die Priesterschaft bildete eine mächtige Hierarchie.

Die Verehrung lokaler Göttinnen, die den frühesten Indus-Kulten entstammen, blühte unabhängig von dieser vedischen Tradition weiter. Um die verschiedenen Göttinen und religiösen Bräuche formierten sich viele volkstümliche Kulte. Da alles animalische Leben aus dem Leib der Frau kommt, glaubte man, das Universum sei auf mythische Art und Weise aus der Göttin hervorgegangen. Sie ist es, die in der Welt der

Dinge und Sinne Bewußtheit verkörpert und diese auch freisetzt. Eine Frau, in der sich die Göttin realisiert hatte, wurde deshalb hoch verehrt. Ritueller Geschlechtsverkehr mit ihr galt als Initiation in die Mysterien.

Diese kultischen Praktiken standen in krassem Gegensatz zu den vedischen Traditionen. Im Tantra wurde sexuelle Energie verehrt. Man erfreute sich daran und sah darin eine Möglichkeit, in kosmische Prozesse einbezogen zu werden. Die vedischen Traditonen bevorzugten dagegen die repressive Speicherung der heiligen sexuellen Kraft. Asketische Disziplin war eng mit der sozialen Stellung verbunden. Für den Priester oder Mitglieder der herrschenden Klasse war das Speichern dieser heiligen Kraft sehr wichtig, weil man davon ausging, daß sie den Körper mit spiritueller Energie erfüllt. Man glaubte, man könne dadurch magische Kräfte erwerben. Etwa im 5. Jahrhundert v. Chr. gab es in der arischen Kultur viele politische und ökonomische Umwälzungen. Volkstümliche religiöse Praktiken, die von der vedischen Tradition lang unterdrückt worden waren, rückten in den Vordergrund und verschmolzen mit neuen Gedankensystemen. Diese Systeme legten die Betonung auf persönliches Bemühen statt auf Dogmen und hatten die Erfahrung von Lehrern zur Grundlage, an denen sich die Früchte der spirituellen Praktiken vorbildhaft zeigten. So besaßen große Lehrer wie Mahavira, der Gründer der Jain-Bewegung, und Gautama Siddhartha, der Gründer des Buddhismus, für viele ernsthaft Suchende große Anziehungskraft.

In den darauffolgenden Jahrhunderten übernahm die vedische Tradition viele der Meditations-Methoden, Gottheiten und philosophischen Elemente dieser volkstümlichen Religionen. Was heute als Yoga bekannt ist, resultiert aus dieser Synthese. Das yogische System war eine Disziplin, mit dessen Hilfe man den Körper, den Geist und die Sinne an die spirituelle Natur anschirren konnte. Dadurch konnte man einen überbewußten Zustand erreichen, in dem die Unterscheidung zwischen dem Selbst und dem Großen Selbst (als reine universelle Bewußtheit erfahren) aufgehoben war. Populäre personifizierte Gottheiten ersetzten im yogischen System den erhabenen personenlosen vedischen Gott Brahman, der für das Absolute jenseits von Name und Form stand. Shiva und Vishnu zum Beispiel wurden zu personifizierten Göttern und rückten in den Brennpunkt des yogischen Systems, das alte tantrische Praktiken in sich aufnahm. Diese Yoga-Systeme wurden zum Vehikel für das, was wir als hinduistisches Tantra bezeichnen wollen.

Der Buddhismus war ein weiteres bedeutsames Produkt dieser Zeit der religiösen Erneuerung in Indien. Siddhartha Gautama, ein junger Prinz, der später als Buddha berühmt wurde, verließ seine Familie und gab sein königliches Erbe auf, um ein spirituelles Leben zu führen. Er wanderte durch Indien und studierte bei vielen Lehrern und Sekten. Schließlich wies er ihre harten Methoden und ihre haarspalterische Metaphysik zurück und legte den Grund für den »mittleren Weg«. Seine erdnahen Lehren, die das Wesentliche trafen, wurden von seinen Schülern, die ihn überlebten, in der Hinayana-Schule des Buddhismus (niedrigeres Gefährt) kanonisiert. Ungefähr 500 Jahre später wurde eine wesentlich erweiterte Doktrin als die Mahayana-Sekte (größeres Vehikel) des Buddhismus bekannt. In den darauffolgenden Jahrhunderten wurden immer mehr tantrische Elemente in den Buddhismus integriert.

Das buddhistische Tantra entwickelte sich nahezu ein Jahrtausend lang im geheimen und/oder langsam und stand zwischen dem achten und zwölften Jahrhundert in höchster Blüte. Das buddhistische Tantra wurde von exzentrischen Weisen außerhalb der großen orthodoxen buddhistischen Universitäten propagiert. Die berühmteren von ihnen waren langhaarige Umherwandernde, die die rigiden klösterlichen

Traditionen und die engstirnigen Konventionen des hinduistischen Kastensystems verhöhnten und die »verrückte Weisheit« praktizierten. Diese Mahasiddhas – Yogis mit großen (maha) Kräften (siddhas) – erfreuten sich ihrer mystischen Erfahrungen, während sie sich am Getriebe der irdischen Realität ergötzten. Sie lehrten mehr durch ihr Vorbild als durch den Intellekt. Die existentielle Freiheit ihres Lebens führte oft zu Verhaltensweisen und Ereignissen, die die rigide Geistesstruktur ihrer Schüler mit kraftvollen und bizarren Metaphern zertrümmerte.

In der Zeit der Mahasiddhas wurde Indien von islamischen Heeren überfallen. Der Buddhismus wurde durch militante Moslems im 12. Jahrhundert auf indischem Boden ausgerottet. Um diese Zeit war der tantrische Buddhismus mit Erfolg nach Tibet getragen worden.

Als der tantrische Buddhismus nach Tibet gelangte, stieß er auf die einheimische Bön-Religion. Es gibt anschauliche Geschichten darüber, wie starke Yogis mit magischen Kräften die furchterregenden Dämonen der alten Bön-Religion bändigten. Sobald sie gebändigt waren, wurden sie zu Wächtern der buddhistischen Lehren und in den buddhistischen Pantheon der Meditationsgottheiten integriert.

Das hinduistische Tantra lebt in einer großen Zahl von populären und obskuren Kulten weiter. Es wurde jedoch nie in einer klar abgegrenzten Institution kanonisiert. Die tibetanische Tradition entwickelte dagegen ihre eigene Form der Theokratie und begründete eine Institution ähnlich der katholischen Kirche. 749 n. Chr. brachte der indische Weise Padma Sambhava die buddhistischen Tantras nach Tibet. Seither wurden die Lehren in direkter Linie von erleuchteten Lamas, die Leben um Leben wiederkehren, bewahrt und erweitert. Lamas mit besonderer Ausbildung und hellseherischen Fähigkeiten spüren diese reinkarnierten Lehrer auf und bringen sie sehr jung in ein Kloster. Oft hinterlassen diese besonderen Lamas einen Brief, in dem sie den genauen Zeitpunkt und den Ort ihrer nächsten Inkarnation angeben. Dies ist ein Beispiel für die Präzision der tibetanischen Techniken und ein Zeichen dafür, daß ihre vitale Kraft erhalten geblieben ist.

Das buddhistische Tantra ist vor nicht allzu langer Zeit in den Westen gelangt und schlägt bei ernsthaft Suchenden schnell Wurzeln. Der große Yogi Padma Sambhava hat dies sogar prophezeit. Er hat vorausgesagt, die buddhistischen Lehren würden in das Land des Roten Mannes gelangen. Das tibetanische Volk würde wie Ameisen dahin verstreut, wo eiserne Vögel fliegen und Pferde auf Rädern laufen. Diese Prophezeiung Padma Sambhavas aus dem achten Jahrhundert hat sich in der Folge der kommunistischen Invasion von Tibet erfüllt. Die Hauptzentren des tibetanischen Buddhismus befinden sich heute an Orten wie dem Naropa Institut in Colorado und dem Nyingma Institut in Kalifornien. Das tibetanische Tantra verbindet sich mit unseren westlichen Ansätzen zur Entwicklung und Heilung der menschlichen Seele. Beide Disziplinen sind durch diesen Austausch verändert und bereichert worden.

Das Wort Tantra kann man zurückführen auf die Sanskrit-Wurzel *tan,* die »fortfahren, vermehren, ausbreiten auf« bedeutet. Im alten Indien wurde es als das Verb »weben« gebraucht. Die Yogis haben es übernommen, die Verwobenheit der Welt mit unseren Handlungen, den inneren Zusammenhang von Ursache und Wirkung und die essentielle Interdependenz von allem, was existiert, zu beschreiben. Die Lehren und Texte, die als Tantra bekannt wurden, basieren auf der mystischen Erfahrung Praktizierender, bei der der Geist in das nahtlose Gewebe absoluter Realität eingewebt wird.

Dem Tantra wohnt die Erfahrung einer göttlichen Kraft im menschlichen Sein inne, die erweckt werden kann. Der physische Leib wird als Ort dieser Kraft angesehen. Deshalb steht er im Brennpunkt ritueller Praxis. Die innere Kraft wurde von den alten Yogis als Kundalini bezeichnet. Möglicherweise entstammt ihre aktive Rolle in der Entwicklung des Tantra prähistorischer Zeit; ein Beispiel für eine sehr ähnliche Praxis konnte in einem primitiven Stamm in Afrika nachgewiesen werden. Ein Dokumentarfilm, der von einem Forscherteam der Universität Harvard gedreht wurde, zeigt den zeremonischen Tanz der Kung-Buschmänner. Sie tanzen stundenlang, um eine psychische Kraft zu wecken, die sie mit n/um bezeichnen. Die n/um steigt von der Wurzel der Wirbelsäule bis zur Schädeldecke auf und erzeugt einen Trancezustand. Die Kung halten n/um für eine übernatürliche Heilkraft.

Im Tantra wird der menschliche Organismus als Mikrokosmos des Kosmos erfahren. Menschen, die Tantra ausüben, sind in einem Prozeß, in dem das Bewußtsein so transformiert wird, daß sie die illusionäre Natur ihres normalen Gefühls von Identität erkennen und dabei die unmittelbare Erfahrung der essentiellen Einheit mit dem Makrokosmos machen. Im Leibgeist gibt es Hauptzentren für psychische Energie, die als Chakras bezeichnet werden, in denen spezifische Gottheiten mit ihren einmaligen psychischen und spirituellen Kräften wohnen. Im Tantra sind diese Zentren und die zugehörigen Gottheiten die Grundlage eines komplexen Systems von Mythen und Riten.

Neben der zentralen Rolle des Chakra-Systems und dem Wecken der ursprünglichen Kraft der Schöpfung in Meditationsritualen gibt es noch einige andere bedeutsame tantratypische Wege. Sehr bedeutsam ist die Visualisierung verschiedener Gottheiten. Der Praktizierende lernt, heilige Mantras zu singen, bestimmte Körperhaltungen einzunehmen und sich in der Meditation mit unterschiedlichen Gottheiten zu identifizieren und dabei ihren übernatürlichen Bewußtheitszustand zu erleben.

Ein anderer wichtiger Unterschied zwischen dem Tantra und den meisten spirituellen Traditionen ist die nicht-theistische Erfahrung der absoluten Realität. Im Tantra werden zwar mit Göttern und Göttinnen unterschiedliche spirituelle Kräfte und höhere Bewußtseinsstadien symbolisiert. Den Kosmos betrachtet man jedoch als einen spontanen Akt ständig fortschreitender Schöpfung, die einer gebärmutterartigen Leere entspringt, die mit unbegrenztem Potential schwanger geht. Diese große Leere wird mit reinem Bewußtsein in Verbindung gebracht, und seine räumliche Qualität ist der unveränderliche Boden, dem alle Phänomene entspringen. Während die meisten Religionen von einem höchsten Wesen »Gott« ausgehen, der schafft, regiert und deshalb vom Universum getrennt ist, wird im Tantra in der Meditation die absolute Realität als intrinsischer Zustand des Seins-Bewußseins erfahren.

Die meisten spirituellen Pfade wenden sich bei dem Versuch, die Welt zu transzendieren, vom Irdischen ab. Dualistische Werte wie Licht und Dunkelheit, spirituell und materiell, gut und böse sind ihre Grundlage. Das Tantra sieht die gleichen kosmischen Kräfte, die die Welt schaffen, in uns existent. Es gibt keine Trennung, kein Gut und Böse. Die Kräfte, die sich in der materiellen Welt kristallisieren, sind die gleichen sublimen kosmischen Kräfte, die zu ihrem ursprünglichen Zustand zurückverwandelt werden können. Das Tantra heißt deshalb alles in uns willkommen, was menschlich ist. Die Energie der Sexualität, der Emotion, des Gedankens und allen Handelns wird mit geeigneten Mitteln zu ihrer schöpferischen Essenz verwandelt.

Das Tantra wurde, weil es so unkonventionell ist, oft als linker Pfad (tabu und gefährlich) angesehen. Doch das Tantra hat über Tausende von Jahren die vielen Dimensionen der menschlichen Seele erforscht. Aus ihrem soliden Boden mitfühlender Magie, Mythologie und ritueller Sublimierung menschlicher Sexualität hat das Tantra intuitiv eine holistische Psychologie geschaffen, die Gebiete wie Astronomie/Astrologie, Medizin, Mathematik und Alchemie/Chemie umfaßt. Die Einsichten des Tantra in die Natur des Kosmos sind zwar in mythologische Sprache gekleidet. Es gibt jedoch in der modernen Physik auffällige Parallelen.

Das Tantra mußte in seiner langen Geschichte viel Gegnerschaft und Verbannung durch orthodoxe Strömungen erdulden. Doch der Geist des Tantra ist noch voll Vitalität und hat sich immer schnell seiner jeweiligen Umgebung angepaßt. Das Tantra hat Gegnerschaft geweckt, weil es den fundamentalen schizoiden Tendenzen sozialer und religiöser Traditionen entgegengetreten ist, um ihre Anhänger von der kollektiven Neurose zu befreien, die konventionelle Traditionen zu entwickeln pflegen.

Das Tantra ist vor allem ein Pfad des Handelns. Es ist kein rigides System von Rationalisierungen über spirituelle Themen, sondern eine Sammlung von Methoden, die uns zu einem Zustand innerer Realisierung führen können. Es ist ein Weg des Seins im Prozeß der Selbstverwirklichung. Sein Ziel ist einfach zu sein. Der Pfad endet nie. Wenn man höhere Ebenen erreicht hat, ist Tantra ein spontaner Weg, voll bewußt zu sein, während man ruhig im Schoß der Schöpfung verharrt.

Das Tantra ist nicht auf irgendeinen »ismus« oder auf eine Sekte beschränkt, und es ist auch keine Religion. Tantra ist heute als Zusammenstellung von empirischen und experimentellen Methoden so gültig und zeitgemäß wie zu jedem Zeitpunkt seiner langen Geschichte.

Nachdem wir den philosophischen und historischen Hintergrund des Tantra rekonstruiert haben, wollen wir uns seine
grundlegenden Prinzipien und Elemente genauer ansehen.
Das hinduistische Tantra besteht aus Metaphern und Symbolen, die unmittelbar auf alte Kulte zurückgehen. Deshalb
wollen wir mit ihnen beginnen, ehe wir darangehen, zu
untersuchen, wie diese Metaphern und Symbole in den
Buddhismus integriert wurden.

Die absolute Realität (das unverfälschte Bewußtsein) wird in
einer Form des hinduistischen Tantra als Shiva personifiziert.
Yogis vergangener Zeiten stellten sich den Leib des Kosmos
als die Geliebte Shivas vor. Sie hatte viele Namen, die ihre
verschiedenen Ausdrucksformen zum Ausdruck brachte,
aber gemeinhin ist sie als Shakti bekannt. Gibt sie dem
Ungeformten Form und grenzt das Unendliche ein, so wird
sie als Maya-Shakti bezeichnet. Das Wort *maya* geht auf die
Sanskrit-Wurzel *ma* zurück und bedeutet messen, formen,
entfalten. Maya-Shakti beschwört mit ihrer göttlichen Vor-
stellungskraft die große Illusion des Universums herauf, indem sie das reine Bewußtsein in vielen Schichten der Materie
verschleiert. Das Sichtbarwerden (Maya) bedeutet nicht, daß
die Welt nicht existiert. Ihre wahre Natur bleibt uns jedoch
verborgen, weil unsere Sinne getrübt sind (siehe Abbildung
1, Seite 29).

Shakti wird auch verehrt als diejenige, die die Wahrheit
aufdeckt und als die Große Befreierin. Alles, was sie zum
zeitweiligen Existieren bringt, kehrt irgendwann zu seinem
usprünglichen absoluten Sein zurück. Diese Funktion der
Göttin wird in Gestalt der furchterregenden Kali versinnbildlicht. Für den egozentrischen Menschen, der an die materielle Welt gebunden ist, ist sie eine zornige und Entsetzen
erregende Göttin der Zerstörung. Für den Yogi, der sich auf

Abbildung 1:
Mahamaya, die göttliche Shakti, die aus Shivas Lingam hervorgeht.
Aus: *Icons of Buddhist and Brahmanical Sculptures in the Dacca Museum,* Nalini Kunta Bhattasali, M.A,.
Published by Rai S. N. Bhadra Bahadus, Dacca Museum Committee, 1929.

der Suche nach Befreiung von der Illusion und dem Leiden der Ego-Identität befindet, ist sie eine Retterin.

Die bildliche Darstellung von Shiva und Shakti als Liebende in sexueller Vereinigung weist auf ihre gegenseitige Abhängigkeit hin. Scheinbar sind sie getrennt, aber in Wirklichkeit sind sie zwei komplementäre Erscheinungen einer Einheit – die eine kann nicht ohne die andere existierten. Diese zweigeschlechtliche höchste Gottheit ist sowohl zeitgebunden wie unendlich. Shiva ist das unbegrenzte Ganze, Shakti ist die immerwährende Konvergenz der Teile, die für alle Zeiten das Ganze ausmachen. Shiva ist transzendent und unveränderlich und Shakti ist phänomenal und veränderlich.

Philip Rawson beschreibt in *Tantra, the Indian Cult of Ecstasy* den Kosmos aus tantrischer Sichtweise als verflochtenes Gewebe von Vibrationen, von subtilen Resonanzen. Diese Vibrationsmuster, die der höchst verfeinerten Substanz der Schöpfung entspringen, überschneiden sich und vermischen sich, bis sie sich anscheinend verdichten. Die generische Lautsubstanz rührt von Shaktis beim Tanzen klingender Fußspange her. Während der Rhythmus ihres Tanzes an Komplexität und Leidenschaftlichkeit zunimmt, wird das Gewebe des Universums in sieben Hauptschichten von Dichte erzeugt.[2] Die sieben Chakras (Hauptenergiezentren entlang der Wirbelsäule) des menschlichen Mikrokosmos stehen in Wechselbeziehung zu dieser siebenfältigen Aufteilung des Kosmos.

Das siebente Chakra auf dem Scheitel ist mit der ursprünglichen Einheit von Shiva und Shakti verknüpft. Im sechsten Chakra in der Mitte des Kopfes hat sich Shakti von Shiva getrennt und den Bereich des Geistes (manas) geschaffen. Die fünf übrigen Chakras, die zwischen Kehle und Becken lokalisiert sind, repräsentieren zunehmende Verdichtungen. Diese werden durch die fünf Elemente Äther, Luft, Feuer, Wasser und Erde symbolisiert. Jede Stufe ist dichter, da sie sich aus dem vorausgehenden Element kontrahiert, bis schließlich die Festigkeit des Erdelementes erreicht wird (siehe Abbildung 2, Seite 32/33).

Es gibt die Vorstellung, daß Shakti, seitdem sie die Welt geschaffen hat, in den Tiefen des materiellen Universums Winterschlaf hält. Nach Joseph Campbell bedeutet das Sanskritwort *Kundalin* »das, was in der Natur gerollt ist oder spiralförmig ist« und verweist auf die spiralförmigen Energiemuster, die sich überall in der natürlichen Welt finden, vom DNA-Molekül bis zur Form der Galaxien. Wird das lange Schluß-i angehängt, dann entsteht das Wort *Kundalini*, ein weibliches Substantiv mit der Bedeutung »Schlange«[3]. Eine Schlange ruht spiralförmig eingerollt und kann, wenn sie zuschlägt, ihre potentielle Energie wie eine Sprungfeder entfesseln. Der mythologische Geist des Tantra hat all dies in die Personifizierung der Kundalini Shakti, die schlummernde ursprüngliche Kraft in der Natur, eingehen lassen. Im Hologramm des Leibgeistes ruht sie im Erdelement, dem ersten Chakra im Beckenboden.

Der aufgerollte Fluß der Kundalini, der zum siebten Chakra aufsteigt, teilt sich im sechsten Chakra in drei Kanäle auf (siehe Abbildung 3, Seite 34). Im normalen Menschen fließt die Kundalini durch den linken und rechten Kanal hinab und versorgt alle Sinnes- und Wahrnehmungsorgane, die die Illusion der Welt aufrechterhalten. Solange die Kundalini in diesem Zustand bleibt, wird unser Leben von den blinden Kräften der Instinkte, der Begierden und den Vorstellungen des Ego-Selbst beherrscht. Die göttliche Energie kann diesen Mechanismen des Leibgeistes entzogen und durch den zentralen Kanal hinaufgeleitet werden. Wenn dies geschieht, dann erwacht die Schlangengottheit. Während sie durch die Psyche aufsteigt, enthüllt sie sich in jedem der Chakras und zeigt immer höhere Ebenen des Bewußtseins. Schließlich wird unser Bewußtsein von den Begrenzungen des irdischen

MANIPURA-   PLEXUS
CHAKRA   EPIGASTRICUS
Nabel-Zentrum   (Solarplexus)
Element: Feuer   Ernährungssystem
Keimsilbe: RAM
Farbe: Rot
Form: Dreieck

CHAKRA   PLEXUS
SVADHISTHANA   HYPOGASTRICUS
Unterleibs-Zentrum   Innere Organe der
(4 Fingerbreiten unter-   Ausscheidung und der
halb des Nabels)   Fortpflanzung
Element: Wasser
Keimsilbe: VAM
Farbe: Weiß
Form: Mondsichel

Im tibetischen System   Fortpflanzungssystem
zusammengefaßt als
»Sang-nä« (gsan-gnas)

MULADHARA-   PLEXUS
CHAKRA   PELVIS
Wurzel-Zentrum (im   (Sacralplexus)
Perineum), dessen latente   Beherrscht die äußeren
Urkraft durch die um   Fortpflanzungsorgane,
den Lingam gewundene   dargestellt durch
Schlange »Kundalini«   »Lingam«, das männliche,
im Zentrum des Dreiecks   und »Yoni«, das weibliche
(yoni) dargestellt wird.   Symbol schöpferischer
Element: Erde   Kraft (der »Libido«
Keimsilbe: LAM   vergleichbar).
Farbe: Gelb
Form: Quadrat

Abbildung 2: Schema der Zentren psychischer Kraft nach der Tradition des
hinduistischen Kundalini-Yoga. Im tibetischen Tantra werden das erste und
zweite und das sechste und siebte Chakra zusammengenommen, desgleichen das sechste und das siebte Chakra. Aus: Lama Anagarika Govinda,

Psychische Zentren (Chakras):		Physiologische Entsprechungen:

SAHASRARA-PADMA Scheitel-Zentrum Keimsilbe: OM		GEHIRN (Zirbeldrüse) Willkürliches Nervensystem
Im tibetischen System als *ein* Zentrum (hdab-ston) aufgefaßt.		Zerebrospinales Nervensystem
AJNA-CHAKRA Stirn-Zentrum (zwischen den Augenbrauen) Keimsilbe: halbes oder kurzes »A«		MEDULLA OBLONGATA Unwillkürliches Nervensystem
VISUDDHA-CHAKRA Hals-Zentrum Element: Äther Als Träger des Lautes (sabda) Keimsilbe: HAM Farbe: Weiß Form: Kreis		PLEXUS CERVICUS Atmungssystem
ANAHATA-CHAKRA Herz-Zentrum Element: Luft (Bewegung) Keimsilbe: YAM Farbe: Graublau Form: Hexagramm		PLEXUS CARDIACUS Gefäßsystem

Grundlagen tibetischer Mystik, Weilheim, 1988, S. 166–167 (engl.: *Foundations of Tibetan Mysticism,* by Lama Govinda, published by Samuel Weiser, York Beach, ME and Rider & Co., London, reproduced by permission of the publishers).

Körpers befreit und nimmt an der heiligen Freude der Liebe von Shiva und Shakti teil. Dies ist die höchste Glückseligkeit und Weisheit, von der das Tantra sagt, sie sei der Beweggrund des Seins und das höchste erreichbare Ziel.

Die Sprache und die Bilder der sexuellen Vereinigung werden hier verwendet, um die mystische Ekstase anzudeuten, die die alten Yogis in der Folge ihrer Praktiken erlebten. In der mythologischen Vorstellung dieser Yogis vereinigte die sexuelle Energie des Mikrokosmos sie unmittelbar mit den kreativen Kräften des Makrokosmos. Sexuelle Energie war heilig, und man erlebte sie in einem Ritual, das das Chakra-puja genannt wurde. Dieses Ritual wurde in einem Kreis ausgeführt. Der Lehrer oder die Lehrerin und seine Gefährtin oder ihr Gefährte saßen in der Mitte. Die teilnehmenden Paare erfreuten sich an fünf Substanzen, die die fünf Elemente darstellten. Diese waren Wein, Fleisch, Fisch, ein Aphrosia-kum, das aus getrockneten Samenkörnern hergestellt war, und Sexualverkehr.

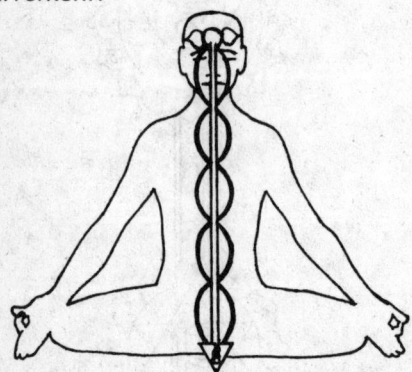

Abbildung 3: Ida, Pingala und Sushumna. Ida und Pingala sind sekundäre Energien, die sich spiralförmig entlang des zentralen Hauptentwicklungska-nals, der Sushumna, hinabbewegen. Im buddhistischen Tantra stellt man sich vor, Ida und Pingala verliefen parallel zum Zentralkanal. Alle drei Kanäle treffen im ersten Chakra zusammen, wo die Kundalini schlafend liegt, bis sie erweckt wird.

Durch dieses genau festgelegte Ritual verwandelten die Teilnehmer die Neigung zu Leidenschaft und den Drang zu sexueller Befriedigung und lernten, die Göttin in allen Dingen zu sehen. Der Sexualverkehr wurde genutzt, um die Kundalini zu erwecken. Die Paare identifizierten sich dabei mit Shakti und Shiva. Es gab Variationen dieses Rituales, in dem ein einziger Yogi sich mit einer symbolischen Zahl von Gefährtinnen vereinigte, um verschiedene kosmische Ereignisse darzustellen. Diese alten Rituale dienten als Inspiration zu komplexen inneren Meditationen. Die symbolische sexuelle Ikonographie späterer tantrischer Systeme geht auf sie zurück.

Bei einer anderen hinduistischen Praxis, dem Kundalini-Yoga gab es eine reichhaltige mythologische Sammlung von Symbolen, Tieren und einer Mischung von vorarianischen und vedischen Gottheiten, die man sich während der Meditationsrituale in den verschiedenen Chakras vorstellte. Man ging davon aus, daß die Bewegung der Göttin Kundalini sich beim Aufstieg durch die Chakras veränderte. In hinduistischen Darstellungen der Chakras symbolisieren unterschiedliche Tiere diese Bewegungen und diese werden als Gefährt der Hauptgottheit im jeweiligen Chakra betrachtet.

Die Kundalini-Kraft hat auch auf jeder Chakraebene ein spezifisches Frenquenzmuster. In der indischen Symbologie wird dies durch die Samen-(bija-)Mantras im Zentrum jeder Lotusdarstellung aufgezeigt. Die Zahl der Blütenblätter jedes Chakras bezieht sich auf seine Schwingungsfrequenz. Das unterste Chakra zum Beispiel hat vier Blütenblätter. Damit wird die niedrige Schwingung der materiellen Welt dargestellt. Das Kronenchakra am anderen Ende des Spektrums hat dagegen tausend Blütenblätter. Damit wird die hohe Vibration der transzendenten Bereiche dargestellt.

Das Kundalini-Yoga beginnt im ersten Chakra und stimuliert die schlafende Kundalini, indem man den Lotus des ersten

Chakras auf dem Beckenboden visualisiert. Das Samenmantra *(LAM)* stellt man sich im Zentrum dieses Lotus vor und rezitiert es leise oder laut. Aus dem strahlenförmigen Samenmantra steigen alle symbolischen Elemente, die in dem Lotus enthalten sind, in aufeinanderfolgender Ordnung auf. Es wird dann jede Gottheit und jedes Symbol kontempliert und zurück in das Samenmantra gezogen. Vom Samenmantra selbst stellt man sich vor, daß es in den Lotus des zweiten Chakras aufsteigt, wo es vom entsprechenden Samenmantra absorbiert wird.

Das zweite Chakra wird unterhalb des Nabels visualisiert. Während man das Samenmantra in seinem Zentrum intoniert, steigen alle Elemente des zweiten Chakras auf, und man meditiert darüber. Danach werden diese Inhalte zurück in das Samenmantra gezogen, die dann wiederum zum dritten Chakra im Solar Plexus aufsteigen.

Diese Prozedur wiederholt sich bis hinauf zum siebenten Chakra, woraufhin des Yogis Bewußtsein in die himmelsgleiche Leere reiner Bewußtheit eingeht. Der Meditierende ist bemüht, sein Gewahrsein auf diesen Zustand zu fokussieren – wie eine Flamme, die an einem windstillen Ort brennt.

Das Meditationsritual wird beendet, indem der Leibgeist neu geschaffen wird. Man beginnt im siebenten Chakra und steigt in Gedanken den Körper hinab. Dabei stellt man sich vor, wie jedes Chakra sich jeweils im nächsttieferen Chakra niederschlägt.

Das Wissen um und die Praxis des Kundalini-Yoga ist von alters her vom Lehrer an den Schüler weitergegeben worden. Im Hauptstrom alter hinduistischer tantrischer Praktiken erfolgte die Weitergabe zum Teil durch verschiedene Formen ritualisierter Sexualität. Es gab aber auch die Weitergabe durch eine Praxis, die Shaktipat genannt wurde. Ein Mensch, in dem diese kosmische Kraft geweckt ist, kann sie einem anderen auf unterschiedliche Art und Weise weitergeben:

durch Berührung, durch Gedankenübertragung, durch heilige Gesänge oder nur, indem er dem Schüler in die Augen schaut. Ein Lehrer ist auf dem tantrischen Weg wichtig, nicht nur weil er Ratschläge aus der Erfahrung geben und Methoden und Wissen vermitteln kann, sondern weil er die Kundalini-Kraft wecken und in sichere Bahnen leiten kann.

Ist die Kundalini aktiviert, dann bringt ihr vermehrtes Fließen Inhalte des Unbewußten in Bewegung, die dann in das Bewußtsein einströmen können. Es kann gefährlich sein, dieses Geschehen aufzuhalten, denn die Kraft kann sich verfangen oder sich in den Kanälen der feinstofflichen Körper verformen. Dabei können ernsthafte physische oder psychische Störungen auftreten.

Es gab verschiedene Ebenen oder Arten von Yoga, die dem Yogi helfen sollten, sich auf diese intensiven Begegnungen mit dem Unbewußten vorzubereiten. Hatha-Yoga stärkte und reinigte den physischen Körper. Bakti-Yoga harmonisierte die emotionale Natur durch Hingabe und spirituelles Verlangen. Raja-Yoga trainierte den Geist und nährte ihn mit philosophischen Wahrheiten. All das führte zu Mahayoga, das manchmal auch als Siddhayoga bezeichnet wird und das damit befaßt war, die Kundalini zu wecken. Nach alter Tradition verbrachte der Schüler viele Jahre mühsamen Trainings bei einem Lehrer, der die erweckte Kraft der Kundalini verkörperte.

Buddhistisches Tantra

Buddhisten und Hindus streiten sich heftig über den Ursprung des Tantra. Manche Gelehrte vertreten den Standpunkt, das buddhistische Tantra habe sich aus dem hinduistischen Tantra entwickelt und sei sogar später zu ihm zurückgekehrt. Viele Buddhisten glauben, Gautama Buddha sei der Urheber des Tantra. Dies trifft sicher in dem Sinne zu, daß Buddha lange Zeit durch die heiligen Länder Indiens wanderte und verschiedene Lehrer und Methoden prüfte. Aus frühen buddhistischen Schriften geht hervor, daß Gautama mit dem Wissen um die Chakras und das innere Feuer vertraut war. Es ist durchaus möglich, daß er in den alten tantrischen Künsten ausgebildet war und sie später revidierte oder uminterpretierte.

Möglicherweise sind einige der ausgefeilteren buddhistischen tantrischen Meditationsmethoden erst einige Jahrhunderte nach Buddhas Tod in den buddhistischen Kanon aufgenommen worden. Mit dem Beginn des Mahayana-Buddhismus, einer liberaleren und entwickelteren Form des Buddhismus, nahm das Wort Buddha mehr die Bedeutung des Potentials des erleuchteten Geistes, der in uns allen wohnt, an, als daß es auf Gautama, den Buddha, Bezug nahm. In diesem Sinne haben vielleicht »erweckte« buddhistische Yogis (Buddha bedeutet einer, der erweckt ist) tantrische Elemente integriert oder spontan bestimmte Meditationspraktiken geschaffen, die Teil der buddhistischen tantrischen Doktrin wurden. Buddha, d. h. der erleuchtete Geist, wurde naturgemäß als Quelle ihrer Inspiration betrachtet.

Im buddhistischen Tantra finden sich viele der Symbole, Gottheiten, Rituale und Meditationspraktiken, die es auch im hinduistischen Tantra gibt, oft haben sie jedoch eine ganz andere Bedeutung. Das buddhistische Tantra enthält auch drei Hauptaspekte, von denen die Buddhisten meinen, es mache es dem hinduistischen Tantra überlegen: Entsagung, erleuchtete Haltung und die richtige Philosophie.

Entsagung, wie sie hier verstanden wird, bedeutet, den Glauben an individuelle Identität aufzugeben. Buddha erkannte, daß ein Individuum aus fünf Elementen des Verstehens besteht *(Skandas)*: Körperlichkeit, Empfindungen, Wahrnehmung, psychische Formkräfte bzw. Gestaltungen und Bewußtsein. Was man als das Selbst bezeichnet, besteht lediglich aus diesen fünf Elementen, die durch Ereignisse und Wünsche der Vergangenheit geformt sind. Anders als das hinduistische Tantra, das ein ewiges Selbst (Atman) postuliert, gibt es nach Gautama Buddhas Vorstellung kein unabhängiges oder ewiges Selbst, das außerhalb dieses Bündels von Aggregaten existiert. Unser Glaube an ein solches Selbst ist aus buddhistischer Sicht die tiefste Ursache alles unseres Leidens.

Die erleuchtete Haltung bezieht sich auf das Boddhisattva-Ideal. Ihm liegt eine andere Motivation, Erleuchtung zu erlangen, zugrunde. Erleuchtung hat aus dieser Sicht keinen persönlichen Gewinn zur Folge, sondern Erbarmen mit allen Wesen.

Die richtige Philosophie basiert auf dem Verständnis der essentiellen Leere der Realität. Alle Phänomene sind vergänglich. Sie haben keine absolute Existenz und sind von anderen zeitgebundenen Phänomenen abhängig. Der Ursprung aller Phänomene aus anderen vorübergehenden Faktoren und nicht aus einer einzigen unabhängigen oder absoluten Entität (wie Gott) wurde im Buddhismus mit abhängiger Ursprung bezeichnet. Absolute Realität ist die Leere, die unveränderliche und nicht definierbare Nicht-Wesenhaftigkeit, in der alles aufsteigt und dahingeht.

Die fortwährende Existenz einer Person (d. h. des Bündels von Aggregaten) ist die Folge von Unwissen und Verlangen. Das Nichtwissen um die Vergänglichkeit von allem, was existiert, führt zu dem Verlangen nach dem Fortbestehen der individuellen Identität. Das Verlangen schweißt das Bündel von Aggregaten zusammen und motiviert uns, Befriedigung aus dem zu ziehen, was von Natur aus vergänglich ist. Solche Versuche haben immer zu Enttäuschung und vielen Formen des Leidens geführt. Im Buddhismus erfolgt Befreiung, wenn Unwissenheit und Verhaftetsein aufhören. Das, wovon wir befreit werden, ist die verzerrte Wahrnehmung der Welt und die Überzeugung, daß wir als unabhängiges Ego-Selbst existieren.

Das Vermögen einer ego-orientierten Bewußtseinseinheit ist endlich. Folglich ist es faktisch unmöglich, die Leere unmittelbar zu erfahren. Deshalb führt das buddhistische Tantra den Schüler durch eine schrittweise Entfaltung. Der erste Schritt (Kriyatantra) legt Nachdruck auf unser Handeln, das in symbolischen Ritualen formalisiert wird. Der erste Schritt konzentriert sich auch auf die Reinigung des Leibgeistes. Der zweite Schritt (Caryatantra) konzentriert sich auf das Verständnis der Implikationen der Aktivitäten des Kriyatantra. Man ist darauf bedacht, äußeres ritualisiertes Handeln mit dem Gewahrsein, wie es in der Meditation geübt wird, in Einklang zu bringen. Yogatantra ist die Fortsetzung dieser Entwicklung von Einsicht. Der Nachdruck liegt dabei auf inneren Praktiken. Dies führt zum letzten Schritt des Mahayogatantra. Dieses Tantra betont die Bedeutung der durchdringenden Einsicht in die leere Natur der Realität, spontanes Handeln und einen ununterbrochenen Zustand meditativen Gleichgewichtes, der beides vereinigt.

Das tibetanische Totenbuch (Bardo Thodol) ist eine der Grundlagen des buddhistischen tantrischen Systems. Unter dem Mantel der Todeserfahrung zeigt es metaphorisch die Dimensionen der Psyche und den Weg der Befreiung auf. Die Kosmologie des tibetanischen Totenbuches basiert auf den fünf Urbuddhas. Diese fünf Wurzel-Buddhas nehmen Bezug auf die fünf kosmischen Elemente (siehe die Skandhas oder Elemente der Wahrnehmung weiter oben) und folglich auf die fünf Chakras der tibetanischen buddhistischen Landkarte des psychischen Körpers.

Die fünf Weisheitsenergien steigen aus der Leere auf und teilen sich auf, um alle geistigen Schöpfungen möglich zu machen. Wenn der Prozeß in der Meditation umgekehrt wird, dann überwindet ihre Weisheit die Illusionen unserer weltlichen Wahrnehmung der Welt. Deshalb werden sie auch als die Eroberer bezeichnet, denn sie schaffen nicht nur das »Aussehen« der Welt in unserem Geist, sondern sie vertreiben es auch mit ihrer Weisheitsenergie.

Die Buddhisten vereinigten manchmal die Funktionen des ersten und zweiten Chakras und des sechsten und siebten Chakras, damit das System in das System der fünf Urbuddhas paßt. In der Praxis werden normalerweise nur die vier höheren Chakras gebraucht. Jeder der fünf Buddhas repräsientiert eine Art irregeführter Wahrnehmung (jeweils auf ein bestimmtes Chakra und sein Gegenmittel an Weisheitsenergie bezogen).

Jedes der fünf Chakras ist im buddhistischen System Ausdruck für unterschiedliche Aspekte des Geistes. Vitalenergie (prana) steht sowohl mit dem Atem wie mit dem Geist in Verbindung. Dies bedeutet, daß jeder Geisteszustand eine ihm entsprechende Art des Prana hat. Oft spiegelt sie sich im Charakter des Atems wider. Die Aktivität von Geist und Prana sind deshalb unzertrennlich miteinander verbunden. Durch Meditations- und Atemtechniken wird das Prana des jeweiligen Chakras stimuliert. In der Folge gelangen unterdrückte Emotionen und unterschiedliche unbewußte Zustände des Geistes in das Bewußtsein.

Das Ziel beim Kontrollieren der Pranas ist, diese schließlich von ihren geistig-emotionalen Verirrungen zu reinigen und sie zum zentralen Kanal zu dirigieren, wo diese vitalen Kräfte das innere Feuer anfachen. Dadurch, daß den Täuschungen des Egos die Vitalenergie entzogen wird, wird das geistig-emotionale Element jedes Chakras gereinigt und dann in seine ursprüngliche Weisheitsenergie verwandelt. Wie im Hindu-System führt dies zur Umkehrung des Werdens, d. h. die fünf elementaren Stadien des »Geist-Seins« werden progressiv geläutert.

Dumo (das buddhistische Äquivalent für Kundalini) ist ein Begriff, mit dem eine wütende Frau bezeichnet wird, die alle Wünsche und Leidenschaften zum Erlöschen bringt. Unterschiedliche Visualisierungen und Atemübungen (auch sexuelle Energie kann genutzt werden, um das innere Feuer zu erzeugen, sei es mit einem darin geübten Partner oder durch Visualisierung) verwandeln den Leibgeist in einen Kanal ohne Hindernisse für das Dumo-Feuer. Der Yogi wird dann angeleitet, wie man den Fluß dieser mächtigen Kraft kanalisiert. Initianten zeigen, wie weit ihre Fähigkeiten gediehen sind, indem sie bestimmte Prüfungen ablegen. Zum Beispiel können sie aufgefordert werden, in nasser Kleidung im Schnee zu meditieren. Wenn sie genügend qualifiziert sind, dann trocknet die Kleidung am Körper und sie bleiben in der klirrenden Kälte warm.[4]

Die fünf Urbuddhas, die innersten Emanationen der Leere, werden als die Ahnen der fünf Götter- und Göttinnen-Familien betrachtet, die das buddhistische Pantheon ausmachen. So wird in Meditations-Bildern (Mandalas) eine Vielzahl von Göttern dargestellt, um bestimmte spirituelle Prinzipien und ihr Verwobensein mit unterschiedlichen Stadien psychischer Integration aufzuzeigen. In manchen Mandalas werden die Urbuddhas in geschlechtlicher Vereinigung mit weiblichen Partnerinnen gezeigt. Damit werden die fünf Arten von Schöpfungsenergien dargestellt, die sich mit ihren fünf komplementären Weisheitsenergien vereinigen. Andere Gottheiten, die in Mandalas die zentralen Buddhas umgeben, repräsentieren bestimmte Initiationen.

Rasende Gottheiten zeigen die Welt der fünf Weisheiten, wie sie durch die Leidenschaften und Verblendungen empfindungsfähiger Wesen getrübt sind, die noch unter dem Bann des Unwissens stehen. Der grimmige Ausdruck und die gefletschten Zähne dieser Gottheiten zeigen, welche Kraft und Stärke notwendig ist, um gegen das Ego und seine

Selbsttäuschungen anzugehen (siehe Abbildung 4, Seite 44). Ihre Waffen werden eingesetzt, um die Hindernisse durchzuschneiden, und die Leichen unter ihren Füßen sind die Leidenschaften, die sie getötet haben. In den höheren Stadien des tibetanischen Tantra wird die Kraft dieser rasenden Gottheiten genutzt, um die niederen Anteile der Psyche zu überwinden und um in die höchsten Fähigkeiten der Weisheitsenergie zu initiieren.

Das Weibliche im buddhistischen Tantra nimmt Bezug auf Weisheit und wird statt Shakti wie im hinduistischen Tantra Prajna genannt. Das männliche Prinzip bezieht sich auf geeignete Mittel. Der Gott und die Göttin in sexueller Vereinigung stellen demzufolge die Vereinigung von Weisheits-Einsicht und geeigneten Mitteln dar.

Man kann die Götter oder Göttinen im tibetanischen Pantheon in der Meditation als Mentoren oder Wächter visualisieren. Ein Mann zum Beispiel, der von der Schönheit von Frauen fasziniert oder erregt ist, kann eine schön aussehende Göttin nutzen, damit seine romantischen Gefühle verwandelt werden. Solch eine Göttin wird als Dakini bezeichnet. Der Ausdruck Dakini (tibet. Khadroma) bedeutet wörtlich übersetzt »Himmelsgeher« oder jemand, der sich durch den Himmelsraum bewegt. Gewöhnlich erscheint sie als friedliche oder rasende Göttin; sie wird aber auch in den verschiedenen Kräften (bezogen auf die fünf Buddha-Familien) erlebt, die in allen Phänomenen im Spiele sind. Der Yogi visualisiert sie in seiner täglichen Meditation. Er kann sich dann mit ihr sexuell vereinigen und ihren heiligen Gesang rezitieren. Diese Form der Meditation ist augenscheinlich ein sehr wirksamer Weg, um in Kontakt mit den weiblichen Anteilen der Psyche zu kommen (der Anima). Eine meditierende Frau kann analog in der Meditation eine männliche Gottheit nutzen, um in Kontakt zu ihrer männlichen Seite zu kommen (ihrem Animus).

Abbildung 4: Mahakala. Beispiel für eine rasende Gottheit, die als Beschützer wirkt. Mahakala ist eine buddhistische Version der Hindu-Gottheit Bhairava, eine grimmige Form von Shiva. Aus: *Thanka collection of Sergei Diakoff.* Mit Erlaubnis wiedergegeben.

Abgesehen von den 5 Urbuddhas verlieh das buddhistische Tantra der nicht manifestierten letzten Realität ursprünglich keine menschliche Gestalt. Im 10. Jahrhundert wurde jedoch im Nalanda-Kloster in Indien eine Art monotheistischer Gott eingeführt. Obwohl er nach dem Bild eines monotheistischen Gottes entwickelt wurde, erschafft der Adibuddha (der höchste oder erste Buddha) das Universum nicht und ist auch nicht von ihm getrennt. Indem er die Dualität von Form und Nicht-Form überwindet, ist er paradoxerweise die Einheit von beidem und der Ahn der fünf Buddhas. Als uranfänglicher Buddha-Geist wird der Adibuddha als der »Wurzel-Guru« der tantrischen Lehre verehrt. Unterschiedliche Sekten haben unterschiedliche Repräsentationen des Adibuddha. In der Sekte, die ich am besten kenne, erhält er den Namen Vajradhara (derjenige, der das Vajra-Szepter hält, was Symbol für die unzerstörbare diamantengleiche Kraft der Leere ist). Er ist mit seiner Gefährtin (Vajra-Yogini) in verschiedenen furchterregenden Ausprägungen in den höheren tantrischen Meditationspraktiken die zentrale Gottheit.

Vajradhara wird manchmal in der Yab-Yum-Position (tantrische geschlechtliche Vereinigung) mit Prajnaparamita gezeigt (siehe Abbildung 5, Seite 46). Prajnaparamita repräsentiert in der Darstellung in menschlicher Form den Mahayana-Text gleichen Namens, nämlich die »Weisheit des anderen Ufers«. Einer Legende zufolge wollte Buddha dieses Buch transzendenter Weisheit in einem himmlischen Bereich so lange verbergen, bis die Menschen für seine tiefschürfenden Lehren bereit wären. Ein indischer Weiser namens Nagarjuna soll diese Schrift im zweiten Jahrhundert aufgefunden haben, und die Verehrung von Prajnaparamita erfreute sich daraufhin großer Beliebtheit.

Die Prajnaparamita-Schriften entwickelten die philosophischen Grundlagen für die Lehren über die leere Natur der absoluten Realität. Sie waren der Höhepunkt der Mahayana-

Abbildung 5: Vajradhara und Prajnaparamita. Die Yab-Yum-Position symbolisiert die Einheit des höchsten Buddhas – der ursprünglichen Kraft der
Leere, der Mutter aller Buddhas und der Weisheit, die das andere Ufer
erreicht hat. Zeitgenössische Darstellung von Äge Delbanco, wiedergegeben mit Erlaubnis des Künstlers.

Doktrin. Als Göttin ist Prajnaparamita die Leere, die alles durchdringt – die »Leere«, die alle Schöpfung spontan entstehen läßt. Sie wurde von der Mahayana-Schule des Buddhismus als die Mutter aller Buddhas angesehen, denn aus ihrem raumgleichen unverfälschten Bewußtsein wird ein Buddha geboren. Ihre tantrische Vereinigung mit Vajradhara bringt die Integration tantrischer »geeigneter Mittel« der Mahayana-Praxis tiefer Meditation der Leere zum Ausdruck.

Der Schüler des tantrischen Buddhismus lernt zuerst, Zuflucht in Buddha (dem erleuchteten Geist) zu nehmen. Es wird auch dem Dharma (der buddhistischen Doktrin) und der Sangha (der Gemeinschaft aller, die Buddhismus praktizieren) Hochachtung gezollt. Ein Lama (wörtlich ein Mensch, der für eine Inkarnation des Buddha-Geistes gehalten wird) weist dem Schüler nach seinen individuellen Bedürfnissen eine Schutzgottheit aus dem tantrischen Pantheon zu. Eine Frau, die viel Zorn unterdrückt, bekommt vielleicht eine rasende Gottheit zugewiesen. Die Meditation über die rasende Gottheit reinigt ihren Leibgeist vom Zorn. Bei anderen können bestimmte Eigenschaften der Schutzgottheit erworben werden. Einem Mann, der vom Verlangen nach der Schönheit von Frauen besessen ist, kann eine liebliche Göttin dazu dienen, diese Gefühle in sublimierte Liebe zu verwandeln.

Sobald der Schüler sich die Eigenschaften, die von der Gottheit verkörpert werden, angeeignet hat, initiiert ihn der Lama in die Meditation anderer Gottheiten. Damit werden die verschiedenen Potentiale des Schülers aktiviert. In der Regel sind viele Jahre vorbereitender Praktiken nötig, bis ein Schüler so weit ist, daß er in das Mandala einer höheren tantrischen Gottheit eingeführt werden kann.

Die westliche Psychologie hat unsere spirituellen Anlagen entweder ignoriert, oder noch schlimmer, sie als pathologisch gebrandmarkt. Es gibt jedoch einen immer stärkeren Trend, die parapsychologischen und transpersonalen Bereiche der Psyche zu untersuchen. Ein bedeutender Pionier in dieser Suche nach einem tieferen Verständnis der Natur unseres inneren Selbst war Carl Gustav Jung. Er löste sich von den konventionellen therapeutischen Orientierungen und blieb nicht bei der Beschäftigung mit Pathologien und Symptomen stehen, sondern befaßte sich auch mit dem Numinosen. Er wagte sich in den tabuisierten Bereich des Geheimnisvollen und Göttlichen, und seine Psychotherapie entwickelte sich zu einem Weg, Menschen in der Suche nach ihrer Ganzheit über die engen Grenzen der Ego-Identität hinauszuführen. Das, was er herausfand, ist eine wertvolle Brücke zwischen Tantra und den gegenwärtigen transpersonalen Formen westlicher Psychologie. Ehe wir über diese Brücke gehen, wollen wir den Abgrund betrachten, der das Tantra von der westlichen Psychologie trennt. Die westliche Psychologie ist vorrangig mit der Behandlung von psychischen Krankheiten befaßt. Der Erfolg einer Behandlung wird daran gemessen, inwieweit ein Mensch befähigt wird, in unserer sozialen Struktur »normal« zu funktionieren. Tantra dagegen konzentriert sich auf die Entwicklung von Qualitäten, die über eine bloße Anpassung an die sozialen Normen hinausgehen, und zielt darauf ab, von der Hauptursache menschlichen Leidens zu befreien: der Illusion der Ego-Identität. Darüber hinaus wurzelt der Begriff des Selbst in der westlichen Psychologie in erster Linie in der Ego-Identität. Im Tantra hat das Selbst weit bedeutungsvollere Parameter. Diese umfassen auch die Kontinuität von einem Leben zum anderen, d. h. von einer Reinkarnation zur anderen.

Jung beschreibt das Ego als einen Komplex psychischer Faktoren und als allgemeines Gewahrsein des Körpers, das Inhalte aus dem Unbewußten und aus der äußeren Welt anzieht, mit denen es sich identifiziert.[5] Da dieses Selbst nur auf unserer Oberfläche existiert, betrachtet es die Welt in Begriffen von »Ich« und »Nicht-Ich« und kann deshalb nicht die Erfahrung transpersonaler Bewußtseinszustände machen. Die Möglichkeit, daß man in einem Zustand existieren kann, in dem diese Trennung aufgehoben ist und in dem die vertraute Ichheit nicht mehr existiert, ist in der ego-zentrierten Perspektive im besten Fall unvorstellbar und im schlimmsten Fall angsterzeugend. Diese Ego-Identität kann auch nicht an ihr Überleben nach dem Tod oder noch dramatischere Phasen der Transformation glauben. Durch seinen Überlebensinstinkt ist das Ego fest an seinen gegenwärtigen Zustand gebunden.

Martin Willson zeigt in *Rebirth and the Western Buddhist* auf, daß im Tantra der Glaube an die Kontinuität des Geiststromes von einem Leben zum nächsten die Grundlage für das Verständnis der menschlichen Situation und die Lehren von Karma und Befreiung ist.[6] Karma ist in hohem Maße der Mechanismus dieser Kontinuität, und Befreiung bedeutet letztlich das Aufhören des Kreislaufes von Tod und unfreiwilliger Wiedergeburt. Heute gibt es überzeugende wissenschaftliche Beweise für die Lehre von der Wiedergeburt.

Dr. Ian Stenvensons Untersuchung (University of Virginia) ist vielleicht die am besten dokumentierte Evidenz für diese Lehre. Sie ist veröffentlicht in dem Buch *Wiedergeburt – Kinder erinnern sich an frühere Erdenleben*.[7] Jedenfalls muß man bereit sein, die Möglichkeiten und die Implikationen der Reinkarnation in Betracht zu ziehen, wenn man die wesentlichen Punkte der tantrischen Orientierung verstehen will.

Als nächstes müssen wir uns darüber klarwerden, was wir

damit meinen, wenn wir die Wörter »Bewußtsein« und »Psyche« verwenden; denn ihre Bedeutung in der westlichen Psychologie ist für unsere Zwecke zu nebulös oder unpräzis. In der westlichen Psychologie ist Bewußtsein das Gewahrsein des Ego-Selbst. Alles, was darüber hinausgeht, wird einfach als das »Unbewußte« bezeichnet. Zudem streitet man sich darüber, inwieweit die Verbindung von bewußten und unbewußten Strukturen die Psyche ausmacht. Es gibt zum Beispiel viele Psychologen, die glauben, die Psyche sei nichts anderes als biochemische Aktivitäten im Gehirn.

C. G. Jung würdigte zwar das Ausmaß und die Tiefe des Bewußtseins in manchen östlichen und manchen primitiven Kulturen. Für ihn ist jedoch nach der verbreiteten westlichen Vorstellung das Bewußtsein ein Produkt von Wahrnehmung und Orientierung in der äußeren Welt. Er glaubte, wahrscheinlich sei es im Großhirn lokalisiert und sei die Weiterentwicklung eines Sinnesorganes der Haut unserer frühen Vorfahren.[8] Der westliche Begriff von Bewußtsein impliziert, daß ohne das Ego und das Großhirn kein Bewußtsein existiert.

Hat es möglicherweise vor der Entwicklung unseres zentralen Nervensystems Bewußtsein gegeben? Entwickelt sich unser Nervensystem wie eine Lotusblüte aus dem Schlamm des materiellen Universums, um dann im »Licht« zu blühen? Hat das Bewußtsein möglicherweise in anderen Kontexten andere Qualitäten als die einmalige Form, die mit dem Ego und den höheren Gehirnzentren verbunden ist? Im Tantra wird auf vielen Ebenen Bewußtsein erfahren. Ego-Bewußtsein ist nur eine solche Ebene. Ja, Bewußtsein in seinem sublimsten Zustand wird als der wahre Grund des Seins an sich betrachtet.

Im Tantra finden wir eine Beschreibung der fünf Hauptkörper oder Hüllen des Bewußtseins. Der sublimste, der Seligkeitskörper (Anandamaya-Kosha im hinduistischen Tantra,

Buddha im Buddhismus) ist der Teil von uns, der in der ewigen und unendlichen Dimension des ursprünglichsten Bewußtseins verwurzelt ist. Der Begriff »Seligkeitshülle« ist die Übersetzung, die dieser sublimsten Ebene der Psyche am nächsten kommt.

Der nächste subtile Körper bzw. die nächste subtile Hülle (Vijnanamaya-Kosha im Hinduismus oder Vignanam im Buddhismus) ist unserem westlichen Verständnis von Geist ähnlich. Es ist der Sitz individualisierten Bewußtseins und enthält die potentiellen Fähigkeiten spiritueller Intuition und Weisheit, die Fähigkeit des Unterscheidens und Wollens.

Der dritte subtile Körper (Manomaya-Kosha im hinduistischen Tantra, Kama Manas und Kama Rupa im Buddhismus), die »Denkhülle«, betrifft unsere emotionale und intellektuelle Natur. Diese beiden Elemente der Psyche wirken zusammen, um die Persönlichkeit zu schaffen. Diese subtile Hülle, die man mit übersinnlichen Wahrnehmungsfähigkeiten sehen kann, bezeichnet man als Aura. Manchmal wird er als Astral- oder Mentalkörper bezeichnet.

Der vierte Körper (Pranamaya-Kosha), gemeinhin als der ätherische oder feinstoffliche Körper oder Vitalhülle bezeichnet, besteht aus Vitalenergie. Diese Vitalhülle läßt die Lebenskraft in das fünfte Gefäß der Bewußtheit, den physischen Körper, einströmen und durchdringt ihn (Annamaya-Kosha im hinduistischen und Sthula Sarira im buddhistischen Tantra).

Diese Hüllen des Bewußtseins existieren zwar in verschiedenen Dimensionen und durchdringen sich gegenseitig. Die jeweils feinere Hülle schließt die gröbere in sich ein. Sieben Wirbel psychischer Energie – die Chakras – durchdringen diese subtilen Hüllen und spielen eine wichtige Rolle bei ihrer Integration.

Das Sanskritwort Chakra bedeutet Rad. Medial begabte Menschen sehen die Chakras als Energiewirbel, die in den ätherischen Körper einströmen. Diese ätherischen Zentren wiederum stehen in Verbindung mit endokrinen Drüsen und den Hauptnervenzentren im physischen Körper. Die Chakras verwandeln Mitteilungen aus allen Ebenen der Psyche in elektrochemische Reize des Nervensystems und der endokrinen Drüsen. Umgekehrt übersetzen sie die Reize unseres Körper-Ich in die Sprache des Bewußtseins der verschiedenen subtilen Hüllen. Die Chakras umfassen deshalb das ganze Spektrum des Bewußtseins vom Primitivsten (das auf Instinkten und Sinneswahrnehmungen basiert) bis zum Sublimsten.

Tantrische Übungen haben zum Ziel, alle diese Ebenen zu entwickeln. Wenn der sublimste Körper voll in das Bewußtsein integriert ist, werden wir zum Buddha (zu einem, der erweckt worden ist). Diese Erfahrung wird im hinduistischen Tantra als Samadhi bezeichnet. Im Sanskrit bedeutet *sam* Einheit und *adhi* bedeutet Herr. Folglich bedeutet Samadhi Einheit mit dem Herrn.

Das Selbst ist der Herr des Selbst
und sein Ziel (Dharmapala).

Ich werde die Wörter Psyche und Leibgeist abwechselnd gebrauchen, um die Summe dieser Körper oder Hüllen des Bewußtseins einschließlich des Chakrasystems zu kennzeichnen. Wir wollen nun die tantrische Auffassung von der Psyche mit der von C. G. Jung vergleichen, um das Arbeitsmodell zu entwickeln, das wir dann in diesem Buch verwenden werden. In einer Weise, die der der indischen Schriften ähnlich ist, hat C. G. Jung in der Psyche eine transzendente Funktion entdeckt und sie als *Selbst* bezeichnet. Für Jung war dieses Selbst identisch mit dem Gottesbild, aber auch dessen Quelle. Durch das, was Jung als den Prozeß der Individuation bezeichnet (die immer weiter fortschreitende Integration der unbewußten Inhalte), wird das Selbst immer bewußter. In religiösen Begriffen ausgedrückt, so meint Daniela Jaffe in *Der Mythos vom Sinn,* ist der Prozeß der Individuation nach Jung »die Realisierung des Göttlichen im Inneren«.[9]

Jung ging, indem er den Begriff des Selbst entwickelte, einen sehr bedeutsamen Schritt über die Grenzen der Ego-Identität hinaus. Doch das Selbst in Jungs Theorie impliziert nicht die Möglichkeit des vollen Bewußtwerdens – seine Entsprechung im Tantra. Jungs Selbst wird hauptsächlich indirekt über Träume und andere symbolische Formen des Ausdrucks bewußt.

Ein anderer wichtiger Unterschied ist, daß Jungs Begriff des Selbst etwas beinhaltet, das ewig und doch phänomenal ist, Eigenschaften, die vom buddhistischen Standpunkt aus widersprüchlich sind. Es wird zwar der Versuch gemacht, das Geheimnis der Vereinigung der Gegensätze anzunehmen. Jungs Selbst bleibt jedoch im Bereich der »Dinglichkeit«, obwohl er von ihm als von einer transzendenten Funktion, einem vereinigenden Symbol und einem ganzmachenden Prinzip spricht, während er bemüht ist, seine Vorstellung von dem, was er in den *Sieben Predigten an die Toten* »pleroma« nennt, in Begriffe zu fassen. In diesem Stadium von Pleroma erhaschte Jung einen kurzen Einblick in das, was die Buddhisten die Leere nennen, in der das Nichts das gleiche ist wie die Fülle und in der sowohl das Denken wie das Sein aufhört, weil das, was absolut ist, keine Eigenschaften hat.[10] Doch einige der Attribute, die er dem Selbst zuschreibt, zeigen die Grenzen seiner intuitiven Einsicht.

Um diese Ausdrucksweisen des Selbst zu untersuchen, initiierte Jung die kulturübergreifende Erforschung der Psyche und entdeckte universelle Muster, die er Archetypen nannte. Er zog den Schluß, daß diese psychischen Kräfte mit dem genetischen Code im physischen Körper vergleichbar sind. Sie sind für die Anatomie und Funktion der Psyche strukturell vorherbestimmend. Wenn sie nicht durch persönliches Trauma beeinträchtigt werden, bestimmen sie den Lauf der individuellen Entwicklung. Die Archetypen umreißen das gesamte Feld menschlicher Erfahrung, und sie tauchen in Träumen, Phantasien, in der Kunst, in den Mythen der Religionen und sogar in wissenschaftlicher Gedankenführung auf.

Konsequenterweise resultierte daraus bei C. G. Jung die Vorstellung, daß die im Normalfall unbewußten Bereiche der Psyche sowohl aus universellen wie aus persönlichen Aspekten bestehen. Jung kam zu dem Schluß, daß unsere individuelle Identät aus diesem transpersonalen Reservoir geformt würde, das er als das kollektive Unbewußte bezeichnete. Diese innere Dimension hat ozeanische Ausmaße, und ihre kraftvollen Strömungen und Gezeiten umspülen die Küsten von Raum und Zeit, die die Insel unseres Ego-Selbst definieren. Seine Horizonte reichen in unvorstellbare Zeiten zurück und in zukünftige Äonen hinein. Aus seinen Tiefen steigen alle Elemente, Instinkte, Wünsche, begrifflichen Tendenzen und alle transzendenten oder spirituellen Sehnsüchte, die je an die Ufer menschlichen Bewußtseins gelangten oder gelangen werden. In der Form ursprünglicher Bilder (Archetypen) bilden diese psychischen Strukturen mit den ihnen innewohnenden dualistischen Erscheinungsformen (gut und böse, hell und dunkel etc.) das Gerüst für das »Material« der persönlichen Schichten der Psyche.

In dem Buch *Archetypische Symbole und tantrische Geheimlehren* zeigt Radmila Moacanin auf, wie man Jungs kollektives Unbewußte mit dem vergleichen kann, was die Buddhisten als das »Speicher-Bewußtsein« (alaya-vijnana) bezeichnen.[11]

So wie Jung das kollektive Unbewußte sieht, nämlich, daß es alles menschliche Potential und alle menschliche Erfahrung enthält, wird die alaya-vijnana als eine Art »universeller Geist« verstanden. Lama Govinda beschreibt in *Schöpferische Meditation und multidimensionales Bewußtsein* dieses

Speicherbewußtsein als etwas, das uranfängliche Formen, sowohl dämonische wie göttliche Eigenschaften enthält. Diese steigen in andere Ebenen des Bewußtseins auf, wenn sie durch Assoziationen geweckt werden.[12]

Versuche dir doch einmal – während wir fortfahren, C. G. Jungs Sichtweise der Psyche in die des Tantra zu integrieren – die sieben Chakras vorzustellen, wie sie sich aus den Tiefen des kollektiven Unbewußten entfalten und durch die Ebenen des persönlichen Unbewußten und des Ego-Bewußtseins aufsteigen. Durch jedes Chakra werden spezifische archetypische Funktionen und Bilder zum Ausdruck gebracht. Alle sieben Chakras bilden zusammen die psychische Matrix, in der die einzigartige Form des Leibgeistes geschaffen wird.

Diese generische Matrix wird genauer definiert, wenn sich unterschiedliche Erfahrungen und unsere Reaktionen darauf in den Schlupfwinkeln des persönlichen Unbewußten festsetzen. Das persönliche Unbewußte nimmt in ganz nüchterner Weise Emotionen/Informationen auf und reagiert sachlich, indem es sie speichert. Das Verhalten wird auf der Basis dieser Informationen ähnlich wie ein Computer durch das autonome Nervensystem gesteuert. Darin ist die Erinnerung an alles, was wir erlebt haben, einschließlich frühere Leben, enthalten. Im persönlichen Unbewußten, das als Grenzfläche zwischen der Raum-Zeit-Struktur des Egos und den anderen Dimensionen der tieferen Ebenen der Seele dient, kann die Auswahl für zukünftige Inhalte des Ego-Bewußtseins erfolgen.

Normalerweise hat das persönliche Unbewußte die Tendenz, in den emotionalen Mustern und Glaubensstrukturen, die es tief beeindrucken, verhaftet zu bleiben. Viele Ängste und selbsteinschränkende Verhaltensweisen sind die Folge solch unbewußter Konditionierung. Diese Wirkungen auf der persönlichen Ebene des Unbewußten verhindern das positive Wirken der Archetypen und haben zur Folge, daß wir entweder auf bestimmte archetypische Bilder fixiert sind oder von ihrer dunkleren Seite verwundet werden können.

Nach tantrischen Vorstellungen ist der Einfluß von früheren Erfahrungen, Wünschen und Handlungen (einschließlich geistiger Handlungen) als karmischer Samen im Leibgeist eingelagert. Werden diese Samen nicht ausgemerzt, dann tragen sie weiterhin ihre bitteren Früchte, auch wenn wir uns auf der bewußten Ebene noch so sehr bemühen, dies zu verhindern. Jedes Chakra enthält eine Vielzahl von Samenmustern aus früheren Erfahrungen, die zu archetypischen Motiven in Beziehung stehen und die die unbewußten Parameter des Egoselbst definieren. Im buddhistischen Tantra werden diese Samenmuster (Samskaras) als Verunreinigungen betrachtet. Sie trüben die Weisheitsenergie, die durch die einzelnen Chakras wirkt und sind die Haupthindernisse bei der Realisierung unserer Buddha-Natur.

Als nächstes treten die Chakras in der Sphäre des Egobewußtseins in Erscheinung. Der rationale Geist ist zu komplexeren Funktionen fähig als das persönliche Unbewußte. Er kann sowohl induktiv wie deduktiv denken. Er kann auch Wünsche und Erinnerungen unterdrücken, die er nicht anerkennen möchte. So hat er ein gewisses Maß an Autonomie gegenüber den Bereichen des persönlichen und transpersonalen Unbewußten. Er tendiert jedoch dazu, zu rationalisieren, um die ausweglose Illusion, er sei souverän, aufrechtzuerhalten. In jedem Chakra können wir deshalb verzerrte Bilder der Realität finden, die das bewußte Selbst zum Einsatz bringt, um die innere und äußere Welt zu ordnen und sie wenn irgend möglich so zu manipulieren, daß sie den eigenen Wünschen und vorgefaßten Meinungen entspricht.

Das rationale Selbst kann ziemlich halsstarrig sein, aber es läßt sich vergleichsweise leicht umerziehen. Es kann ausreichen, ein Buch wie das vorliegende zu lesen, um den rationalen Geist davon zu überzeugen, daß er bestehende Einstellungen und Vorstellungen ändern muß. Für die Umprogrammierung und Umerziehung des persönlichen Unbewußten braucht man unglücklicherweise viel mehr Fertigkeiten und Zeit. Wird jedoch diese Aufgabe nicht erfolgreich abgeschlossen, dann erweist sich das bewußte Verlangen nach Veränderung meistens als wirkungslos. Optimal ist es, wenn der rationale Geist und das persönliche Unbewußte sich in ihren Bemühungen verbünden und sich auf die tieferen Ebenen des kollektiven Unbewußten einlassen.

Man kann sich jedes Chakra als Linse in einem Diaprojektor vorstellen, in der bestimmte typische Funktionen der Psyche ans Licht gebracht werden. Zum Beispiel ist das Thema des ersten Chakras das Überleben und das Wohlbefinden des physischen Körpers. Es ist mit der primitivsten oder am meisten instinktgebundenen Ebene der Psyche verbunden. Das erste Chakra enthält deshalb gewöhnlich personalisierte archetypische Bilder dieser Ebene und zeigt entweder eine gut angepaßte Orientierung, ein Szenario von Entbehrungen und Traumata oder eine merkwürdige Mischung von beidem. Die Gesamtheit der »Diasammlungen« in allen Chakras schafft die Illusion unserer individuellen Identität. Diese Diasammlung kann mit dem Bündel von Aggregaten (den Skandas von Form, Gefühlen, Wahrnehmungen, geistiger Willenskraft und Bewußtheit) verknüpft werden, die aus buddhistischer Sicht die Empfindung des Ego-Selbst ausmachen.

In unserer modernen Kultur sind unsere »Diasammlungen« vollgestopft mit täuschenden Bildern, die nach unserer Aufmerksamkeit schreien, und das Ego-Selbst ist in hohem Maße von den Quellen spiritueller Nahrung, die tief in der Psyche verborgen sind, entfremdet. Wir leben in einer synthetischen Welt, die von der Natur im Inneren und im Außen abgespalten ist. Wie der verlorene Sohn haben wir unser wahres Erbe und den Zweck unserer Reise in die Bewußtheit vergessen.

Wenn wir uns auf diese Reise machen, sei es aufgrund eines bewußten Entschlusses oder aufgrund innerer Eingebung, werden wir mit Dingen unter unserer »zivilisierten« Oberfläche konfrontiert, die wir nur allzu gern vermeiden würden. Deshalb ist der Prozeß der Individuation in der Jungschen Therapie und die tantrische Praxis der Transformation der irregeführten Aspekte des Ego-Selbst in ihre Weisheitsenergien oft sehr schmerzhaft.

Der Kontakt mit den ursprünglichen Kräften der Archetypen kann auch für das Ego-Selbst erschreckend sein. C. G. Jung hatte deshalb einen gesunden Respekt vor ihren »unkontrollierbaren« Potentialen. Die tantrischen Legenden sind voll von Berichten über wunderbare Folgen des Erwachens der Kundalini oder des Dumofeuers. Das bloße Wecken dieser Kraft hat jedoch nicht automatisch spirituelle Vollkommenheit zur Folge. Diese ursprüngliche Kraft kann sogar tückisch sein und unbewußte Inhalte aktivieren, die ernsthafte psychische Störungen verursachen, wenn sie nicht sorgfältig assimiliert werden. Die Tibeter sagen, das Feuer wecken ist, als stecke man eine Schlange in einen hohlen Bambusstock. Sie kann nur hinauf- oder hinabsteigen.

Die Arbeit beginnt also damit, daß man sich belangloser oder selbsteinschränkender Inhalte des persönlichen Unbewußten annimmt und es davon reinigt. Ehe wir das Unbewußte umprogrammieren können, ist es oft notwendig, sich der ursprünglichen Einflüsse bewußt zu werden. Das Wiedererleben dieser Einflüsse löst ihre verfestigten emotionalen/begrifflichen Strukturen auf, die sich in den jeweiligen Chakras verfestigt haben.[13]

Wenn man das Unbewußte verstehen und mit ihm kommunizieren will, muß man sich klarmachen, daß es von emotionaler Dynamik und Gedanken angetrieben wird, die sich in Bildern und Symbolen äußern. Die bildhafte Qualität von Träumen und Mythen veranschaulicht dies deutlich.

Weiterhin ist es wichtig zu beachten, daß diese Ebene der Psyche normalerweise nicht zwischen »Wirklichkeit« und Einbildung unterscheidet. Der Einsatz von Hypnose, aktiver Imagination, Traumarbeit und Malen zeigt, wie das Unbewußte durch Metaphern und Visualisierungen angesprochen und verändert werden kann. In der Werbung werden ja Jahr für Jahr Millionen damit verdient, daß die Techniken unterschwelliger Kommunikation genutzt werden.

Im Tantra erzeugt Meditation Alpha- und Theta-Gehirnwellen-Frequenzen. Damit wird Zugang zu den Bereichen der Psyche geschaffen, die außerhalb der normalen rationalen Funktionen liegen. Auf dieser sublimen Ebene üben die Bilder und die rituellen Handlungen des Tantra ihre Zauberkraft aus. Man kann sich die tantrischen Gottheiten als reich gezierte Übersetzungen der zeitlosen Archetypen vorstellen. Es ist nicht nur so, daß sie die Kraft der numinosen Tiefen der Psyche enthalten, man kann sie wie Batterien erleben, die mit psychischer Energie aufgeladen sind. Aufgeladen wurden sie mehr als tausend Jahre lang durch die kraftvollen Meditationen tantrischer Yogis. Dieses Potential wird angezapft und genutzt, um den Leibgeist zu einem gereinigten Gefäß für die transpersonalen Kräfte zu transformieren, die bei tantrischen Praktiken wirksam werden.

Genauso soll die Therapie nach C. G. Jung nicht nur Symptome behandeln, sondern die ganzmachenden Funktionen des Leibgeistes verstärken. Dies beginnt mit einem langsamen Aufweichen der Egogrenzen, so daß unterdrückte Inhalte vom Ego-Selbst assimiliert werden können. Dieser Prozeß führt zur weiteren Integration archetypischer Elemente aus universelleren Tiefen der Psyche. Die Heilung von der Abspaltung des Bewußtem vom Unbewußten verwandelt das Ego in eine eher transpersonale Form der Identität.

Jung hatte bei seiner Therapie einen offenen, klienten-zentrierten Ansatz. Er erkannte die Einzigartigkeit jedes Individuums und folgte der inneren Führung des Klienten auf dem Weg zur Ganzheit. Jung war der Überzeugung, daß das Selbst die Weisheit und die Absicht hat, uns zu unserer wahren Natur zu führen, wenn wir nur unseren Widerstand und unsere Selbstüberheblichkeit aufgeben. Im Buddhismus findet diese Haltung in der Vorstellung der »Buddha-Natur« ihre Entsprechung.

Das Ziel Jungscher Therapie und viele ihrer Methoden und Begriffe erinnern an alte tantrische Praktiken. Jungs Anerkennung des Mandalas als Ausdruck des Selbst, die Bedeutung, die er den symbolischen Manifestationen der Psyche in der Traumarbeit und in der aktiven Imagination beimaß, seine Wertschätzung der Aussöhnung der Gegensätze in der Seele (männlich und weiblich, bewußt und unbewußt etc.) und die Reinigung von den Inhalten des persönlichen Unbewußten, um Zugang zum Manna der Archetypen zu bekommen, lassen sich leicht mit tantrischen Methoden vergleichen.

Das Tantra ist zwar ein noch radikaleres System für die Transformation des Leibgeistes. Jungs mutige Explorationen und tiefe Einsichten geben uns westlichen Menschen jedoch einige sehr nützliche Konzepte in die Hand, mit denen wir beginnen können, die Weisheit tantrischer Symbole, Mythen und Meditationsrituale zu verstehen.

Ähnlich wie der Prozeß der Individuation verlangt das Tantra Mut, Ehrlichkeit, die Bereitschaft zur Veränderung und disziplinierte Freiheit. Die Demut und die Konzentration auf Prioritäten, die notwendig sind, um diesen Weg zu gehen, sind in unserer modernen Zeit nicht leicht zu finden und aufrechtzuerhalten. Die Buddhisten warnen uns jedoch: Den tantrischen Pfad ohne die notwendige Hingabe zu betreten ist so, als wolle man aus Wasser Butter machen.

Ehe wir zu Erfahrbarem der Jungschen Psychologie und des tibetanischen Tantra kommen, wie es in den Funktionen der Chakras Ausdruck findet, ist es nützlich, sich einen Gedanken vor Augen zu führen: Die inneren Realitäten der Psyche lassen sich am besten in den Begriffen der Zeit- und Raumqualitäten der Träume verstehen. Jedes Chakra ist in die transpersonalen Tiefen der Psyche eingebettet. Die Archetypen und die damit verbundenen Stadien der Entwicklung steigen nicht notwendigerweise in den engen Grenzen des linearen Zeitablaufs auf. Sie können zu jeder Zeit aus jeder Tiefe an die Oberfläche gelangen.

Gute Reise!

2

Die Höhle der Alten

1. Chakra

*A*uf dem Beckenboden, zwischen der Wurzel der Wirbelsäule und den Genitalien, befindet sich ein Bereich, der im hinduistischen Tantra als Ei des Brahma bezeichnet wird. In manchen hinduistischen Mythen ist Brahma der Gott der Schöpfung, und das Ei des Brahma kann mit dem archetypischen Thema »Weltei« in Verbindung gebracht werden. Der Urschoß oder das Weltei sind universell in der Mythologie zu finden. Diese Begriffe sind weit verbreitete Symbole für die ursprüngliche Ganzheit, der alles Leben entspringt.

Das erste Chakra, das im hinduistischen Tantra Muladhara heißt, liegt im Zentrum dieses Eis. In der Meditation ist es besonders bedeutsam, weil die kreativen Kräfte des Kosmos in der mythologischen Form der Schlangengöttin Kundalini hier schlummern. Das Bild von der Schlange ruft ein reichhaltiges Mosaik von Symbolen wach, die sich auf fruchtbare Erde, auf alterslose Weisheit und die regenerativen Kräfte der tiefen Schichten der Psyche beziehen.

In der Mitte der Lotusblüte des Wurzelchakras, die vier karminrote Blütenblätter hat, befindet sich ein gelbes Viereck, welches das Erdelement darstellt. Darin steht ein weißer Elefant mit sieben Rüsseln (siehe Abbildung 6, Seite 64). In Indien glaubt man, daß Albino-Elefanten ihre himmlischen Verwandten, die Wolken, anziehen. Diese himmlischen Elefanten bringen den Regen, der Mutter Erde fruchtbar sein und reiche Ernte tragen läßt. Elefanten spenden folglich irdischen Segen und Glück.

Abbildung 6: Muladhara-Chakra. Das erste Chakra hat vier karminrote Blütenblätter, die die vier Arten der Seligkeit symbolisieren, welche man erfährt, wenn die Kundalini erwacht. Innerhalb des Lotus befindet sich ein gelbes Viereck, das Mandala des Erdelements. In der Mitte sehen wir das Samen-Mantra LAM, das die alte Gottheit Indra heraufbeschwört. Der weiße Elefant ist Indras Gefährt und ein Symbol für Wohlstand. Auf dem Elefanten sieht man ein auf der Spitze stehendes Dreieck, die Yoni, die die weiblichen Genitalien und die weibliche Kraft der Schöpfung repräsentiert. Darin sehen wir die Kundalini, die sich dreieinhalb mal um den Lingam windet.

Im buddhistischen Tantra wird das Chakrasystem mit einem fünfstöckigen heiligen Pagoden-Tempel verglichen. Auf jedem Stockwerk des Tempels befindet sich Thron und Mandala eines der fünf Urbuddhas. Das erste Chakra im Parterre wird durch ein gelbes Quadrat sinnbildlich dargestellt und der Erde zugeordnet.

Lama Govinda zeigt in *Grundlagen tibetischer Mystik* auf, daß das Erdelement nach buddhistischer Vorstellung die Zone karmischer Gesetzmäßigkeit und karmisch gebundener Aktivität ist. Im Element Erde, in seiner dunklen Tiefe, reifen die Keime aller Taten. Es ist auch der Bereich der Bindung an die Form, die sich als Starrheit und Trägheit äußert.[1]

Der Urbuddha Amoghasiddhi sitzt auf dem Thron des ersten

Abbildung 7: Amoghasiddhi ist der Herr des Wurzel-Chakras und verkörpert die alles vollendende Weisheit. Seine Farbe ist Grün, und er beherrscht das Luftelement. Seine rechte Hand ist im Abhaya-Mudra erhoben und gibt den Segen der Furchtlosigkeit. Aus: Lama Anagarika Govinda, *Grundlagen tibetischer Mystik,* Weilheim, 1988, Tafel VII.

Chakras (siehe Abbildung 7, Seite 65). Normalerweise wird er mit dem Element Luft und der Farbe Grün in Verbindung gebracht. Es ist jedoch die alles vollendende Weisheit Amoghasiddhis (karma-freie oder spontane Aktivität, die sich aus der Realisation der Untrennbarkeit der Leere und der Manifestation der phänomenalen Wirklichkeit herleitet), die am besten die Kräfte des Leibgeistes transformieren kann, die durch das erste Chakra wirksam werden. Amoghasiddhis irregeführte Leidenschaften sind *Eifersucht oder Neid,* die der Furcht oder Angst entspringen, wir würden unsere Ziele nicht erreichen, oder andere könnten mehr erreichen als wir.

Die primäre Funktion des Wurzel-Chakras ist es normalerweise, die Lebenskräfte in die Überlebensbedürfnisse und Aktivitäten des physischen Organismus umzusetzen. Die Gefühle von Sicherheit und Vertrauen in die natürliche Welt flößen uns die Zuversicht ein, die notwendig ist, wenn sich das Wurzel-Chakra in positiver Weise ausdrücken soll. Ohne Gefühl der Sicherheit im Körper und in der äußeren Umgebung sind alle anderen Ebenen der Bewußtheit von einer tiefsitzenden Angst unterwandert.

Die persönlichen Elemente im ersten Chakra sind außer auf Einflüsse aus früheren Leben vor allem auf die vorgeburtlichen Erfahrungen und die Erfahrungen bei der Geburt zurückzuführen. Die Einflüsse der Eltern und der häuslichen Umgebung sind die nächsten bedeutsamen Faktoren, die die Grundlage für unsere Orientierung in der Welt sind. Die Psychologen sind sich darüber einig, daß wir in unserem ersten Lebensjahr mehr als in allen darauffolgenden Jahren lernen. Wenn unsere pränatale und frühkindliche Umgebung das Bedürfnis nach Nahrung, Wärme, Schutz und dem Gefühl dazuzugehören, befriedigte, dann ist Vertrauen in die äußere Umgebung entstanden. War jedoch die Umgebung im Mutterleib und in der frühen Kindheit emotional kalt und wenig unterstützend oder zerrissen, dann lassen die Prägungen im ersten Chakra die Welt und die Menschen als bedrohlich oder fremd erscheinen. Gewöhnlich ist es schwierig, die Einflüsse, die das erste Chakra beherrschen, aufzudecken, weil sie während der Entwicklung des Fötus und in der frühen Kindheit, also in weitgehend vorbewußten Stadien, ihre programmierende Funktion ausgeübt haben. Das unbewußte Annehmen dessen, »was immer war«, und die Furcht, unsere psychologischen Wurzeln abzuschneiden, stellen sich auf dieser fundamentalen Ebene der Rekonstruktion der Wirklichkeit entgegen.

Die archetypischen Aspekte des ersten Chakras sind in den primitivsten Bereichen der Psyche verwurzelt und verbinden uns mit der Zeit, als wir in instinktiver Verbindung zu Mutter Natur standen (siehe Abbildung 8, Seite 68). In dieser vorbewußten Ära waren wir mit den unbewußten Prozessen der Natur verbunden. Erich Neumann zeigt in *Ursprungsgeschichte des Bewußtseins,* wie dieses ursprüngliche Entwicklungsstadium, das in der Kindheit noch einmal durchlebt wird (zusätzlich zum Weltei), oft im Motiv des Kreises dargestellt wird und verweist damit auf unsere ursprüngliche Ganzheit. Der Kreis hat weder Anfang noch Ende. Er ist in sich geschlossen und ewig. In diesem vorbewußten Stadium waren die Psyche und die Welt nicht durch die Egoidentität in zwei gespalten.[2]

Nach Erich Neumann haben wir, seit wir aus dem Mutterleib des Unbewußten ausgestoßen wurden, das Verlangen, ins verlorene Paradies zurückzukehren, in einen Zustand ohne bewußten Schmerz und bewußte Freude und ohne verantwortliches Handeln. Der Mythos vom Garten Eden zeigt unser Drama: Wir fürchten uns und wehren uns dagegen, bewußte und damit getrennte Wesen zu werden. Der unbewußte Zustand schien unser natürlicher Zustand zu sein. Das Erwachen erfordert große Anstrengungen und das schmerzhafte Gewahrwerden der Dualität.[3]

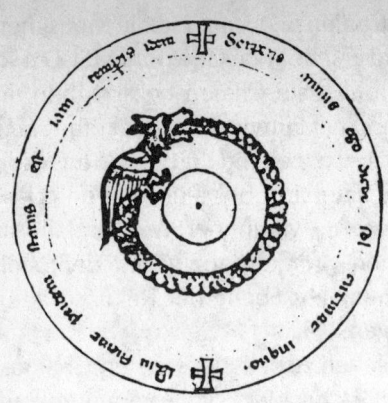

Abbildung 8: Uroborus. Ein Drache, der sich in den eigenen Schwanz beißt, ein mittelalterliches Symbol für die unabhängigen und ganzmachenden Qualitäten der Psyche. Aus einer französischen Zeichnung des 13. Jahrhunderts.

Hier im Wurzel-Chakra finden wir das erste Hindernis für die Entwicklung der Bewußtheit: die Trägheit und das anhängliche Umarmen des Unbewußten. Freud war von dieser regressiven Tendenz in der Psyche fasziniert und bezeichnete sie als Todestrieb. Diese Bezeichnung entbehrt nicht der Ironie; denn die Welt der Gegensätze lebt auf dieser Ebene der Psyche ganz bequem nebeneinander, und die Kräfte der Selbstformung und des Überlebens werden ebenfalls hier in den Instinkten des ersten Chakras erzeugt.

In der tantrischen Symbologie verkörpert das erste Chakra die Qualitäten des Erdelementes wie Festigkeit und Beharrungsvermögen. Im täglichen Leben deckt das erste Chakra die folgenden Belange ab: *Welche Beziehung wir zu unserem Körper haben und wie wir mit ihm umgehen (Ernährung, Bewegung, Befriedigung der Sinne); wie wir unseren Lebensunterhalt verdienen und für Wohnung sorgen; unsere Einstellung zu Geld und die Qualität unserer äußeren Umgebung; welche Beziehung wir zur Welt der Sinne und zu materiellem*

*Besitz haben und unsere Fähigkeit, auf die physische Ebene
zu vertrauen und uns sicher zu fühlen.* Neben den Eindrük-
ken, die durch Eltern und die Umgebung in diesem Leben
vermittelt wurden, können Umstände und Traumata, die wir
in früheren Leben erfahren haben, den Fluß der psychischen
Energie durch das erste Chakra und die daraus resultierende
Wahrnehmung der physischen Realität beeinflussen. Oft zeigen sich schwere Traumata oder Verletzungen des Körpers
in früheren Inkarnationen in diesem Leben als verwandte
Symptome oder verursachen lähmende unbewußte Ängste
und Verhaltensweisen.

Im Körper sein

»Im Körper sein« und »geerdet« sein sind heute gängige
Redewendungen. Was bedeuten sie und in welcher Bezie-
hung stehen sie zum ersten Chakra? In einem sehr wörtlichen
Sinn ist der Körper eine lebendige Skulptur deiner selbst.
Abgesehen von dem genetischen Erbe und den körperlichen
Prägungen, die man in der Kindheit erhalten hat, wird der
Körper von Veränderungen im psychologischen Bewußtsein
geformt. Gedanken und Gefühle, die als psychische Energie
in der Aura wirksam werden, beeinflussen den physischen
Körper über die Nervenzentren und die endokrinen Drüsen
und verändern seine sichtbare Struktur und sein Funktionieren. Einige Beispiele dafür sind: die drastischen äußeren
Veränderungen des Aussehens, die man bei Menschen mit
vielen Persönlichkeiten sehen kann und die übermenschli-
che Kraft, über die man in Notsituationen oder unter Hypnose verfügen kann.
Auf der Zellebene werden die Prozesse, die einen unversehr-
ten und gesunden Körper aufrechterhalten, ständig durch
einen Krieg zwischen Handlungen, Gefühlen und Begriffen

gestört. Werden zum Beispiel Emotionen geweckt (sexuelle Erregung, Schreien, Zorn), dann fließt Energie vom emotionalen Körper zum physischen Körper und bereitet ihn auf das Handeln vor. Das Ego sagt: »Nein« und die Handlung wird unterdrückt. »Nein« ist gleichbedeutend mit Kontraktionen im Körper – die Muskeln verspannen sich, der Atem wird flach, und der Körper erstarrt im Konflikt.

Die meisten von uns sind mit diesen chronischen Spannungsmustern aufgewachsen. Als Reaktion auf nicht ausgedrückte Gefühle zieht sich der Körper zusammen und wird immer mehr vom Bewußtsein getrennt. Diese Unterdrückung des Gewahrseins für das, was sich im Körper abspielt, schützt uns vor unannehmbaren Gefühlen, sie beeinträchtigt jedoch auch die Vitalität und angenehme Gefühle. Je mehr dieser Zustand als gegeben hingenommen wird, desto mehr wird der Körper aufgegeben. Wir betrügen uns um das, was wir brauchen, um zu wachsen und weiterzukommen, und fragen uns, warum wir uns körperlich nicht lebendig fühlen.

Die heutige Welle von Techniken in Körperarbeit zeigt deutlich die vielgestaltigen Qualitäten des Körpers. Unterdrückte Gefühle und innere Spannungen können gelöst, und der Körper kann frei, locker und gesund werden. In manchen Fällen verändert sich die äußere Erscheinung und Struktur ganz drastisch. Blockierter Schmerz und eingefrorene Emotionen können losgelassen, und die Fähigkeit, im Körper Lust zu empfinden, kann wiederhergestellt werden.

Unsere Körper sind wie Tiere. Sie brauchen Bewegung, gute Nahrung und eine unterstützende Umgebung, die ihnen wohltut. Sie brauchen auch liebevolle Berührung und Intimität. Berührung ist ein sehr fundamentales Bedürfnis. Das Kleinkind braucht sie genauso nötig wie Nahrung. Kleinkinder, die nicht geherzt und gestreichelt werden, können teilnahmslos werden, den Appetit verlieren, dahinsiechen und sogar sterben.

Erwachsene suchen vielleicht das Verlangen, zu berühren und berührt zu werden, im Sexualverkehr zu stillen. Dabei vergessen wir, daß Berühren nicht unbedingt mit Sexualität verbunden sein muß, und wir können dadurch unsere Möglichkeiten, Nährendes zu geben und zu empfangen, stark einschränken.

Andererseits ist auch der instinktive Drang, sich zu paaren und sich fortzupflanzen, an das erste Chakra gebunden. Aus diesem Grund wird das erste Chakra oft als das Sex-Chakra bezeichnet. Sex ist jedoch nicht nur an ein Chakra gebunden; schließlich ist es sexuelle Energie (bzw. Libido, Kundalini), die durch die einzelnen Chakras aufsteigt. Wir werden sehen, wie diese Energie transformiert wird und in jedem Chakra andere Qualitäten annimmt.

Die Natur der sexuellen Energie im ersten Chakra wird von Dane Rudhyar in *Occult Preparations for a New Age* genau beschrieben. Sie ist an bio-kulturelle Zwecke gebunden; sie ist ein funktioneller und instinktmäßiger Trieb, der im kollektiven Unbewußten verwurzelt ist. Er verwendet das Bild eines Mannes, der den Boden bestellt und in Muskelanspannung und fruchtbarer Arbeit Befriedigung findet, und er zieht auch den Vergleich zur Erdnatur der Frau, die haushaltet und Nachkommenschaft hervorbringt.[4]

Der Trieb zur Arterhaltung, der die sexuelle Energie im ersten Chakra beherrscht, kann auch als Projektion individueller Identität in physische Objekte gesehen werden. Indem wir psychische Energie in Nachkommen, künstlerisches Schaffen und materiellen Besitz investieren, versuchen wir auf rituelle Weise, unserem Gefühl vom Selbst Dauerhaftigkeit und Fortbestand zu verleihen. Instinktiv suchen wir nach einem Gefühl des Dazugehörens und der Sicherheit in der physischen Welt. Wie der Hund, der sein Territorium verteidigt, hängen wir verzweifelt an dem Gefühl des Besitzens (»das gehört mir«), das wir in diese Objekte projizieren.

In *The Mythic Image* vergleicht Joseph Cambell die Natur der Kundalini auf dieser Ebene der Psyche mit Drachen, die Dinge horten und bewachen wollen. Oft horten sie etwas, wofür sie gar keine Verwendung haben – gewöhnlich schöne junge Mädchen und Schätze. Trotzdem halten sie sie fest und bewachen sie, so daß der Wert, der ihnen innewohnt, nie realisiert werden kann.[5]

In der Mythologie muß der Held (das Ego-Bewußtsein) schließlich dem Drachen entgegentreten und ihn besiegen, um die Jungfrau zu befreien und den Schatz zu heben. In der tantrischen Legende von der Göttin Kundalini finden wir, daß die wertvolle Vitalenergie von den unbewußten Instinkten im ersten Chakra gefangengehalten wird. Ein tantrischer Yogi muß wie der Held in der Sage die Kundalini befreien, so daß sie durch die Chakras aufsteigen und dem Bewußtsein alle ihre Schätze offenbaren kann. Sowohl der Held wie der Yogi müssen in das Innere der Erde steigen und sich den dunklen Kräften dort stellen, damit sich die Eigenschaften realisieren können, die dem Leben einen höheren Sinn und Erfüllung geben.

Der physische Körper ist ein Fahrzeug. Er muß unterhalten, und seine Möglichkeiten müssen genutzt werden. Ein gesunder Körper ist der erste Schritt zu den ungeheuren Dimensionen der Bewußtheit, die über den gewöhnlichen Verstand hinausgehen. Im tibetanischen Tantra wird der Körper nicht als feste Form gesehen, sondern als Ausdruck einer kontinuierlichen Inkarnation. Wer wir sind, was wir denken und fühlen, alle unbewußten Aktivitäten werden jeden Augenblick verkörpert. Veränderungen in der Psyche mobilisieren Kräfte, die sich konkret im Körper manifestieren.

Ist das erste Chakra geschlossen oder traumatisiert, dann ist das bewußte Selbst vom Körper abgetrennt und kennt seine Bedürfnisse nicht. Der Begriff »ausgeschlossen« wird viel gebraucht, um diesen Zustand der Entfremdung vom Körper zu beschreiben. In diesem Zustand ohne Boden unter den Füßen erfährt man das Leben als Kampf, und man fühlt sich nicht in der Lage, mit der Realität fertig zu werden. Von Gewahrsein des Augenblickes spricht man, wenn jemand dynamisch auf den Körper eingestellt ist.

Das Erden des Selbst kann man auch mit einem empfindlichen Radioempfänger vergleichen, der ein Erdungskabel braucht, damit die statische Aufladung vermindert wird. Wenn wir geerdet sind, also Boden unter den Füßen haben, dann fließt psychische Energie von den subtileren Ebenen der Psyche in den physischen Körper. Dies hilft uns, Einflüssen aus der Umgebung zu widerstehen. Ist das erste Chakra blockiert, dann ist der Kreislauf nicht geschlossen, und das aurische Feld ist sehr geschwächt. In diesem Zustand sind wir ängstlich und lassen uns leicht durch die Gedanken und Gefühle anderer beeinflussen.

Die Wellenpartikel, die im Raum oszillieren, um die Erscheinung der physischen Dimension zu schaffen, vibrieren in einer bestimmten elektromagnetischen Frequenz (7,8 Hz). Es ist möglich, ja sogar notwendig, durch das erste Chakra mit dem Puls des Erdfeldes in Einklang zu kommen. »An das Erdfeld angeschlossen sein« ist ein anderes Bild, um den Begriff »Erden« verständlich zu machen.

Biologische Prozesse funktionieren am besten in den natürlichen elektromagnetischen Frequenzen der Erde. Abweichungen von diesen natürlichen Frequenzen verursachen Störungen im biologischen System und können schließlich zur Degeneration von Organen und Zellgewebe führen. Die ständig zunehmende elektromagnetische Verschmutzung unserer technologischen Gesellschaft wird neben der Luft-, Wasser- und Nahrungsverschmutzung zu einem realen Gesundheitsrisiko. Radio-, Fernseh- und Mikrowellen, Starkstromleitungen draußen und Elektroleitungen im Haus, um nur einiges zu nennen, können Quellen für Störungen im elektromagnetischen Feld des Körpers sein. Chaotische Vibrationen in der Aura oder übermäßig viele Beta-Gehirnwellen, die mit dem rationalen Geist und Zuständen von Ärger, Furcht etc. verbunden sind, beeinträchtigen auch das elektromagnetische Feld des Körpers.

Bei den meisten Menschen springt psychische Energie wie wild zwischen den mentalen und emotionalen Körpern hin und her. Selten gibt es Frieden und Klarheit. Der Geist ist immer zugange und springt von einem Gedanken zum anderen, von einem Ärger, Problem oder Plan zum nächsten. Der emotionale Körper wird gewöhnlich wie ein kleines Boot auf hoher See herumgewirbelt, und der physische Körper lebt in dieser Aura von chaotischen Vibrationen. Er ist ständig gezwungen, auf die sich gegenseitig bekämpfenden Reize zu reagieren, die aus den verschiedenen Ebenen der Psyche auf das Nerven- und Drüsensystem einwirken.

Wenn sich die Aura und der physische Körper im Einklang mit dem magnetischen Feld der Erde entspannen, werden ruhige Theta- und Alpha-Gehirnwellen erzeugt, und es entsteht ein tiefes Gefühl von Frieden. Das magnetische Feld des Körpers wird wieder genährt und vom ursprünglichen geomagnetischen Feld umgeben. Wir fühlen uns sicher und geschützt. Biofeedback, Meditation und Selbsthypnose sind Techniken, die man nutzen kann, um den Leibgeist zu entspannen und in Einklang mit dem magnetischen Feld der Erde zu bringen.

Wir wollen die Erfahrung des Geerdetseins noch unter einem anderen Blickwinkel betrachten. Der Garten Eden war kein

Ort, sondern ein Bewußtheitszustand. Unsere Reise begann damit, daß wir aus der unbewußten und instinktiven Verbindung mit Mutter Natur ausgestoßen wurden. Im Leben spirituell entwickelter Menschen wird deutlich, daß wir bewußt zu diesem Garten zurückkehren können. Wenn das Bewußtsein voll entfaltet ist, kehren wir zu unserem ursprünglichen Einssein zurück. Indem wir den Teil leben, werden wir das Ganze und erfahren ganz intensiv und bewußt unser Gegründetsein im kosmischen Organismus. Seine Ganzheit lebt in uns, sie ist unser Leben.

Die Eltern-Matrix

Körperlich werden wir durch die biologische Vereinigung von Mutter und Vater empfangen. Psychisch werden wir aus der Großen Polarität geboren. Hinter der Maske der persönlichen Mutter und des persönlichen Vaters stehen die beiden ursprünglichen Archetypen der Großen Mutter und des Großen Vaters. Als Kinder haben wir in der Beziehung zu den biologischen Eltern die Nahrung und Führung gesucht, die diesen psychologischen Ahnen innewohnt.

In der Kindheit haben wir unsere realen Eltern instinktiv mit dem in uns lebenden »idealen« Eltern-Archetyp verglichen. Das Urbedürfnis, mit der Großen Mutter und dem Großen Vater verbunden zu sein, von ihnen genährt, geschützt und geführt zu werden, wurde oft durch die Unzulänglichkeiten unserer biologischen Eltern schmerzlich enttäuscht. Die Folge war, daß wir uns beraubt fühlten und den biologischen Eltern und oft der Welt gegenüber, die sie repräsentieren, Mißtrauen und sogar Empörung entwickelt haben.

Die emotionalen Komplexe, die Kinder entwickeln, und die psychologischen Werte, die aus der elterlichen Umgebung aufgenommen werden, sind Hindernisse, die das Wachstum hemmen. Werden diese Hindernisse nicht überwunden, dann beeinträchtigen sie die Grundlage des ganzen Entwicklungsprozesses.

Jeder Mensch braucht im tiefsten Grund das Gefühl, von seinen Eltern geliebt und unterstützt zu werden. Wenn wir fühlen, daß uns diese Liebe vorenthalten wird, versuchen wir die Leere auf vielerlei Weise zu füllen. Diese Deprivation treibt uns entweder umher oder sie hat kompensatorische Abwehr zur Folge. Tief in unserem Inneren, unter den Schichten von Schmerz und Abwehr, ist eine gesunde Beziehung zum Mutter- und Vaterarchetyp begraben. Es ist sehr wichtig, daß die traumatischen Schichten aufgedeckt werden. Kathartische Therapien wie Rebirthing, Körperarbeit, die in den Tiefenschichten wirksam wird, aktive Imagination, Jungsche Traumarbeit und andere analytische Ansätze sind Methoden, mit denen man an diese unbewußten Faktoren herankommen und davon frei werden kann. Die buddhistische Methode der Einsichtsmeditation, die in einem der folgenden Kapitel dargestellt wird, ist eine weitere wirksame Möglichkeit, in diese Tiefen der Psyche zu gelangen.

Durch diese psychologische »Grabungsarbeit« können wir zu den Schichten psychischer Energie gelangen, die unter den Reaktionen auf elterliche Einflüsse liegen. Wenn wir diese verborgenen Faktoren ans Tageslicht bringen und unsere Gefühle und Projektionen annehmen, dann beginnen wir, Erbarmen für uns und für unsere Eltern zu empfinden. Wir sind dann weniger geneigt, die Eltern verantwortlich zu machen, und eher bereit, uns ihren Geschenken der Liebe und Loyalität zu öffnen, gleichgültig, wie klein und unvollkommen sie sind. Nur dann können wir beginnen, uns in den tieferen Ebenen der Psyche zu verwurzeln und uns die Nahrung der Großen Mutter und des Großen Vaters zu erschließen.

In der Eichel schlummert die ganze Eiche. In ähnlicher Weise enthält die Polarität der Großen Mutter und des Großen Vaters alle Potentiale für die Entwicklung der Bewußtheit. Ihre Entfaltung ist von der veränderten Beziehung zu diesen Archetypen abhängig, die als erstes auf die biologischen Eltern projiziert werden und später auf die Götter und Göttinnen, die unsere spirituellen Eltern werden.

Eine mediale Deutung des Wurzel-Chakras

Ein Beispiel für die mediale Deutung des ersten Chakras veranschaulicht gebündelt einige der Themen, die wir bislang besprochen haben:

Wenn ich mich mit medialer Aufmerksamkeit auf das erste Chakra konzentriere, spüre ich Dichte. Die eingeschlossene Energie vermittelt mir den Eindruck von Angst, Schüchternheit und Mißtrauen. Auf einer tieferen Ebene nehme ich Gefühle von Zorn wahr.

Während ich mich sorgfältiger auf diese Gefühle einlasse, beginnen Bilder aufzusteigen. Ich konzentriere mich auf eins davon und sehe einen Fötus im Mutterleib während der Entbindung. Er kämpft um sein Leben, und die Mutter will ihn nicht gebären. Die Mutter will das Kind nicht. Sie ist mit ihrem Ehemann unglücklich. Ihr Leben ist ein Kampf. Alle diese Kräfte dringen in das Kind ein, während es um sein Recht kämpft, geboren zu werden und zu leben. Schließlich wird die Mutter unter Medikamente gesetzt, und die Geburt wird eingeleitet. Während das Herz wie wild schlägt und Angst durch die Venen rast, wird das Kind in eine kalte, hellerleuchtete Umgebung geworfen. Es wird lieblos abgenabelt, weggetragen und allein gelassen.

Nun steigt ein anderes Bild auf. Aus Enttäuschung und

Verdruß weigert sich die Mutter, sich der körperlichen Bedürfnisse des Kindes anzunehmen – es zu füttern, die Windeln zu wechseln etc. Das Kind fühlt sich aufgegeben und unerwünscht. Die häufige Erfahrung von Hunger, der von der Mutter nicht gestillt wird, weckt im Körper des Kindes Gefühle von Furcht und Mißtrauen.

Jetzt sehe ich, wie die Mutter das Kind feindlich behandelt und den Ärger über ihr eigenes Leben an ihm ausläßt. Das Kind verkrampft sich aus Furcht vor diesen Angriffen. Es ist nicht in der Lage, zu verstehen, was da geschieht, kann sich nicht schützen und fühlt sich hilflos. Der Körper des Kindes verkrampft und verhärtet sich immer mehr, um sich sich gegen die immer wiederkehrende willkürliche Feindschaft zu schützen.

In einer anderen Szene ist die Mutter tief in Gedanken versunken. Sie plant, ihren Mann zu verlassen. In bezug auf das Kind ist sie hin und her gerissen. Sie denkt, es würde den Vater verletzen, wenn sie das Kind mitnehmen würde, und das gefällt ihr. Doch sie möchte das Kind nicht wirklich, und es macht ihr Spaß, sich vorzustellen, wie der Vater die Windeln wechseln muß usw. Sie ist voll Gehässigkeit und Rachsucht. Das Kind ist in diese Umgebung von Haß verstrickt und spürt die drohende Trennung und das böswillige Verlassen. Ohne die Ursachen und Umstände zu verstehen, identifiziert sich das Kind unbewußt mit diesem Gefühlschaos.

Wir könnten weiterfahren und die Beziehung des Vaters zu dem Kind und der Mutter, sein Verantwortungsbewußtsein oder seine Haltung seiner Arbeit gegenüber betrachten. Alle diese Faktoren hatten Einfluß auf die Beziehung des Kindes zur physischen Welt. Die obigen Bilder dürften jedoch ausreichen, um zu veranschaulichen, wie psychische Eindrücke das erste Chakra beeinflussen. Man kann sich leicht vorstellen, wie diese die Entwicklung des Kindes und seine späteren Erfahrungen im Leben beeinflußt haben.

Wir müssen uns von den »Persönlichkeiten« unserer Eltern lösen, statt dabei steckenzubleiben, sie dafür verantwortlich zu machen, daß sie nicht all das waren, was wir gern gehabt hätten. Menschen, die »noch böse auf die Mutter sind«, sollten nicht mit der Kundalini arbeiten; denn sie könnten von Zorn überwältigt werden, weil das Ego noch auf das frustrierte Stadium frühkindlicher Entwicklung fixiert ist. Wir müssen uns von dem Selbstbild, das wir im Spiegel elterlichen Handelns und elterlicher Einstellungen entwickelt haben, befreien und zu Menschen werden, die auf eigenen Füßen stehen.

Zuflucht suchen

Nachdem Gautama Buddha über die menschliche Situation meditiert hatte, kam er zu dem Schluß, das Leben sei durch Leiden bedingt. Alles Leben ist im Fluß, und der Versuch, etwas Festes und Dauerhaftes zu schaffen, führt zu Leiden. Darin, daß wir uns daran gebunden fühlen, wie wir die Dinge gerne hätten, und vor dem, wie es wirklich ist, Abscheu empfinden, liegt die Ursache allen Leidens. An der Wurzel von Bindung und Abscheu steht das Phänomen der Ego-Identität. Als Buddha aus dem Traum dieser Ego-Identität erwachte, begann er zu lehren, daß wir die Ursachen des Leidens überwinden können durch: rechtes Verstehen, rechtes Denken, rechtes Reden, rechtes Handeln, rechtes Brotverdienen, rechte Anstrengung, rechte Achtsamkeit und rechte Konzentration.

Der buddhistische Pfad beginnt damit, daß man Zuflucht sucht. Im traditionellen Rahmen initiiert der Lama den neuen Schüler in eine Zufluchts-Zeromonie. Durch Zuflucht-Suchen erkennen wir auf symbolische Art und Weise an, daß wir dem wahren Selbst entfremdet sind und daß wir uns der Führung des Erwachten Geistes in uns anvertrauen.

Im tantrischen Buddhismus hat das Zufluchtsuchen noch eine spezifischere Bedeutung. Wenn die psychischen Kanäle im Körper gereinigt sind, werden sie zu einem Ausstrahlungskörper des Buddha-Geistes. Die vitalen oder psychischen Energien, die durch diese Kanäle fließen, sind in gereinigter Form ein Seligkeitskörper, und die gereinigten sexuellen Energien bilden einen Wahrheitskörper. Wenn wir diese drei Elemente als die Drei Körper des Erwachten Geistes würdigen, nehmen wir die Vajra-Zuflucht (Vajra bedeutet diamantengleich oder unzerstörbar).

Nach der initiierenden Zufluchts-Zeremonie beginnt der Übende jede Meditationssitzung mit einer Zuflucht-Visualisierung. Die Einstellung vor dem Beginn der Meditation ist der wichtigste Faktor. Das richtige Verständnis der Zuflucht gründet sich auf den Glauben an die Entfaltung unserer eigenen wahren Natur. Neben Überzeugung brauchen wir Klarheit; wir meditieren, um die Buddhaschaft zu realisieren. Glaube, Klarheit und die Entschlossenheit, auf das Ziel und die Mittel, dieses Ziel zu erreichen, gerichtet zu bleiben, sind die Grundlage der Zuflucht und die richtige Haltung für die Meditation.

Im Tibet gibt es folgendes Sprichwort: »Den Geist dirigieren ist wie das Zureiten eines guten Pferdes«[6]. Im Körper, in der Sprache und im Geist stecken wie in einem wilden Pferd mächtige Energien, die für konstruktive Arbeit nutzbar gemacht werden können. Wir können lernen, diese Kräfte in unserer Morgenmeditation in die richtigen Bahnen zu leiten. Buddhisten aller Schulen erweisen täglich dem dreifachen Edelstein Ehrerbietung: dem Buddha (dem erwachten Geist), dem Dharma (den Lehren) und der Sangha (der Gemeinschaft derer, die Buddhismus praktizieren). Bei den Anhängern des Vajrayana (tantrischer Buddhismus) kommt noch die Ehrerbietung vor ihrem Guru hinzu, der die Linie von Lehrern bis zurück zu Buddha selbst verkörpert. Der Praktizierende appelliert in seiner täglichen Meditation an diese vier konkreten Manifestationen des erleuchteten Geistes, um Führung und Unterstützung zu bekommen.

Die nachfolgende Meditationsübung ist die Wiedergabe der Zufluchts-Visualisierung, die für unsere Zwecke bearbeitet wurde. Sie ist mit dem ersten Schritt zur Meisterung der Meditation, die Samatha genannt wird, kombiniert. Das tibetanische Wort für *samatha* ist zhignas, und es bedeutet, in Frieden leben. Es bezieht sich auf die Entwicklung von Gerichtetheit, die den Geist von den Ablenkungen durch Gedanken befreit. Diese beiden Praktiken sind die Wurzelunterstützung des tibetanischen Tantra.

Shakyamuni-Buddha-Meditation

Nimm eine Meditationshaltung ein. Entspanne dich und richte deine Aufmerksamkeit auf den Atem. Laß den Atem voll, regelmäßig und mühelos fließen. Vielleicht möchtest du den Atem regulieren, indem du das Mantra Shakyamuni Buddhas leise wiederholst: OM TA YA THA MUNI MUNI MAHAMUNYE SVAHA (Selbstzucht oder Kontrolle, größte Selbstzucht, so sei es). Wenn du einen Rhythmus für das Ein- und Ausatmen magst, dann rezitiere OM TA YA THA beim Einatmen, MUNI MUNI beim Ausatmen und MAHAMUNYE beim nächsten Einatmen und SVAHA beim letzten Ausatmen. Es ist auch hilfreich, sich des ersten Chakras bewußt zu sein. Fühle, wie es sich entspannt, öffnet und erdet, während du dich auf den Atem und das Mantra konzentrierst.

Während du dich immer mehr entspannst, beginne, dir Shakyamuni zu visualisieren, wie er vor dir sitzt (siehe Abbildung 9, Seite 83). Stelle dir vor, wie er, nachdem er viele Jahre umhergewandert war und den Weg der Befreiung gesucht hatte, unter dem Boddhi-Baum meditiert, wo er gelobte, in der Meditation zu verharren, bis er Erleuchtung erlangen würde. Seine Haut ist golden, und er trägt safranfarbige Mönchskleider. In der linken Hand hält er eine Schale, die mit dem Nektar gefüllt ist, der die vier Hindernisse zerstört, die Buddha schon überwunden hat: das Leiden unserer Aggregate, den Dämon des Todes, unseren störenden nicht bezwungenen Geist und den Dämon des Verlangens. Seine rechte Hand berührt die Erde; denn als Buddha unter dem Boddhi-Baum saß, kam die Versucherin Mara-Kama-Deva, um ihn zu versuchen. Sie versuchte, ihn von seinem Ziel der Erleuchtung abzubringen. Doch gleichgültig, welche Mittel Mara einsetzte, Buddha ließ sich nicht von seiner Meditation abbringen. Er berührte die Erde und forderte sie auf zu bezeugen, daß er sich von der Versucherin nicht hatte beirren lassen. Als Antwort zitterte die Erde und bewegte sich sechs-mal. Das ist die Bedeutung des Mudra der Erdberührung.

Schau dann sein Gesicht an. Erlebe die Tiefe seiner Ruhe. Nimm dann wahr, wie bewegungslos und entspannt sein Körper ist. Wie ein Stein ruht er fest auf dem Boden. Kontem-pliere den Guru Shakyamuni Buddha als voll erleuchtetes Wesen, der unendliches Erbarmen, unendliche Geduld und das Wissen hat, mit dem er alle Wesen aus dem Leiden auf den Pfad der Befreiung führen kann. Bitte ihn, dir seine Weisheit und sein Erbarmen zu verleihen, bitte in deinen Worten darum, daß die Hindernisse in deinem Geist und deinem Herzen entfernt werden. Versprich dann, von den Handlungen des Körpers, der Rede und des Geistes Abstand zu nehmen, die Hindernisse auf dem Pfad zur Erleuchtung sein könnten. Bitte schließlich zum Nutzen aller fühlenden Wesen darum, zur Buddha-Natur zu erwachen.

Stelle dir auf seiner Stirn ein weißes OM, an seinem Hals ein rotes AH und in seinem Herzen ein blaues HUM vor. Die

Abbildung 9: Shakyamuni Buddha. Eine Meditationsgottheit, die bei der Zufluchtszeremonie genutzt wird und die Hingegebenheit symbolisiert, mit der das Ziel der Erleuchtung angestrebt wird. Aus: *Thanka collection of Sergei Diakoff.* Wiedergegeben mit Erlaubnis.

hellen Strahlen, die von diesen drei Silben ausgehen, sind die Essenz und die Kraft der Weisheit und des Erbarmens von Buddhas heiligem Körper, seiner Rede und seiner Seele. Während das weiße Licht von dem OM in dein sechstes Chakra scheint, wird der Körper von allen negativen Energien gereinigt. Wenn das rote Licht des AH in dein fünftes Chakra scheint, wirst du von allen Unreinheiten der Rede gereinigt. Das blaue Licht des HUM reinigt das Herz und den Geist von allen Irreführungen[7] (siehe Abbildung 10, Seite 85).

Fühle, nachdem du diese Ermächtigung von Shakyamuni erhalten hast, wie du immer tiefer in die Meditation gelangst, tiefer und tiefer, bis du die Tiefe von Buddhas Konzentration erreicht hast. Während dies geschieht, geht das Bild Buddhas in dir auf. Du verwandelst dich in Buddha, der mit dem Mudra der Erdberührung unter dem Boddhi-Baum sitzt. Dein Körper ist stabil und ruht wie ein Stein auf dem Boden, und du bist in ruhiger Meditation versunken. Erlaube, daß deine Bewußtheit wie ein schweres Gewicht in deinen Beckenboden sinkt, und fühle, wie du in immer tiefere Ebenen des inneren Friedens gelangst, während du einfach weiter auf den Atem achtest, wie er durch die Nasenlöcher ein- und ausfließt.

Wenn störende Gedanken auftauchen, dann lenke deine Aufmerksamkeit auf dieses Bild von dir und konzentriere dich weiter auf den Atem.

Während du dich weiter in dir niederläßt, kannst du dir vorstellen, daß du hinab in die Tiefen deines inneren Selbst steigst. Von der bewegten Oberfläche deines Geistes steigst du hinab in die ruhigen Tiefen des Meeres des Bewußtseins im Inneren.

Indem du weiteratmest und dich entspannst, sinkst du tiefer und tiefer in dieses Meer des Bewußtseins, wo du ruhig in einem wunderbar heiteren Meditationszustand verharrst. Bleibe, solange du möchtest, in diesem Frieden.

Abbildung 10: OM AH HUNG.
Samen-Mantras, die im Stirn-, Kehl- und
Herzchakra zur Reinigung von Körper, Rede
und Geist visualisiert werden.

Gehe, ehe du von der Meditation aufstehst, im Geist durch den Tag, der vor dir liegt, und schau, wie du in diesem ruhigen und klaren Zustand der Bewußtheit bleiben kannst. Wähle, während du dich selbst in bestimmten Situationen vorstellst, bestimmte Aspekte dieser Situation als Erinnerungshilfe. Überlege, wie du dir dies ins Gedächtnis einprägen kannst, damit du dich während des Tages an den Zustand der Ruhe und Hingabe an die Buddhaschaft erinnern kannst. Sieh und fühle dich wie ein Buddha handeln, während du durch den Tag, der vor dir liegt, gehst.

Ihr besonderer Wohnsitz

2. Chakra

*D*ie hinduistische bildliche Darstellung des zweiten Chakras weist sechs scharlachfarbene Blütenblätter auf. In der Fruchthülle des Lotus kann man einen Halbmond erkennen, strahlend weiß, kühl und aufnahmebereit – das Symbol für das Wasserelement. In diesem Halbmond sehen wir Makara, das Ungeheuer der Tiefe, das auf dem Grund des Meeres lebt. Das Sanskritwort für das zweite Chakra ist Svadhisthana. Das bedeutet »ihre besondere Wohnung« (oder Ort der Freude). Interessanterweise brachten die alten Yogis das zweite Chakra in Verbindung mit dem besonderen Bereich der Schlangengöttin; denn sie weist vom Aussehen her viele mythische Elemente der Großen Mutter auf. Die Große Mutter wird oft mit auffälligen amourösen, auf Fortpflanzung hinweisenden, beherrschenden und manchmal sogar grausamen Zügen dargestellt. Sie wird mit Fruchtbarkeitskulten und sexuellen Orgien, aber auch mit Bildern in Verbindung gebracht, die die schädlichen Kräfte des Unbewußten beschreiben. Alle diese Faktoren finden sich in der hinduistischen Mythologie des zweiten Chakras (siehe Abbildung 11, Seite 88).

Das zweite Chakra liegt zwischen Nabel und Schambein. Psychologisch gesehen, ist es mit den vorrationalen und traumartigen Bewußtseinsstadien verbunden, in denen sich noch keine stabile Identität gebildet hat. Neumann zeigt in der *Ursprungsgeschichte des Bewußtseins,* daß dieses Entwicklungsstadium in der Weltmythologie durch jugendliche Fruchtbarkeitsgötter symbolisiert wird. Ihnen fehlen die Kräfte des Helden. Sie sind deshalb machtlos und erleiden unter den Händen der großen Muttergottheit ein gemeinsames Schicksal. Fruchtbarkeitskulte, in denen ein junger Mann rituell geopfert wurde, waren typische Dramatisierungen dieser Schicht der Psyche.[1] Im Verlauf des Prozesses der Öffnung des zweiten Chakras können wir deshalb tiefsitzenden Ängsten und ambivalenten sexuellen Gefühlen begegnen, wenn einige dieser archaischen Elemente des kollektiven Unbewußten in unserem persönlichen Leben deutlicher zutage treten.

Abbildung 11: Das zweite Chakra, Svadhisthana. Im Innern des Lotus mit sechs scharlachroten Blütenblättern findet sich ein weißer Halbmond, Symbol für das Wasserelement. Das Samenmantra VAM beschwört die alte Gottheit Varuna, den Herrn der Meere, herauf. Varunas Gefährt ist Makara, ein Ungeheuer, das auf dem Grund des Meeres lebt.

In den ersten Jahren der Kindheit durchleben wir ein Stadium, das der historischen Periode sehr ähnlich ist, die mit der Mythologie der Großen Mutter in Verbindung gebracht wird. Bei der Betrachtung des ersten Chakras sahen wir, wie wir als Kleinkinder im Idealfall lernen, der Welt zu vertrauen, wenn wir das, was wir in der Zeit vor der Geburt und im ersten Lebensjahr zum Leben brauchen, bekommen. Nach dieser Zeit beginnen wir, uns von der Mutter und der Umgebung abzugrenzen. Dabei erfahren wir unsere eigene Hilflosigkeit und Machtlosigkeit. Unsere Abhängigkeit von dem Elternteil, der für uns sorgt, wird auf eine neue Art für das Überleben wichtig. Überleben heißt geliebt werden, liebenswert sein. Daraus erklärt sich die Angst und die unglaubliche Belastung, die wir in unsere derzeitigen Beziehungen hineintragen, und die verheerende Unsicherheit, die Folge von Zurückweisung und Einsamkeit ist.

Auf der Entwicklungsstufe des zweiten Chakras erwachen wir zu zum Bewußtsein von Gefühlen. Unser Gefühlsbewußtsein ist in erster Linie mit angenehmen oder schmerzhaften Reaktionen auf die Welt befaßt. Ein Mensch, der auf ein unbewußtes zweites Chakra fixiert ist, ist deshalb vorrangig mit Reaktionen auf Lust oder Schmerz beschäftigt. Dies führt zu einer Sucht nach angenehmen Erfahrungen und dem zwanghaften Vermeiden von Unlustgefühlen. Diese Motivation unterscheidet sich von der des bloßen Überlebens, wie wir sie im ersten Chakra gefunden haben, aber sie ist eine ähnlich starke Quelle der Angst. Das Gespür für das Selbst wird im zweiten Chakra folglich durch die Summe von Objekten, Personen und Situationen definiert, die uns das Gefühl von emotionaler Sicherheit vermitteln oder die mit Lustvollem verbunden sind, oder negativ ausgedrückt, es wird von dem definiert, was mit Schmerz und Unsicherheit verbunden ist.

Was die sexuelle Energie betrifft, die im zweiten Chakra mit Lust und Schmerz assoziiert wird, gibt es zwei grundlegende Wege, damit umzugehen. Der eine ist, diese Energie durch das zweite Chakra fließen zu lassen und Ängste und Enttäuschungen der Vergangenheit und romantische Erwartungen loszulassen. Ein extremerer Ansatz, der von vielen spirituellen Traditionen empfohlen wird, besteht in der Vermeidung sexueller Erfahrungen. Enthaltsamkeit kann zwar in bestimmten Perioden heilsam sein. Aber die alten Wunden und Ängste müssen schließlich heilen, damit das »Wasser des Lebens« durch das zweite Chakra und in alle Ebenen der Psyche fließen kann.

Durch die Verknüpfung mit Sexualität spielt psychische Energie im zweiten Chakra eine wichtige Rolle bei der magnetischen Anziehungskraft von Mann und Frau. Diese Anziehungskraft steht in enger Verbindung zur Projektion der Archetypen von Animus und Anima, die Jungsche Bezeichnung für die männlichen und weiblichen Anteile der Psyche.

Das zweite Chakra steht auch in einer besonderen Beziehung zum ätherischen Körper. Als Kraftfeld vitaler Energien ist der ätherische Körper ein Grenzbereich zwischen dem physischen und den subtilen Körpern. Ströme von Lebenskraft durchströmen ihn in zahllosen Bahnen und fließen in den physischen Körper. Diese Ströme haben nährende und reinigende Wirkung und stehen in Verbindung zur Milz, den Lymphdrüsen und den Harnleitern. Der Verlauf der Energiebahnen wurde für Verfahren wie Polaritäts-Therapie, Akupunktur, taoistische und tantrische Meditationstechniken aufgezeichnet, und diese Bahnen werden mit Hilfe dieser Verfahren beeinflußt. Der freie Fluß der Energieströme ist für die Gesundheit und Vitalität des Körpers außerordentlich wichtig.

Der ätherische Körper ist ein beeinflußbares und rezeptives Medium, das auf Emotionen in der astralen Welt reagiert. Das zweite Chakra spielt eine vorrangige Rolle bei der Übermittlung dieser Impulse ins Nervensystem. Im zweiten Chakra nehmen wir nicht nur unsere eigenen Gefühle wahr, sondern es werden auch die emotionalen Kräfte in der Umgebung aufgenommen. Diese Sensibilität kann außerordentlich verwirrend und schädlich sein. Das trifft besonders dann zu, wenn sie unterhalb der Schwelle der Wahrnehmung wirksam ist, was oft passiert.

Der rationale Geist findet schmerzhafte oder mächtige Gefühle vielfach unbequem. Deshalb ist das zweite Chakra häufig stark blockiert. Sexuelles und romantisches Verlangen, Einsamkeitsgefühle und Gefühle des Verletztwerdens, der Verzweiflung und des Verlangens, geliebt zu werden und sich emotional sicher zu fühlen, der Unmut und die Empörung, daß diese Bedürfnisse nicht erfüllt wurden – all das findet sich gewöhnlich im zweiten Chakra, wenn seine Inhalte ins Bewußtsein gelangen.

Wenn wir das zweite Chakra eingefroren haben, um uns zu schützen, haben wir keine Verbindung zu unseren Gefühlen. Werden die eingesperrten Energien im zweiten Chakra frei, dann führt das zu einer spürbaren Verbesserung der Vitalität und der Gesundheit – was wiederum auf das verbesserte Funktionieren des ätherischen Körpers zurückzuführen ist. Auch die Fähigkeit zu fühlen und Intimität zu genießen verbessert sich.

Im Tantra wird das Sakral-Chakra mit dem Wasserelement in Verbindung gebracht. Wasser symbolisiert oft das Unbewußte. Wenn die unpersönlichen Kräfte des Unbewußten durch die Psyche fließen, dann erschaudert die zerbrechliche Individualität des wachsenden Ego-Selbst vor Furcht bei der Konfrontation mit diesen tiefen und geheimnisvollen Strömen. Unbewußte Kräfte drängen mit der Gewalt der Kräfte der Gezeiten und manchmal wie krachende Wellen auf die winzige Insel des Bewußtseins. Der »(Volks-)Stamm« und die Familie schaffen Schutzräume vor diesen gewaltigen Kräften des Meeres des Unbewußten. Mit Mythen und Ritualen wird ihre Gewalt gebändigt.

Gewöhnlich versuchen wir, die unpersönlichen Kräfte des Unbewußten unter Kontrolle zu bekommen. Damit wollen wir emotionale Sicherheit schaffen. Sexuelle Energie zum Beispiel verbindet sich oft mit Besitzgier und Eifersucht, nämlich dann, wenn wir versuchen, sie zu besitzen. Auf der positiven Seite können die Kräfte des tiefen Unbewußten transformierend sein. Auch sexueller Energie wohnt das Potential zur Transformation inne, wenn sie in der Vereinigung mit einem anderen Wesen und letztlich mit den transpersonalen Ebenen der Psyche erlebt wird.

Gesundheit und Ganzheit sind auf der zweiten Chakraebene mit der Etablierung einer positiven emotionalen Identität verknüpft. Wenn die Erfahrungen und Eindrücke, die sich in der Vergangenheit im zweiten Chakra eingeprägt haben, mitteilen, daß wir geliebt werden und liebenswert sind, dann können wir unsere Gefühle annehmen und spüren, daß andere unsere Gefühle respektieren. Wir sind dann auch in der Lage, freizügig emotionale Unterstützung zu geben und anzunehmen. Wurde jedoch unser Gefühl der emotionalen Sicherheit verletzt, dann kann uns, ohne daß wir es merken, eine von zwei typischen Reaktionsweisen beherrschen: Entweder ist das Gewahrwerden von Gefühlen und die Fähigkeit, von anderen emotionale Unterstützung zu bekommen, durch Abwehrmechanismen eingeschränkt, oder wir werden von emotionalen Bedürfnissen getrieben. Das hat zur Folge, daß wir uns in der Sucht nach Anerkennung und Unterstützung von anderen übermäßig anpassen.

Mit Gefühlen umgehen

Der erste Schritt aus der instinktbeherrschten Höhle des Unbewußten war, daß wir Bewußtsein für Gefühle entwickelt haben. Im Verlauf der Evolution der Funktionen des Nervensystems vergrößerte die Bewußtheit für Gefühle unsere Sensibilität für die negativen und positiven Einflüsse der Umgebung. Sie wirkt immer noch – sei es bewußt oder unbewußt – als grundlegende Motivation dafür, wie wir auf unsere Umgebung reagieren.

Gefühle und Emotionen sind zwar eng miteinander verbunden. Gefühle gehören jedoch mehr zum Bereich des rezeptiven und beeinflußbaren zweiten Chakras. Emotionen sind der Ausdruck unserer Reaktion auf Gefühle und sind eng mit dem dritten Chakra verbunden. Hier eine einfache Analogie: Stellen Sie sich einen ruhigen See vor. Wenn der Wind über die Oberfläche bläst, »fühlt« das der See. Das Einwirken des Windes auf das Wasser erzeugt Wellen. Diese Wellen brechen sich schließlich am Ufer, und dabei zeigt sich die Kraft, die sie geschaffen hat.

Durch Reize entstehen im Astralkörper kleine Wellen von Gefühlseindrücken. Ein vorbewußter Mechanismus beurteilt diese Gefühle danach, ob sie angenehm oder schmerzhaft sind, während er diese Information mit Hilfe einer Reihe von Assoziationen filtert. Über den ätherischen und physischen Körper werden chemische, neuromuskuläre und möglicherweise verbale Reaktionen zu den Ufern des Bewußtseins geleitet.

Gefühle haben jeweils eine spezifische Bedeutung, werden aber oft rationalisiert. Die meisten von uns haben gelernt, die Gefühle an die sozialen Normen oder an die Unterdrückungsmechanismen unserer Umgebung anzupassen. Wir haben folglich die Verbindung zu unseren wahren Gefühlen verloren.

Kinder drücken Gefühle auf natürliche Weise aus. Wie oft erleben wir, daß ein Kind ein Gefühl ganz frei zum Ausdruck und damit einen Erwachsenen in Verlegenheit bringt und dieser dann das Kind zurechtweist. Als Kinder waren wir schutzlos dem Schmerz und der Unterdrückung ausgesetzt, die uns von Erwachsenen und dem sozialen System zugefügt wurden. So waren wir gezwungen, uns zu schützen, indem wir unser Gewahrwerden abstellten. Wir sind in unseren Abwehrmechanismen und in den von der Gesellschaft unterstützten Rollen untergegangen. Das Schutzgatter zwischen abgewehrter Realität und der Welt unserer wirklichen Gefühle wurde sehr früh aufgebaut. Es kann außerordentlich prägend sein.

Unser abwehrendes Ich beurteilt oft Gefühle als problematisch, als etwas, das überwunden oder kontrolliert werden muß. Dummerweise kann man Gefühle nicht ein für allemal wegstecken. Schmerzhafte Gefühle können jederzeit wieder hochkommen. Sie sind nur dann erträglich, wenn wir lernen, sie augenblicklich wahrzunehmen und sie zum Ausdruck zu bringen.

Wenn man Gefühle nicht beachtet und annimmt, dann kann man sie nicht zum Ausdruck bringen. Gefühle sind wie Wasserströme. Wenn sie nicht auf Widerstand stoßen, dann fließt das Wasser frei und mühelos. Widerstand schafft einen Damm, der das fließende Wasser entweder in einen abgestandenen Teich, oder, wenn Menge und Druck zunehmen, in eine aggressive und destruktive Kraft verwandelt. Unser Widerstand gegen Gefühle und die Furcht, zurückgewiesen zu werden, wenn wir sie mitteilen, verwandelt ihre Energie in uns zu einer bedrohlichen Kraft.

Die Hauptgründe für das Abgetrenntsein und die Entfremdung, die man im zweiten Chakra erlebt, sind die Widerstände und der Idealismus, in den wir fliehen, um zu vermeiden, daß wir für unsere Gefühle verletzlich sind. Öffnet sich das zweite Chakra, dann erhöht sich die Fähigkeit, Schmerz und Lust zu empfinden. Diese ambivalente Natur der Gefühle macht es zu einer schwierigen und Mut heischenden Aufgabe, die Barrieren, die wir vor unsere Widerstände gestellt haben, zu überwinden und die Geschichte der traumatischen Erinnerungen durchzuarbeiten, damit wir das fühlende Selbst und seine Fähigkeit zu Intimität wiedergewinnen. Dies gelingt am besten in einer unterstützenden Umgebung. Es kann mit professioneller Hilfe oder in Gemeinschaft mit anderen, die ähnliche Arbeit zu leisten haben, geschehen. Eine sehr gute Einführung in die Welt der Gefühle im Inneren ist es, sich Träume zu merken und die Gefühle anzuschauen, die man bei den Träumen hatte.

Psychisches Mitschwingen

Psychisches Mitschwingen ist ein Phänomen, das in Zusammenhang mit dem zweiten Chakra steht und oft unsere Gefühlserfahrungen durcheinanderbringt. Es ist mit einer Trommel vergleichbar, die mit der Musik vibriert, die in ihrer Nähe erklingt. Ähnlich schwingt der Astralkörper, der sich in einer Atmosphäre befindet, die von vielen Wellenlängen emotionaler Energie erfüllt ist, mit den psychischen Kräften seiner Umgebung mit. Während diese Kräfte mit dem Astralkörper in Interaktion treten, reproduzieren sie in ihm – wenn auch in unterschiedlichem Maße – ähnliche Energiemuster. Dies macht uns verständlich, wie wir in der Vergangenheit von den psychischen Einflüssen unserer Umgebung programmiert wurden. Als kleine Kinder, deren Gefühl des Selbst gerade zu erwachen begann, sind wir in den kaum bewußten Bereich des zweiten Chakras eingetreten. Aufnahmebereit und verletzlich, wie wir waren, sind wir in psychische Übereinstimmung mit der emotionalen Umgebung unserer Eltern und unserer Kultur gegangen. Folglich ist Verletzlichkeit durch bestimmte emotionale Kräfte auf der Astralebene mit Mustern verknüpft, die sich in unseren emotionalen Körpern festgesetzt haben. Wir sind am ehesten bereit, mit den äußeren emotionalen Kräften mitzuschwingen, die denen, die sich in uns festgesetzt haben, ähnlich sind. Wenn wir in der Vergangenheit ein traumatisches Erlebnis hatten, bei dem wir verurteilt wurden, dann kann psychisches Mitschwingen entstehen, wenn wir von einem anderen Menschen verurteilt werden. Vielleicht fühlen wir uns in der Gegenwart dieser Person furchtbar elend. Es kann sogar sein, daß wir die negativen Projektionen ausagieren, indem wir uns in einer Art und Weise verhalten, die nicht normal für uns ist. All das geschieht unter dem Einfluß dieser alten Gefühle.

Ein anderer Aspekt psychischen Mitschwingens ist der Stammespsychologie zuzuordnen. Dies ist eine Form kollektiver Identifikation, die primitiven Gesellschaften entstammt, die auf der Ebene der Psyche des zweiten Chakras noch aktiv ist – aus der Zeit, als wir mit den Mitgliedern unseres Stammes oder Clans unbewußt eins waren. Statt als individuelle Identität wurde das Leben in der und für die Gruppe gelebt. Wenn wir heute mit einem Menschen psychisch mitschwingen, dann kann es sein, daß wir unbewußt aus dieser primitiven Schicht heraus handeln.

Psychisches Mitschwingen wird oft mit Liebe oder Fürsorge verwechselt. Reaktionen darauf gründen sich oft auf unbewußte Identifikation mit einem anderen Menschen. Wir handeln nicht aus Mitleid oder Empathie, sondern reagieren, als wäre das Trauma oder das Problem des anderen unser eigenes. In diesen Reaktionen des Mitschwingens kann es geschehen, daß wir die Verantwortung für die Gefühle eines anderen übernehmen oder handeln, als seien die Gefühle des anderen unsere eigenen. Oder wir brauchen Intimität so nötig, daß wir bei dem Versuch, Nähe zu spüren, die Gefühle eines anderen annehmen.

Es genügt an dieser Stelle festzustellen, daß wir uns infolge der Dynamik des psychischen Mitschwingens in eine Vielfalt von schwierigen emotionalen Zuständen verhakt finden können. Die Bereitschaft, die Verantwortung für Unsicherheiten und Gefühle zu übernehmen und die Werkzeuge zum Erlangen von Selbst-Gewahrsein, wie sie in diesem Buch gezeigt werden, zu nutzen, befähigen uns, den größten Teil der Wirkungen von psychischem Mitschwingen abzumildern.

Wenn sexuelle Energie (Libido oder Kundalini) vom ersten Chakra aufsteigt, nimmt sie neue Bedeutungsinhalte an. Im zweiten Chakra wird bei dem Versuch, das tiefsitzende Gefühl der Einsamkeit zu überwinden, sexuelle Energie eingesetzt, und es treibt uns vielleicht eine zwanghafte Art von »Liebe« an, das Einssein mit einem anderen Menschen zu suchen. Wenn wir von dieser Ebene der Psyche aus handeln, teilen wir uns nicht ohne Hintergedanken mit. Wir benutzen – auch wenn dies unbewußt geschieht – unseren »Geliebten« oder unsere »Geliebte« bei dem Versuch, das sehnsüchtige Verlangen zu stillen, uns mit unserer »anderen Hälfte« zu vereinigen. Dieser Phantomgeliebte oder diese Phantomgeliebte ist das geheimnisvoll trügerische und unglaublich verlockende Bild von einem idealen Partner bzw. einer Partnerin und wird aus den numinosen Tiefen der Seele projiziert.

Zum besseren Verständnis für die Dynamik zwischen dem bewußten Selbst und diesem inneren Partner oder dieser inneren Partnerin wenden wir uns wieder der Psychologie von C. G. Jung zu. Zwischen Männern und Frauen gibt es zwar grundlegende Unterschiede. Trotzdem haben wir alle männliche und weibliche Züge. Biologisch gesehen, haben wir männliche und weibliche Gene; und die dominanten Gene sind für die physiologischen Unterschiede verantwortlich. Psychologisch gesehen, finden sich in unserem Inneren beide Geschlechter, und dabei ist das eine oder das andere dominant. C. G. Jung gab der inneren Frau im Mann den Namen Anima (Eros, Seele), und den inneren Mann in der Frau bezeichnete er als Animus (Geist, engl. spirit).

Irene Claremont de Castillejo schreibt in *Knowing a Woman*, das bewußte Selbst der Frau sei auf Instinkt, Emotion und Intuition ausgerichtet. Ihre Bewußtheit ist im allgemeinen diffuser und umfassender als die des Mannes. Sie hat die Tendenz, Dinge ganz anzunehmen oder sie abzulehnen.[2] Die Frau muß deshalb lernen, ihr Gewahrsein zu fokussieren. Der Animus hilft ihr, ihre Bestimmung und Bedeutung im Leben zu klären.

Bleibt der Animus unbewußt, wie das bis zu einer relativ hohen psychologischen Reife der Fall ist, kann die Frau seine Eigenschaften nicht konstruktiv nutzen. Er ist im Unbewußten verhaftet und agiert autonom. Es gibt Zeiten, in denen er die Frau beherrscht und sie dazu bringt, in der verwirrendsten Art und Weise zu handeln. In solchen Zeiten kann es sein, daß die Frau unverschämt und streitsüchtig ist und mit den unpassendsten Vorwürfen andere Leute dazu bringt, die Wände hochzugehen. Jung meint in *Aspects of the Feminine,* der Animus bestehe dann hauptsächlich aus Meinungen und nicht aus logisch abgeleiteten Wahrheiten.[3]

Die grundlegende Identität der Frau basiert auf ihren rezeptiven und lebensspendenden Eigenschaften, während das bewußte Selbst des Mannes aggressiv und davon getrieben ist, die Kräfte des Lebens zu beherrschen. Sein Hang zu Heldentaten treibt ihn zu Eroberungen – zum Durchdringen der Geheimnisse der Natur. Da sein Rationalismus jedoch auf objektive Tatsachen gerichtet ist, braucht er die Frau in sich (die Anima), um die inneren Wirklichkeiten zu ergründen. Sie ist die Muse, die ihn inspiriert. Sie weckt seine Gefühle, seine Fähigkeit zu Bezogenheit und Liebe, zu kreativer Imagination und seinen Sinn für das Schöne. Die Anima ist wie der Mann in der Frau dazu in der Lage, den Mann zu seiner inneren und höheren Natur zu führen, und sie ist die begehrte Gefährtin, die ihn tröstet, wenn er von seinen Heldentaten heimkehrt.

Normalerweise unterdrückt der Mann die Frau in sich, weil es ihm im irrationalen Bereich der Instinkte und Emotionen unbehaglich ist. Zollt man ihr nicht den Respekt, der ihr zusteht, dann überfällt sie ihn mit geheimnisvollen Launen und sinnlosem Verlangen. Ein von der Anima beherrschter Mann kann genauso giftig und launenhaft sein wie eine Frau. Oder ein solcher Mann wird hoffnungslos von der Frau beherrscht, auf die er seine negative Anima projiziert.

Anima und Animus sind zwar Archetypen. Als Individuen leben wir jedoch eine persönliche Interpretation ihrer spezifischen Eigenschaften aus. Der Animus basiert auf dem »Vater« und umfaßt die Gesamtheit patriarchalischer Werte. Die Anima basiert auf der »Mutter« und birgt unbewußte Erinnerungen an matriachalische Zeitalter. Neben unseren persönlichen Erfahrungen mit diesen beiden primären Quellen wirken sich alle Arten von sozialen Werten und Eindrücke vom entgegengesetzten Geschlecht (einschließlich Einflüssen aus früheren Leben) auf die individuelle Gestaltung der inneren Frau und des inneren Mannes aus.

Anima und Animus handeln als Katalysatoren für Beziehungen, wenn sie auf Personen des entgegengesetzten Geschlechtes projiziert werden. Diese inneren Führer, die wir in uns haben, können uns über den Weg von Beziehungen zur Ganzheit führen. Die Verliebtheit, die für den Anfang einer romantischen Beziehung typisch ist, wird von der numinosen »Ladung« der Anima und des Animus verursacht. Nicht nur das Aufwallen sexuell-romantischer Gefühle turnt uns an. Auch die idealisierten Eigenschaften, die unser neuer Liebhaber oder unsere neue Liebhaberin in uns hineinprojiziert, geben uns neuen Aufschwung. Wir freuen uns und glauben das, was der andere in uns wahrnimmt oder wahrzunehmen glaubt, bis es offensichtlich wird, daß die andere Person nicht in uns verliebt ist, sondern in ein Phantasiebild, von dem er erwartet, daß wir ihm gerecht werden. Wenn die Projektionsfläche, auf die wir unsere idealen Partner projiziert haben, durch das alltägliche Zusammenleben abgenutzt ist, dann sehen wir wieder den anderen Menschen. Wir fühlen uns dann vielleicht verletzt und betrogen – und gerade dann sollten wir den anderen *in uns* anschauen.

Unsere inneren Gefährten haben ihre eigenen negativen Charakterzüge. Ihr schlechtes Naturell kann unsere Fähigkeit zu sinnvollen Beziehungen zerstören. Eine Frau kann sich zum Beispiel in einer langen Serie von Beziehungen ihre Überzeugung bestätigen lassen, daß Männer nur darauf aus sind, sie zu beherrschen. Dabei müßte sie verstehen lernen, daß ihr wahrer Konflikt in den negativen und beherrschenden Aspekten ihrer eigenen Männlichkeit liegt. Immer wieder bekämpft sie die Männer in ihrem Leben und klagt sie an, weil sie sich unterdrückt und wertlos fühlt. Folgerichtig wird sie im Kampf um Selbstachtung und das Spüren persönlicher Macht dazu getrieben, Männer zugrundezurichten und abzuwerten. Die Feindschaft, die durch die Besessenheit von einem negativen inneren Animus geschaffen wird, unterscheidet sich sehr deutlich von der Kraft und Klarheit einer Frau, die ihre männlichen Seiten integriert hat.

Wird ein Mann von seiner negativen weiblichen Seite beherrscht, dann kann er melancholisch, eitel oder kleinkariert und dergleichen werden. Er projiziert vielleicht die Ursache dieser Gefühle auf eine Frau und macht sie dafür verantwortlich, daß er sich so fühlt. Identifiziert er sich mit seiner negativen Anima, dann wird er hilflos und nicht in der Lage sein, sich den Beschwernissen des Lebens zu stellen. Er hat dann vielleicht das Gefühl, er müsse zu Manipulation oder Betrug greifen, um seine Ziele zu erreichen.

Der Ärger und der Groll, den ein Mann verspürt, wenn er von der Frau im Stich gelassen wird, auf die er seine idealisierte Anima-Projektion gerichtet hat, ist niederschmetternd. Wenn eine Frau sich nicht der Verantwortung stellt, sich mit ihrer maskulinen Seite anzufreunden, dann wird sie immer irgendwelche Schwächen, Ängste und Unzulänglichkeiten in einem Mann finden, die ihre Phantasie irritieren, daß er der

Held sein soll, der alle ihre Ansprüche und Erwartungen erfüllen möge. Das Mißtrauen und die Hoffnungslosigkeit, die durch diese Erfahrungen geschaffen werden, sind ein schlechter Boden für spätere Beziehungen und die Aufgabe, psychisch zu wachsen.

An einer romantischen Beziehung sind vier Wesen beteiligt: zwei Menschen und zwei innere Gegenstücke. Am besten zollt man den unbewußten Partnern den Respekt, den sie verdienen, denn je weniger bewußt sie bleiben, desto autonomer und mächtiger werden sie. Wir können sie nicht unterdrücken, ohne daß dies negative Folgen hat.

Träume geben hervorragenden Einblick in die Natur des inneren Partners. Wir können viel lernen, wenn wir die Figuren des anderen Geschlechtes und unsere Beziehung zu ihnen in unseren Träumen besonders aufmerksam betrachten. Ein Tagebuch, in dem wir unsere Anima- oder Animus-Träume festhalten, kann uns sehr gut dabei helfen, unseren inneren Gefährten oder unsere innere Gefährtin kennenzulernen. Die Reflexion der Hauptthemen in früheren romantischen Beziehungen bringt ebenfalls unterschiedliche Facetten unserer gegengeschlechtlichen Natur zutage.

Die Bilder, die wir auf das Objekt unseres sexuellen Verlangens projizieren, haben inhaltsschwere symbolische Bedeutung. Die Integration der unbewußten Inhalte, die in diesen Bildern verkörpert sind, ist ein bedeutender Schritt in unserem persönlichen Wachstum.

Tantrische Sexualität

Woran denkst du beim Sex? Was fühlst du dabei, was geschieht dabei in deinem Körper? Warum machst du Sex? Der Unterschied zwischen normaler Sexualität und tantrischer Sexualität liegt in der Antwort auf diese Fragen.

Die üblichen sexuellen Beziehungen haben mehr oder weniger körperliche Leidenschaft und romantische Gefühle zur Grundlage. Die Sucht nach sinnlicher Erregung, Romantik und dem Gefühl emotionaler Sicherheit, das wir in diesen Beziehungen erfahren, kann einige unerwünschte Folgen haben. Darüber hinaus kann man viel Lebensenergie verschwenden, wenn man sorglos, wenn nicht gar ausgesprochen neurotisch und unbewußt seinen Trieben frönt.

Mit Hilfe der Techniken des Tantra können wir diesen mächtigen libidinösen und romantischen Kräften auf subtilere und lohnendere Art und Weise Ausdruck verleihen. Durch tantrische Sexualität lernen wir, wie wir den gewaltigen Kräften, die zwischen einem Mann und einer Frau im Spiel sind, unsere persönliche Bindung entziehen können. Für den Mann ist die Gefährtin nicht mehr die Partnerin, sondern die Göttin, die Verkörperung der Weisheitseinsicht des erleuchteten Geistes. Für die Frau ist der Gefährte die Gottheit, die Verkörperung der geeigneten Werkzeuge auf dem Weg zur Erleuchtung. Die verschiedenen unpersönlichen Kräfte, für die die tantrischen Gottheiten Symbol sind, aktivieren die unbewußten Aspekte unseres gegengeschlechtlichen Selbst und erlauben es uns, ihnen Achtung entgegenzubringen.

Im traditionellen Kontext gibt es in diesem Prozeß vier Hauptstadien. Das erste ist für diejenigen von uns (die nicht das Zölibat gelobt haben), die noch von romantischen Wünschen beherrscht sind. Wir sind auf dieser Ebene frei, sexuelle Beziehungen mit anderen zu haben, die nicht im Tantra geübt sind, solange wir uns selbst und unsere Partner als Gottheiten sehen, die von Leidenschaft erfüllt sind.

Das nächste Stadium ist für diejenigen von uns, die eine feste Bindung haben, die aber die Aufgabe spiritueller Entfaltung ernst nehmen. Es ist für uns jetzt wichtig, daß wir sexuelles Yoga nur mit einem Menschen praktizieren, der auf der gleichen Ebene des Verständnisses steht. Wenn wir einen

Lama zum Lehrer haben, kann es sein, daß er einen Gefährten oder eine Gefährtin auswählt, der oder die in den tantrischen Praktiken besser geübt ist. In diesem Kontext fangen wir an, die verschiedenen Atem-, Muskel- und Visualisierungstechniken des sexuellen Yoga zum Einsatz zu bringen, um bestimmte psychische Kanäle zu öffnen und die Kundalini-Energie zu stimulieren.

Auf der dritten Ebene werden in der geschlechtlichen Vereinigung Meditationen mit Gottheiten praktiziert. Dies führt schließlich zur vierten Ebene, auf der der Bedarf an Identifikationsobjekten transzendiert wird.

Bei normaler sexueller Liebe sind Atem, Herzschlag, Geist und die Sexualorgane erregt – alles stürmt dem Orgasmus entgegen. Im tantrischen Sex lernt man, diese Funktionen zu steuern. Sie werden nicht vergeudet, sondern die biophysischen Energien können sich aufbauen und im Leibgeist zum Schwingen kommen.

Man muß langsam und tief atmen, damit man bei der sexuellen Meditation geerdet und voll dabei bleibt. Man stimmt sich mit dem Atem auf den Partner oder die Partnerin ein. Einer atmet ein, während der andere ausatmet. Das schafft eine psychische Energieverbindung und einen ruhigen Rhythmus.

Der Mann bringt auch Techniken zum Einsatz, um den Orgasmus zurückzuhalten. Dies verlängert die Dauer der Vereinigung natürlich, und es ist zudem von vitalem und biologischem Nutzen. Der Samen ist ein konzentrierter Nährstoff, der Hormone, Mineralien und Aminosäuren enthält. Es heißt, eine Ejakulation entspräche dem Nährwert von zwei guten Mahlzeiten. Deshalb sollte ein kranker oder schwacher Mann den Orgasmus zurückhalten, und ein gesunder Mann sollte Sorge dafür tragen, daß er seine Reserven an Vitalstoffen nicht verschwendet.

Auch die sexuellen Ausscheidungen der Frau enthalten wichtige Nährstoffe. Der Verlust ist jedoch nicht so extrem wie beim Mann. Deshalb hat die Notwendigkeit, den Orgasmus zurückzuhalten, nicht die gleiche Bedeutung. Ja, sowohl in tantrischen wie in taoistischen Sexualritualen wird zum weiblichen Orgasmus ermutigt. Die weibliche Essenz soll einen vitalisierenden Einfluß auf das Liebemachen haben und die Zirkulation von psychischen Energien durch die vereinten subtilen Körper beider Praktizierender fördern. In der Theorie ist die weibliche Essenz unerschöpflich und nährt die männliche Energie, die schnell aufgebraucht ist.

Sexuelle Stimulation setzt Hormone frei, von denen gesagt wird, daß sie dem ganzen Organismus wohltun. Yogis früherer Zeiten entdeckten, daß man Vitalenergie und diese kostbaren Nährstoffe mit Techniken, wie sie im sexuellen Yoga angewendet werden, in den Leibgeist zurückleiten kann.

Bei normaler sexueller Aktivität wird der Inhalt der Prostatadrüsen und der Samenbläschen bei der Ejakulation ausgeschieden. In *Sexual Energy Ecstasy* vertreten die Autoren die Ansicht, daß beim Einsatz von Methoden, die die Ejakulation verhindern, diese Sekrete in der Harnröhre bleiben und langsam vom Lymphsystem absorbiert und dem Körper wieder zugeführt werden.[4]

Es wird aber auch eine Warnung ausgesprochen: Techniken, die den natürlichen Samenfluß nach der Kontraktion der Sexualdrüsen blockieren, wie das Anspannen der Muskeln des Rektum oder das Drücken mit dem Finger auf den Damm unterhalb der Peniswurzel, können zur Folge haben, daß der Samenerguß sich in der Blase aufstaut und verhindert, daß die Prostatadrüsen sich entleeren. Wird das häufig praktiziert, kann dies einen Blutstau und Erkrankungen in diesen Organen zur Folge haben. Daher kann es für einen sexuell aktiven Mann ungesund sein, das Ejakulat regelmäßig zurückzuhalten.[5]

Die alten Chinesen ermunterten zwar den Mann zum häufigen Geschlechtsverkehr. Sie warnten jedoch vor der Ejakulation in den Wintermonaten, hielten sie aber im Frühling, wenn die Wogen sexueller Energie hochsteigen, für richtig. In unseren persönlichen Energiezyklen dürfte es in Perioden, in denen wir übermäßig viel Energie haben, eher gesund und nicht schädlich sein, die Sexualsekrete freizulassen.

Im allgemeinen ist es für den Mann empfehlenswert, ruhig zu bleiben und sich davor zu hüten, zum »Punkt ohne Wiederkehr« zu gelangen, dem Punkt, an dem die Sexdrüsen beginnen, sich zu kontrahieren. Dadurch können die Sexualflüssigkeiten langsam ausfließen und absorbiert werden. Das Geheimnis ist hier, sich auf die Identifikation mit der Gottheit und ihren Zustand meditativen Gewahrseins zu konzentrieren (die sich erhöht, wenn die Kundalini-Kraft geweckt ist und man in tiefere Ebenen der Wertschätzung der Stadien der Bewußtheit, wie sie von den Gottheiten symbolisiert werden, gelangt), während man die Frau die aktive sexuelle Rolle spielen läßt.

Die Vitalenergie, die bei sexuellen Aktivitäten im Spiel ist, ist im Tantra ebenfalls ein Anliegen. Das Ausmaß an Energie, das durch Sexualität geweckt werden kann, kann man am besten veranschaulichen, wenn man sich an einen Abend erinnert, an dem man zum Umfallen müde zu Bett ging. Durch sexuelle Stimulation war die Erschöpfung plötzlich verflogen. Als dich sexuelle Energie zu durchströmen begann, warst du plötzlich von Vitalität erfüllt, die während der ganzen Zeit der sexuellen Erregung anhielt. Der tantrische Yogi betrachtet diese vitale Kraft als etwas sehr Kostbares.

Es gibt eine sehr mächtige Beziehung zwischen dem Geist und den Vitalenergien, die durch Sex stimuliert werden. Eines Tages zum Beispiel, als ich meditierte, machte ich eine deutliche Erfahrung in dieser Richtung. Mein Geist begann zu wandern und wurde auf die körperliche Schönheit einer Frau gelenkt, die ich kürzlich kennengelernt hatte. Eins führte zum anderen, und plötzlich realisierte ich, daß ich mit einer Erektion in der Meditation saß. Mein Geist hatte meine Vitalkräfte genau ins Sexualorgan gelenkt. In ähnlicher Weise können die Vitalkräfte, die bei sexuellen Aktivitäten gewöhnlich verschwendet werden, so gelenkt werden, daß sie in die höheren Ebenen der Psyche gelangen. Ein solcher Gebrauch der sexuellen Kräfte hat auch heilende Wirkung für den Körper. Er leitet Vitalität durch den biophysischen Organismus, die mit derjenigen vergleichbar ist, die bei Akupunktur oder Polaritäts-Therapie zum Tragen kommt.

> »Die vitale Kraft betritt von der Sexualregion aus den in der Mitte befindlichen Nerv im Nabel-Zentrum und bewegt sich durch die Mitte der anderen Nerven-Zentren. Sie wird zur Feuer-Kraft der Weisheitsenergie, steigt nach oben, durchdringt alle Nerven-Kanäle und löst alle psychischen Knoten.« *Sechs Doktrinen von Naropa*[6]

Bei tantrischen Sexualritualen werden viele Symbole und festgelegte Vorgehensweisen zum Einsatz gebracht, um ein Gefühl von Heiligkeit zu schaffen. Das Sexualritual wird auch zu einem glückverheißenden Zeitpunkt vollzogen. Das kann zum Beispiel die Zeit des Vollmondes sein. Die Konjunktion von Sonne und Mond am Himmel wird als geeigneter Zeitpunkt für die Ehrung der Harmonisierung der Sonnen- und Mondkräfte im Leibgeist betrachtet.

Menschen, die viel Meditationserfahrung haben, brauchen vielleicht kein vorbereitendes Ritual. Sensibilität füreinander und das intuitive Erfassen der organischen Entfaltung der subtilen Energien kann als Führung dienen. Für andere sind ein rituelles Bad, das Einreiben mit wohlriechenden Essenzen, Kerzen- oder Kaminbeleuchtung, Meditationsmusik und eine vereinbarte Reihe von Visualisierungs- und Atemtechniken Hilfen, die angemessenen Umstände für die Vereinigung zu schaffen. Für den Beginn dieser Praxis schlage ich eine einfache Sexualtechnik vor: Die Frau liegt anfänglich auf dem Rücken, der Mann liegt auf seiner linken Seite zu ihrer Rechten. Ihr stimmt den Atem aufeinander ab. Die Frau hebt die Beine und zieht die Knie an die Brust. Dies macht es dem Mann möglich, sanft in sie einzudringen. Sie streckt dann die Beine aus und verschränkt sie mit ihrem Partner.

Ihr fahrt fort, zusammen zu atmen und spürt, wie die Hitze der sexuellen Vereinigung bei jedem Einatmen in der Wirbelsäule aufsteigt. Bei jedem Ausatmen fühlt ihr, wie der milchweiße Nektar im Kopfzentrum vom sexuellen Feuer geschmolzen wird und in alle Chakras hinabfließt. Laßt euch Zeit und spürt die Wonne, die durch diesen Nektar geschaffen wird, während er in die subtilen Nervenzentren jedes Chakras fließt und sich in diese ergießt.

Die Frau möchte vielleicht lernen, wie man die Muskeln der Vagina zusammenzieht und stärkt. Wenn sie diese Muskeln um den Penis des Mannes kontrahiert, entsteht ein starkes Lustgefühl. Die arhythmischen Kontraktionen sollten genügen, den Mann in Erektion zu halten, und jede andere Bewegung wird auf einem Minimum gehalten. Die Frau kann mit der Stärkung dieser Muskeln beginnen, während sie Wasser läßt. Die Muskeln, die erlauben, den Urinfluß aufzuhalten, sind genau die Muskeln, die sie entwickeln muß. Indem sie einen Finger oder einen anderen geeigneten Gegenstand in die Vagina einführt und ihn festhält, kann sie lernen, die Muskeln wahrzunehmen und zu stärken.

Auch der Mann kann die Muskeln kontrahieren, die seinen Penis zum Anschwellen bringen und sich langsam in ihrer Yoni bewegen. Jeder Partner kann jeweils während des Einatmens die Muskeln des Sexualbereichs anspannen und sich dabei vorstellen, er sauge sexuelles Feuer aus dem Punkt der Vereinigung, und dieses würde von der Wirbelsäule absorbiert.

Nach etwa einer halben Stunde tantrischer Umarmung kann

man Wellen von Energie spüren, die spontane Kontraktionen und angenehme Empfindungen im ganzen Körper auslösen. Entspanne dich und öffne deinen Körper der Wonne.

Gefährtenmeditation

Die nachfolgende Meditationsübung entstammt zwar nicht der Tradition, aber ich finde sie sehr hilfreich, um mit der Anima und dem Animus in Kontakt zu kommen. Sie ist auch für die Entwicklung der passiven Wachsamkeit sehr nützlich, die man für höhere Stadien der Meditation braucht.

Beginne, indem du dich in innere Ruhe fallen läßt. Laß jetzt das Bild eines Menschen des anderen Geschlechtes vor deinem geistigen Auge aufsteigen. Sei darauf bedacht, daß du dem rationalen Geist nicht erlaubst, ins Spiel zu kommen, während du deine ungeteilte Aufmerksamkeit auf jedes Detail, jede Bewegung und jedes Gefühl lenkst, das mit den unterschiedlichen Aktivitäten und Verwandlungen dieses inneren Gefährten oder dieser inneren Gefährtin verbunden ist. Die Erfahrungen, die du bei dieser Meditation machst, können das ganze Spektrum des möglichen Ausdruckes der gegengeschlechtlichen Seite deines Selbst beinhalten. Wenn du diese einfach wahrnimmst, wirst du mit vielen Facetten deines inneren Gefährten bekannt. Ergib dich ganz dem Gott oder der Göttin, in welcher Form er oder sie sich manifestieren mag.
Wenn das, was dabei geschieht, keine sexuelle Erfahrung beinhaltet, kannst du eine Form wählen, in der der Gott oder die Gottheit dir erscheint und dir im Detail eine tantrische sexuelle Erfahrung vorstellen. Laß dich dabei von deinem inneren Gefährten oder deiner inneren Gefährtin leiten. Du kannst das Gefühl der Vollständigkeit und der Liebe, das

durch diese Meditation geschaffen wird, ins Alltagsleben hineintragen, indem du dir vorstellst, der Gefährte oder die Gefährtin würde dich den ganzen Tag lang begleiten. Wenn du abends ins Bett gehst, kannst du dir vorstellen, dein Gefährte oder deine Gefährtin läge neben dir. Beim Einschlafen spürst du die Liebe, die du mit ihm oder ihr teilst, den Morgen beginnst du, indem du sie bzw. ihn begrüßt etc. Nachdem du einige der Meditationsübungen dieses Buches gelernt hast, möchtest du dir vielleicht vorstellen, der Gefährte oder die Gefährtin verwandele sich in die verschiedenen Gottheiten, die dabei visualisiert werden.

Vielleicht suchst du nach dieser Einführungsmeditation bestimmte Zeitpunkte, um die Gefährten-Meditation durchzuführen. Der Neumond oder der Vollmond oder der Beginn aller vier Phasen des Mondes sind dafür gut geeignet. Es bietet sich an, über die tiefergehenden Erfahrungen bei der Meditation Tagebuch zu führen.

4

Das Königreich des juwelengleichen Glanzes

3. Chakra

*I*m hinduistischen Tantra wird das dritte Chakra dem Feuerelement zugeordnet. Sein Sanskritname Manipuraka bedeutet »glänzen wie ein Juwel«. Es hat zehn Blütenblätter in der »Farbe von regenschweren Wolken«. Im Innern des Lotus befindet sich das Agni-Mandala, ein rotes auf der Spitze stehendes Dreieck, welches das Feuerelement symbolisiert. Unten im Dreieck findet sich ein Widder, der die abscheulichen Eigenschaften des rationalen Geistes zeigt, der von Begierde getrieben wird (siehe Abbildung 12, Seite 112).

Das dritte Chakra ist der zweite Stock des buddhistischen heiligen Tempels. Im Buddhismus wird das erste und das zweite Chakra zusammengefaßt. Deshalb wird auch das Wasserelement dem dritten Chakra zugeordnet.

Lama A. Govinda zeigt in *Grundlagen tibetischer Mystik,* daß die assimilierenden Qualitäten des Wasser-Elementes den assimilierenden Aspekten des dritten Chakras zugeordnet werden. Dies soll nur besagen, daß es zur Hauptsache als Organ der Umwandlung, Ausgleichung, Assimilierung unbewußter und immaterieller Kräfte angesehen wird.[1]

Der Urbuddha Ratnasambhava, die Verkörperung der psychischen Funktion des fühlenden Urteils, sitzt auf dem Thron des dritten Chakras (siehe Abbildung 13, Seite 113). Obwohl er normalerweise dem Erdelement und der Farbe Gelb zugeordnet wird, kann seine Weisheit der Gleichheit unser selbstzentriertes fühlendes Urteilen in eine universell fühlende Identität verwandeln, deren Boden die innere Verbundenheit mit allen Dingen ist. Deshalb können wir durch wirklich empfundene Egolosigkeit analytische Wahrnehmung und die Weisheit der Unterscheidung entwickeln, ohne unsere Verbindung mit der großen Einheit zu opfern. Die verdunkelnden Leidenschaften von Ratnasambhava sind Stolz und Egoismus.

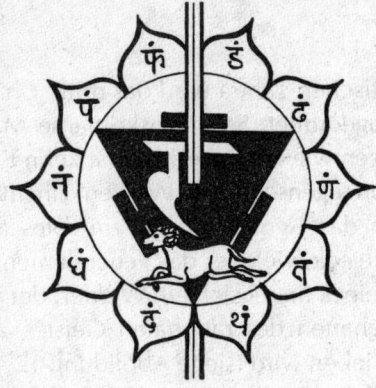

Abbildung 12: Das dritte Chakra, Manipuraka. Im Innern des Lotus mit zehn Blütenblättern finden wir das Agni-Mandala – ein auf der Spitze stehendes rotes Dreieck. Das Samenmantra RAM beschwört den Gott des Opferfeuers, Agni. Agni reitet auf einem Widder.

Das dritte Chakra liegt im Bereich des Solar Plexus (Sonnengeflecht) und liefert dem Pankreas und der Leber die Vitalenergie, die die Assimilation der Energie, die man aus der Nahrung bezieht, steuert. Das dritte Chakra wird vom Feuer der Verdauung, aber auch vom Feuer des Verlangens und der Macht der Emotionen belebt. Deshalb können während des Reinigungs- und Öffnungsprozesses des dritten Chakras in der Folge der Freilassung unterdrückter Emotionen Verdauungsprobleme und dramatische Perioden emotionaler Instabilität auftreten. Macht-Trips und Ego-Trips sind Produkte

Abbildung 13: Ratnasambhava ist der Herr des dritten Chakras und verkörpert die Weisheit der Wesensgleichheit. Seine Farbe ist Gelb und er beherrscht das Erdelement. Seine Rechte weist nach unten, die Handfläche ist
im Vara-Mudra nach außen gewendet, was Güte bedeutet. In der Linken
hält er ein magisches Juwel. Aus: Lama Anagarika Govinda, *Grundlagen
tibetischer Mystik,* Weilheim, 1988, Tafel III.

eines angefachten, aber unterentwickelten oder defensiven dritten Chakras. Ein gesundes Selbstwertgefühl und das Spüren der eigenen Kraft kennzeichnen ein erfolgreich erwecktes drittes Chakra.

Das dritte Chakra wird auch mit dem mythologischen Stadium des Helden und der Entwicklung des Ego-Bewußtseins in Verbindung gebracht. Als Zentrum der Bewußtheit wird das Ego zu einer integrativen Kraft, die so stark ist, daß sie diffuse Elemente aus den inneren und äußeren Welten aufnehmen und sie in die eigene Identität integrieren kann. Während das Ego sich stabilisiert, wächst seine Fähigkeit, die Inhalte des Unbewußten zu assimilieren, und es steht ihr mehr und mehr psychische Energie zur Verfügung. Das Ego verwandelt diese Energie in Kraft, mit der es seine individuelle Welt kontrolliert, bewußte Entscheidungen trifft und den Ansprüchen des Unbewußten widersteht. So gewinnt das Ego eine gewisse Herrschaft über das instinktmäßige Leben des Körpers und der Emotionen und erwirbt die Fähigkeit, seine äußere Umgebung zu beeinflussen.

Als Kraftzentrum reguliert das dritte Chakra den Fluß der Vitalenergie durch den Körper. Wenn dieses Chakra aufgrund eines Machtkampfes blockiert ist, fühlen wir uns entweder chronisch oder zeitweise körperlich lethargisch und möglicherweise auch depressiv und irritierbar. Wenn man sich der psychischen Energien, die im dritten Chakra miteinander im Krieg liegen, bewußt wird, die Furcht vor Konflikten überwindet und das Kommando übernimmt, kann man seine Kraft zurückgewinnen. Die Symptome verschwinden, und ein deutlich erkennbares Gefühl von Kraft gewinnt mit großer Wahrscheinlichkeit die Oberhand, während der freie Fluß der psychischen Energie durch das dritte Chakra die mythologischen Archetypen des Helden aktiviert.

Die Öffnung des dritten Chakras kann auch zur Folge haben, daß sich PSI-Kräfte und seherische Fähigkeiten entwickeln.

Es kann geschehen, daß wir vorübergehend den physischen Körper verlassen und bewußte Erlebnisse in der astralen Welt haben. Auch Träume haften besser im Gedächtnis. Die übersinnlichen Informationen, die wir über diese Wahrnehmungswege erhalten, können mit subjektiven Wünschen des Astralkörpers vermischt sein. Deshalb sind sie nicht unbedingt eine zuverlässige Quelle innerer Führung.

Im dritten Chakra finden wir das Verlangen oder den Impuls zu einem bahnbrechenden Versuch, aus der Tiefe des Unbewußten und der kollektiven Einflüsse aufzutauchen und unsere eigene Identität zu entdecken. Dieser individualistische Aspekt des dritten Chakras kann sich als Quelle von Unsicherheit erweisen, denn es kann sein, daß er uns von anderen Menschen und von unseren vertrauten Verhaltensmustern trennt. Eine andere Gefahr bei dem marsischen Gebrauch des Willens ist, daß er von Natur aus von selbstsüchtigem Verlangen erfüllt ist und in einer »starrköpfigen« Weise (wie ein Widder) gebraucht wird.

Der Ausdruck des Selbst kann in positiver Weise genutzt werden, um Gefühle zu kanalisieren und kann als Gefährt der Selbstentdeckung dienen. Er kann aber auch, beim Versuch, unser Selbstbewußtsein überzustrapazieren, zum Größenwahnsinn führen. Die Macht, die wir in Form von Aufmerksamkeit oder Lobhudelei von anderen bekommen, wird benutzt, um unser Selbstbewußtsein aufzuplustern. Sexuelle Beziehungen, die diesen Aspekt des dritten Chakras zur Grundlage haben, sind als schauspielerische Leistung und als Ego-Trip zu betrachten. Charakterzüge wie Arroganz, Wichtigtuerei und Aufführung von Melodramen gehören ebenfalls in diesen Zusammenhang. Andererseits können Charme, Wärme, Großzügigkeit und ein sonniges Wesen aus den edleren Aspekten des dritten Chakras ausstrahlen.

Wenn wir die Belange, die in Verbindung mit den psychologischen Funktionen des dritten Chakras stehen, nicht ins

Bewußtsein bringen und sie transformieren, spielen sich unsere Beziehungen mit anderen auf der Basis von Beherrschen und Unterwerfung ab. Alfred Adler, der den Begriff *Minderwertigkeitskomplex* geprägt hat, hat eine psychologische Schule gegründet, die sich auf diesen Aspekt des dritten Chakras konzentriert.

Adler beobachtete, daß viele seiner Klienten vorrangig mit den Belangen des Selbstwertgefühls, der Zulänglichkeit, des Wettbewerbes und des Beherrschens befaßt waren. Ihm wurde sogar klar, daß auch der Sexualakt in diesem Zusammenhang erlebt werden kann. Adler hielt die Unzulänglichkeits- und Minderwertigkeitsgefühle der Kindheit für die Ursache des Bedürfnisses, als Kompensation eine Haltung der Überlegenheit zu entwickeln. Dies ist zweifellos wahr, doch meiner Erfahrung nach scheinen diese Tendenzen, unabhängig vom Alter, hier im Königreich des juwelengleichen Glanzes zu Hause zu sein.

Der Schatten und die Persona

Der »Schatten« ist ein Begriff von C. G. Jung für die Teile der Psyche, die vom Ego unterdrückt werden. Wenn wir aufwachsen, verstecken wir viele Teile von uns vor anderen, um geliebt und angenommen zu werden. Der versteckte Schatten bleibt unentwickelt, er hat jedoch ein angeborenes Verlangen nach bewußter Anerkennung und Beifall. Ein anderer Aspekt des Schattens kann aus früheren Leben herrühren, in denen wir negative oder sozial nicht akzeptable Eigenschaften auslebten. Unglücklicherweise versetzt uns der Schatten wie die versteckte Person im Horrorfilm, die das ganze Leben lang auf dem Dachboden eingeschlossen war, in Schrecken, und wir lassen ihn lieber eingeschlossen und versuchen ihn zu vergessen.

Den Schatten erlebt man, da er unbewußt ist, am häufigsten als Projektion auf einen anderen Menschen, gewöhnlich auf eine Person des gleichen Geschlechtes. Die Eigenschaften, auf die wir bei einem Menschen, den wir nicht mögen, reagieren, spiegeln den Teil von uns wider, den wir verachten. Ein zweites Betätigungsfeld des Schattens sind Träume, in denen wir von Tieren oder von einem feindlichen oder widerwärtigen Menschen des gleichen Geschlechtes gejagt oder angegriffen werden. Die dritte Art, wie Schatten sich zeigen, ist, wenn man in einer Art und Weise emotional reagiert, die für eine bestimmte Situation ganz und gar unangemessen ist.

Der Versuch, den Schatten mit sozial akzeptablem Ego-Verhalten zu verdecken, ist nutzlos. Will man mit dem Schatten Frieden schließen, dann muß man damit aufhören, ihn zu verurteilen und zu unterdrücken. Das Ego muß all die kindlichen Ressentiments, Bedürfnisse, Aggressionen, Unsicherheiten, Machtbedürfnisse und Wünsche, die sich im Schatten finden, umarmen. Geschieht dies nicht, dann bleibt viel psychische Energie an die sich bekämpfenden Unterpersönlichkeiten gebunden, die diese unterdrückten Inhalte verkörpern. Je mehr man diese unterdrückt, desto mehr Freiheit bleibt den Unterpersönlichkeiten, im Leben des bewußten Selbst zerstörerische Einflüsse auszuüben. Im Extremfall führt die ständige Verleugnung der negativen Seiten des Schattens zu dem, was man klinisch als psychopathologischen Komplex bezeichnet.

Erst, wenn wir uns so sehen, wie wir wirklich sind, und darüber schockiert sind und das Trugbild von uns aufgeben, kann die Reise zu unserer echten Individualität beginnen. Zur Begegnung mit dem Schatten brauchen wir Demut und Vertrauen. Wenn wir das Vertrauen haben, daß der Schatten unser Leben nicht zerstört, wenn wir ihn herauslassen, dann fällt es uns leichter, damit zu beginnen, ihn zu integrieren, und wir brauchen ihn nicht weiter auf andere zu projizieren. Der Schatten kann auch positive Eigenschaften enthalten, die unentwickelt geblieben sind, weil man ein übermäßig bescheidenes oder scheues Selbstbild hat. In unserer frühkindlichen Umgebung gab es vielleicht keine Unterstützung oder keinen Bezugsrahmen, in dem sich diese potentiellen Eigenschaften entwickeln konnten.

Ein Blick auf die Mythologie zeigt uns Variationen der potentiellen Funktionen des Schattens. In der Mythologie wird der Schatten oft als Tier oder merkwürdiger Geselle dargestellt, der den Helden mit Hilfe seiner Instinkte vor einem vorzeitigen Ende bewahrt. Oder der Held bekämpft einen brutalen Feind, der in seiner Bosheit auf rätselhafte Weise genau das besitzt, was der Held braucht. Die mythischen Themen zeigen, wie der Schatten in Wirklichkeit fehlende Elemente enthält, die für das Ego wertvoll sind.

Der Schatten ist der Aspekt von uns, der ins Unbewußte verbannt ist. Die Persona dagegen ist die Maske, mit der das Ego sich der äußeren Welt zeigt. In Träumen kann die Persona als Verkleidung oder Kostüm auftauchen.

Als Kind haben wir ein Image von uns geschaffen, das bewirkte, daß wir in unserer Kultur und von unseren Eltern angenommen wurden. Die Persona spiegelt deshalb die Identifikation des Egos mit den Standards der Eltern und der Gesellschaft wider.

Man kann sich die Persona auch als die Ego-Trips vorstellen, die wir nötig hatten, um unsere Existenz zu rechtfertigen. Viele Menschen haben in der Kindheit emotionale Entbehrungen erfahren und konnten deshalb keine starke Selbstachtung entwickeln. Als Erwachsene verstecken wir diese tiefsitzende Unsicherheit. Die Abwehrmechanismen, die wir uns angeeignet haben, um mit dem emotionalen Schmerz und dem Gefühl, keine Existenzberechtigung zu haben, fertig zu werden, sind verzweifelte Helfer, die die Masken formen, die wir tragen. Unglücklicherweise macht uns diese defensive Haltung unseres Egos hart, und wir handeln oft in einer Art und Weise, die der Befriedigung unserer Bedürfnisse nicht dienlich ist.

Viele von uns haben als Kind schnell begriffen, daß es sinnlos war, direkt um das, was wir wollten, zu bitten. Statt dessen haben wir uns entschieden, aufzuhören, unsere Gefühle und Bedürfnisse zum Ausdruck zu bringen, und uns darauf zurückgezogen, unseren Ärger auszuagieren oder zu manipulieren. Als Erwachsene haben wir deshalb eine lange Geschichte von nicht erfüllten emotionalen Bedürfnissen und Wünschen, die in unsere Beziehungen zu anderen hineingetragen werden. Oft projizieren wir eine Unzahl von Erwartungen und Ansprüche in Beziehungen, ohne klare Wünsche zu äußern, und immer wieder erfahren wir den Schmerz und die Verwirrung der Vergangenheit. Haben uns Ärger und Schmerz fast aufgefressen, weil unsere Erwartungen nicht erfüllt wurden, dann trösten wir uns, indem wir uns auf die psychologischen Abwehrmechanismen verlassen. Wir äußern Wünsche oft in einer Art und Weise, als erwarteten wir von vornherein, abgewiesen zu werden. Das schränkt uns entweder noch mehr ein oder hat zur Folge, daß wir übermäßig anspruchsvoll werden. Natürlich ist das nicht die beste und wirksamste Weise, das, was wir möchten, zu bekommen.

Wenn wir das Gefühl für unsere Identität von der Macht trennen, uns das, was wir von anderen wollen, gewaltsam zu beschaffen, dann können wir lernen, daß wir uns selbst gegenüber die Verantwortung haben, uns unsere Gefühle und Bedürfnisse wenigstens zuzugestehen, wenn wir sie schon nicht zum Ausdruck bringen wollen. Es ist jedoch besser, uns ehrlich und direkt auszudrücken, als andere zu beeinflussen und zu manipulieren. Durch das Ausdrücken entschärfen wir die emotionale Ladung und können lernen, sie auf die positivste Art und Weise nach außen zu leiten. Wenn wir mitteilen, was wir fühlen, anstatt etwas zu verlangen, fällt es uns leichter loszulassen, und wir werden nicht von unseren eigenen Reaktionen und Widerständen beherrscht. Wenn wir uns, was unsere Wünsche und Emotionen betrifft, wie wohlwollende und weise Eltern verhalten, können wir sie liebevoll anhören und sie sicher dirigieren, statt sie zu bekämpfen oder zu unterdrücken.

Die Dynamik von Schatten und Persona kommt auch in den Urteilen zum Ausdruck, die wir über andere fällen. Bei dem Bemühen, unseren Selbstwert – unsere helle und strahlende Maske – zu verteidigen, suchen wir oft bei anderen Fehler. Jeder muß sich in bezug auf sich selbst gut fühlen. Wenn wir nicht das Gefühl haben, angenommen und anerkannt zu sein, werden wir bitter und zynisch. Wir sind eifersüchtig auf andere und wir gehen vielleicht durchs Leben und konzentrieren uns darauf, all das herauszustellen, was andere bekommen und eigentlich nicht verdienen. Dabei sind wir der Meinung, uns werde es vorenthalten.

Genauso, wie die soziale Konvention uns in eine rigide Ordnung pressen kann, ist es möglich, daß ein Teil unseres strengen Selbstbildes (persona) unsere Kreativität und Individualität unterdrückt. In der Transaktionsanalyse wird dieser Aspekt als strafendes Eltern-Ich bezeichnet, denn es ist ein Teil von uns, der wie Vater und Mutter geworden ist. Es sagt uns immer, was wir tun und lassen sollten, und bestraft uns, wenn wir nicht gehorchen. Durch eine psychologische Revolution kann das Kind in uns dazu befreit werden, die Welt nach ihren Möglichkeiten zu erforschen und sich zu entwikkeln.

Der Schatten steht in reziproker Beziehung zu der Energie, die in die Persona investiert wird. Eine überentwickelte Persona drängt den Schatten tiefer in das Unbewußte, wo er gefährlicher wird. Furchtbare Verbrechen, die im Namen des

Staates oder der Kirche begangen werden, sind Beispiele für eine überentwickelte Persona. Am anderen Ende des Spektrums steht die unterentwickelte Persona. Ihr fällt es schwer, in der sozialen Welt zu funktionieren. Wir entfremden uns automatisch, wenn wir nicht in der Lage sind, bestimmte Rollen und Regeln der Gesellschaft zu akzeptieren. Das andere Extrem ist, daß wir daran gehindert werden, unsere Individualität zu realisieren und zum Ausdruck zu bringen. Sowohl der Schatten wie die Persona sind wichtige Werkzeuge für die Selbstentdeckung und das Handeln in der Welt, wenn sie bewußt zum Ausdruck gebracht werden. In diesem Entwicklungsstadium liegt die Aufgabe des Ego-Selbst darin, die Eigenschaften des Schattens und der Persona zu integrieren, ohne sich mit ihnen zu identifizieren.

Sex, Liebe und Macht

Selbstachtung und das Gefühl für persönliche Macht sind unmittelbar mit dem Gefühl verbunden, geliebt und akzeptiert zu sein. Deshalb sind die meisten Menschen davon abhängig, daß andere ihnen das Gefühl vermitteln, sie seien wertvoll. Wenn die Bedürftigkeit groß ist, kompromittieren wir uns, um Liebe zu bekommen und akzeptiert zu werden. Dies scheint zwar eine Zeitlang zu funktionieren. Aber man kann fast sicher sein, daß daraus langfristig gesehen Ressentiments entstehen. Je größer das Bedürfnis ist und je größer die Macht ist, die wir dem Menschen geben, der das Bedürfnis erfüllt, desto unterlegener und machtloser fühlen wir uns. Das Bedürfnis nach Selbstachtung und das Gefühl, in der Welt bestehen zu können, muß erfüllt werden. Das kann bedeuten, daß man die Indoktrinierung durch Eltern und die Kultur genau untersuchen muß, statt Machtspiele zu spielen. Zum Beispiel könnten wir damit beginnen, die frühe Programmierung unserer sexuellen Identität zu untersuchen. Es ist außerordentlich wichtig, daß wir das tiefgehende Gefühl von Schuld und Scham, das wir im Konflikt zwischen unserem erwachenden sexuellen Verlangen und unseren spezifischen sozialen und sexuellen Tabus erlebt haben, überwinden. War Sex etwas Schmutziges? Viele von uns sind in der Haltung aufgewachsen, unsere sexuelle Identität sei aus einem rätselhaften Grund etwas, dessen wir uns schämen und das wir verstecken müssen.

Noch einschränkender sind heimtückische sexual-emotionale Bande – gewöhnlich zum Elternteil des anderen Geschlechtes. Die Eltern haben uns vielleicht nie die Erlaubnis gegeben, unsere sexuelle Identität zum Ausdruck zu bringen. Die Mutter möchte vielleicht unbewußt ihren Sohn nicht gehen lassen und verhindert heimlich, daß eine andere Frau ihn ihr wegnimmt. Der Vater begehrt vielleicht seine Tochter und unterdrückt seine eigenen starken Gefühle von sexueller Liebe zu ihr, indem er sie eifersüchtig festhält und sie am Reifwerden hindert.

Indem wir uns von diesen Bindungen lösen, werden wir frei, die volle Kraft der Sexualität in positiver Weise zum Ausdruck zu bringen. Es ist ein gutes Gefühl, die Vitalität des Lebens in sexuellen Beziehungen zu feiern. Gutes Lieben fördert eine bestimmte Art von Selbstachtung, die uns befähigt, die Liebe noch intensiver zu fühlen und zum Ausdruck zu bringen.

Ein weiterer wichtiger Faktor, den man in Betracht ziehen sollte, ist die Erziehung des Egos in Beziehung zur nicht personengebundenen Kraft der Liebe. Die Macht des Egos ist ein zweischneidiges Schwert. Wir müssen es sorgfältig schwingen. Einerseits sind wir dem Leben verpflichtet, aus dem Rohmaterial des kollektiven Unbewußten eine individuelle und bewußte Identität zu schaffen. So merkwürdig es klingen mag: Sobald wir ein gut definiertes Selbstbewußtsein haben, sind wir verpflichtet, es und seine Machtansprüche zu opfern, um in eine höhere Ordnung bewußter Existenz einzutreten. Wir leben nicht nur durch das Schwert; wenn wir es nicht zum rechten Zeitpunkt aufgeben, wendet es sich gegen uns.

Liebe und Macht sind Antagonisten. Die Überfülle des einen reduziert den anderen. Die Macht des Egos, sein Verlangen, zu beherrschen und zu besitzen, schließt die Offenheit und die Hingabe aus, die die Liebe verlangt. Liebe ist universal und göttlich – doch das Ego möchte sie besitzen, zu dem Zeitpunkt, auf die Art und Weise und mit der Person, die ihm genehm ist. Wenn das Ego das Schwert zückt, um Liebe zu erobern, wird es immer enttäuscht. Wenn das Ego seinen Willen zur Macht nicht opfert, kann es weder in das Geheimnis eindringen, was Liebe ist, noch seine Reise zu den sublimeren Bereichen des Bewußtseins fortsetzen.

Emotionen und die astrale Welt

Die Gefühlsreaktionen, die wir im zweiten Chakra untersucht haben, werden als Emotionen zum Ausdruck gebracht. Emotionale Ladungen manifestieren sich vom astralen Körper aus und gelangen über die Chakras zu den Hauptnervenbahnen und den endokrinen Drüsen; sie beeinflussen die hormonellen Sekretionen, haben Einfluß auf den Kreislauf, den Blutdruck, den Atem, den Zuckerspiegel und die neuromuskuläre Spannung. Beim primitiven Menschen werden Emotionen sofort ausgedrückt. Bei der Weiterentwicklung des Nervensystems wird der instinktive emotionale Reflex verzögert und kann durch bewußte Intervention beeinflußt werden. Das bedeutet, bis zu einem gewissen Grad haben wir Macht über die unbewußten Triebe des Körpers und eine gewisse Distanz zu und Herrschaft über die irrationalen Effekte der Emotionen.

In metaphysischen Lehren wird die Welt der Emotionen oft in bezug zur Astralwelt gebracht. Auch die tantrische Vorstellung vom Universum zeigt uns eine Anzahl Dimensionen, die auf unterschiedlichen Frequenzen existieren. Unterschiedliche Frequenzen im elektromagnetischen Spektrum können gleichzeitig nebeneinander existieren, ohne sich ins Gehege zu kommen. Genauso ist dies bei der physischen und der astralen Welt. Wir sind uns selten des astralen Bereiches bewußt, obwohl es der Bereich ist, in den wir in unseren Träumen gehen, und seine Energie manifestiert sich in unserem Leben in Form von Emotionen. In dem Buch *Journeys Out of the Body,* das zwölf Jahre Erfahrung mit astraler Projektion zur Grundlage hat, zeigt Robert Monroe die astrale Welt klar als eine Realität, die aus Wünschen und Ängsten besteht, die in unserem körperlichen Leben normalerweise unterdrückt werden. Zum Beispiel schildert er, daß seine Ängste stärker waren als seine sexuellen Wünsche, die in sich selbst »gewaltige Hindernisse« darstellten. Er schildert dann, daß er, solange er nicht in der Lage war, diese rohen Emotionen zu disziplinieren, dazu verdammt war, in den unangenehmeren Bereichen der astralen Welt zu wandern, die von »abgetrennten Persönlichkeiten« und anderen »belebten Wesen« bevölkert waren.[2]

Erfahrungen außerhalb des Körpers, die man im Traum oder in anderen veränderten Bewußtseinszuständen macht, zeigen uns, daß die Emotionen und Wünsche im Astralkörper in Verbindung mit dem körperlichen Organismus stehen, aber auch darüber hinaus ein Eigenleben führen.

Jeder hat einen Astralleib. Die Stufe seiner Entwicklung und die Fähigkeit, ihn zu nutzen, ist jedoch sehr unterschiedlich. Es gibt vergleichsweise wenige Menschen, die den Astralleib bewußt als unabhängiges Gefährt, unabhängig vom physischen Leib, nutzen können. Im Traum sind wir uns zwar manchmal der Astralebene bewußt. Die meisten Menschen nehmen dieses Bewußtsein jedoch nicht ins Wachbewußtsein hinein. Die Ebene des Astralbewußtseins ist dem physikalisch orientierten rationalen Geist fremd. Kinder haben noch nicht gelernt, zwischen ihren inneren und äußeren Welten zu unterscheiden. Deshalb können sie sich leichter an ihre Astralerlebnisse erinnern. Es gibt jedoch Zeiten, in denen wir mit dem sonderbaren Gefühl aufwachen, daß wir einen ungewöhnlich lebendigen Traum hatten. Diese Träume werden als »Klarträume« bezeichnet und zeichnen sich durch das unheimliche Gefühl aus, im Traum »wach« gewesen zu sein. Wir werden Klarträume in Kapitel 6 genauer betrachten.

Astral bedeutet sternengleich. Die Eigenschaft des emotionalen Körpers zu strahlen, hat zu dem Namen *astral* geführt. Die farbige Tönung der Aura eines Menschen, von dem spirituelle Liebe und Weisheit ausgeht, die man mit übersinnlichen Fähigkeiten wahrnehmen kann, ist wunderschön anzuschaun. Die Oberfläche des Astralkörpers gleicht dem Nebel von trockenem Eis. Die leuchtenden Nebel scheinen einen Strudel zu bilden, aufzusteigen und wieder zurückzusinken. Ganz bestimmte Gefühle scheinen sich in bestimmten Teilen des Astralkörpers zu bewegen, die wiederum mit den entsprechenden Bereichen des physischen Körpers und den Chakras verbunden sind. Primitive Emotionen, die im Zusammenhang mit dem Überleben des Körpers stehen, werden tendenziell vom Boden der Aura unterhalb des ersten Chakras angezogen. Sexuelle Gefühle, Eifersucht und emotionale Unsicherheit machen sich in der Nähe des zweiten Chakras breit. Zorn und Arroganz versammeln sich in der Nähe des dritten Chakras, Liebe oder Trauer um das vierte herum usw. Plötzlich auftauchende oder mächtige Emotionen vermögen zeitweise den ganzen Astralleib zu überwältigen. Wenn sie vorübergegangen sind, kehrt die normale Schwingungsrate und das normale Farbmuster zurück.

Während der Astralleib zu seinen spezifischen Mustern hinstrebt, bewegt und verändert er sich in der Vielfalt von emotionalen Verfassungen, die wir durchleben. Er wird auch stark von körperlichen Gewohnheiten und geistigen Haltungen beeinflußt. Das Leben in unsauberer Umgebung, die Preisgabe des Körpers an Alkohol, Drogen, bestimmte Arten von Musik, Zigarettenrauch, Luftverschmutzung und große Mengen tierische Nahrung beeinflussen den Astralleib negativ – was auf die astralen Entsprechungen dieser Dinge zurückzuführen ist.

Der Astralleib ist besonders empfänglich für Eindrücke aus dem Geist. Mit seherischen Fähigkeiten kann man in der astralen Masse deutlich sehen, wie sich als Reaktion auf Gedankenströme Formen bilden und auflösen. Starke Gedanken können astrale Formen bilden, die ein Eigenleben anzunehmen scheinen. Diese Formen können sich in die astrale Welt projizieren, die Umgebung bevölkern und andere Menschen beeinflussen. Negative Gedanken können astrale Ungeheuer schaffen, die die Kraft haben, Freude und Liebe in unserem Leben zu zerstören. Ihnen entgegenzutreten und sich ihrer anzunehmen, kann eine Herkulestat sein. Durch die Integration des Schattens, durch das Lernen, wie man Gefühle ausdrückt und seine Wünsche äußert, kann man einiges tun, um die Schwingung des Astralleibes zu verändern und zu verbessern. Darüber hinaus kann man noch einiges tun, indem man den physischen Leib reinigt und befreit. Der Verzehr von gesunder und ungiftiger Nahrung entwickelt im Astralleib seine Entsprechung. Mit Körpertraining und Sport kann man aufgestaute emotionale Energie umsetzen.

Begeisterung und Heiterkeit haben reinigende und aufbauende Wirkung auf den Astralleib. Surfen, Skifahren, Segeln, Reiten und intensives Tennis- oder Fußballspiel können ein Gefühl von Lebendigkeit und Begeisterung erzeugen, das im

Gegensatz zu negativen emotionalen Mustern steht. Dabei gibt es Gelegenheit, einen Vorrat an positiven emotionalen Erfahrungen zu schaffen. Das Spielen eines Musikinstrumentes oder Singen gibt ebenfalls die Möglichkeit zu kathartischem Abreagieren und ist ein Weg zum kreativen Ausdruck von Gefühlen. Kreatives wie Tanz, Nähen oder Kunst ermutigt zum emotionalen Ausdruck und schafft Zufriedenheit und das Gefühl, etwas geleistet zu haben. Auch das Hören inspirierender Musik und Wandern in der Schönheit und Größe der Natur haben reinigende Wirkung auf den Astralleib. Das durchdringende Gewahrsein der gewohnten Gedankenprozesse schafft die Voraussetzung dafür, daß die geistigen Kräfte, die den Astralleib beeinflussen, verwandelt werden.

Aus tantrischer Sicht ist das reine Ausagieren unserer Gefühle genau wie die Unterdrückung ein Versuch, sie loszuwerden. Die Verwandlung der Emotionen in die ihnen entsprechende Weisheitsenergie geschieht zuerst dadurch, daß man sie akzeptiert, wie sie sind und sie nicht ändern will oder versucht, sie loszuwerden. Zu diesem Zweck müssen wir lernen, davon Abstand zu nehmen, Emotionen als gut oder schlecht zu klassifizieren und sie so erleben, wie sie sind. Wenn wir sie von dem Standpunkt des Egos loslösen, können wir uns ihrer Energie im Rohzustand bewußt werden. In *Cutting Through Spiritual Materialism* vergleicht Chögyam Trungpa die Verwandlung von Emotionen mit der Unterwerfung von Dämonen durch den großen Yogi Milarepa. Als Milarepa in seiner Höhle meditierte, sah er sich einer Schar von Dämonen gegenüber. Wie sehr er sich auch bemühte, sie loszuwerden – sie belästigten ihn weiter, bis er aufhörte, sie als etwas Schlechtes anzusehen. Als er ihre Gegenwart akzeptierte, verwandelten sie sich in Dakinis, in weibliche Geistwesen, die die schöpferischen Energien des Lebens verkörpern.[3]

Alle Gedanken, Emotionen und Handlungen schaffen im Leibgeist ein Energiemuster. Diese Muster sind wie Samen. Sie tragen gute oder schlechte Früchte, je nach der Natur des ursprünglichen Impulses. Die östlichen Lehren über das Karma (ein Sanskritwort, das Handlung bedeutet) legen nahe, daß alle Bedingungen des gegenwärtigen Lebens durch Handlungen in der Vergangenheit bestimmt sind. Genauso werden die Bedingungen der Zukunft durch Handlungen in der Gegenwart geschaffen.

Bei einem Meditations-Retreat erzählte der Vipassana-Lehrer Goenska die folgende alte buddhistische Geschichte, um zu zeigen, wie das Karma wirkt.

Eines Tages kam ein reicher Händler zu Buddha und bot ihm eine große Geldsumme an, damit er ein Ritual für seinen toten Vater vollzöge. Es war Sitte, daß brahmanische Priester dieses Ritual für Verstorbene vollzogen, damit die Seele von ihrem negativen Karma befreit würde. Buddha wußte, daß dies ein sinnloses Bemühen war. Deshalb wollte er nicht auf die Bitte eingehen. Er sah jedoch, wie ernst es der Mann meinte. Deshalb sagte er, er würde die Zeremonie vollziehen, wenn der Händler bereit sei, ihm zu helfen. Buddha beauftragte den Mann, einige weiße Steine und etwas *ghee* (geklärte Butter) in ein Keramikgefäß zu geben und dieses in den Fluß zu werfen. Vorher solle er jedoch das Gefäß mit einem Stock kaputt-schlagen. Der Händler befolgte die Anweisungen und kehrte am nächsten Tag zurück. Buddha fragte ihn, was geschehen sei, nachdem das Gefäß zerbrochen sei. Der Händler berichtete, die Steine seien auf den Grund gesunken und die Butter schwimme oben. Buddha zeigte ihm dann, wie die Gesetze des Karmas den Naturgesetzen gleichen, nach denen Steine hinabsinken und Butter oben schwimmt. Er machte dem Händler deutlich, wie das Gewicht des Karmas seines Vaters zur Folge haben würde, daß er in seinem nächsten Leben in ganz bestimmte Situationen geraten würde, gleichgültig, welche Zeremonie er (Buddha) auch vollzöge.

Das Konzept des Karmas ist untrennbar mit dem Gefühl von individueller Identität verbunden. Die Schaffung von Karma ist von einem Selbst abhängig, das Taten vollbringt. Als Kombination aller früherer Erlebnisse, Gefühle und Gedanken, die auf einzigartige Weise unsere Psyche strukturiert haben, ist das Karma der (Roh)Stoff und Leim unserer individuellen Identität. Wir haben kein Karma, wir *sind* es.

Karma ist die Kraft, die die Seele zwingt, sich Leben um Leben zu inkarnieren. Es ist der Faden der Kontinuität, der sich durch das komplexe Gewebe von Mustern zieht, die Leben um Leben durch unsere Aktionen und Reaktionen geschaffen und immer wieder geschaffen werden. Im Laufe der Geschichte haben wir oft die gleichen Menschen geliebt und gehaßt. Wir leben im wahrsten Sinne des Wortes immer wieder die gleichen alten Romanzen und Fehden aus. Wenn es nicht die gleichen Menschen sind, die wir auf Grund unserer karmischen Disposition anziehen, dann sind sie ihnen zumindest sehr ähnlich.

Karma ist nicht Schicksal. In jedem Leben haben wir Möglichkeiten, Bindungen und Abneigungen loszulassen, Verwundungen und Feindschaften zu heilen und die Verursachungsmuster in der Psyche zu verändern. Wir ernten zwar, was wir gesät haben, aber wir haben die Freiheit, neue und bessere Samen zu legen, die andere Früchte tragen.

Anders als in der christlichen Lehre, nach der wir zu einem höchsten Wesen beten sollen, uns von unseren Sünden zu retten, liegt im Tantra unsere Erlösung in unseren eigenen

Händen. Im Buddhismus gibt es nicht den Begriff von Sünde; es gibt nur Torheit, die auf Ignoranz fußt. Weisheit bringt Einsicht, was die Wirkung unserer Handlungen anlangt. Von daher sind wir weniger dazu geneigt, schlechte Taten zu vollbringen. Wenn wir es tun, verdammen wir uns selbst. Es ist nicht das Höchste Wesen, das uns straft oder eine böse Kraft außerhalb unserer selbst, die uns irreführt. Wir sind es selbst. Dies ist eine viel gesündere Sichtweise, eine Sichtweise, die uns Verantwortung auferlegt.

Die Buddhisten sagen, es gäbe zehn Wege, negatives Karma zu schaffen: drei würden mit dem Körper, vier mit der Rede und drei mit dem Geist geschaffen. Die körperlichen Handlungen sind: töten oder körperliches Leid zufügen, stehlen oder das nehmen, was uns nicht freiwillig gegeben worden ist, und sexuelles Fehlverhalten (sexuelles Verhalten, das für jeden der Beteiligten unangemessen ist). Diejenigen der Rede sind Lügen, Verleumdung, schmutzige Rede und Klatsch. Die negativen Handlungen des Geistes sind: anderen oder uns selbst Böses wollen, auf den Besitz oder die Charaktereigenschaften von anderen eifersüchtig sein, und unrichtige Ansichten über sich selbst und die Natur der Realität aufrechterhalten.

Kurz gesagt, alles, was einem anderen Menschen oder uns selbst schadet, erzeugt negatives Karma.

Gutes Karma wird hingegen durch Handlungen geschaffen, die uns selbst und anderen zuträglich sind. Die Früchte dieser Handlungen werden als »Verdienst« bezeichnet. So, wie die Wirkungen von negativem Karma langlebig sind, sind es auch die Wirkungen von Verdienst. Die Buddhisten fordern deshalb dazu auf, Verdienste zu sammeln, um die Folgen von negativem Karma auszugleichen. Die hinduistischen Lehren betonen dagegen, man solle sich nicht an die Früchte des eigenen Handelns klammern. Wenn man gute Taten nur deshalb tut, weil man damit die Bedrohung durch schlechtes

Karma abwehren will, können die manipulativen und selbst-
süchtigen Aspekte des Egos verstärkt werden.

Der Durchschnittsmensch ist in einem dichten Gewebe von
Karma aus früheren Leben gefangen. Das Durcharbeiten
dieser karmischen Muster erfordert viele Leben. Die Grund-
haltung des Annehmens hilft ungemein. Wenn wir glauben,
daß alles, was über uns kommt, die direkte Manifestation
früherer Taten ist, verschwenden wir keine Energie damit,
andere zu bekämpfen oder wütend auf sie oder auf das Leben
selbst zu sein. Dieses Annehmen hilft uns, uns darauf zu
konzentrieren, Dinge zu tun, die unserer Gesundheit und
unserem Wohlergehen zuträglicher sind.

Die Funktionen von Ursache und Wirkung des Karma stimmen nicht unbedingt mit Vorstellungen von linearer oder
chronologischer Zeit überein. Die Früchte des Karmas reifen
nur unter den angemessenen Bedingungen. Während wir in
unserer spirituellen Arbeit vorankommen (und möglicherweise dabei stolz sind auf unsere gesammelten Verdienste),
kann es sein, daß wir mit karmischen Situationen aus vielen
verschiedenen Perioden des Lebens unserer Seele konfrontiert werden. Für das Timing der Erfüllung dieser Karmas gibt
es viele Variablen: Gruppen von bestimmten Seelen inkarnieren sich zusammen, bestimmte soziale Bedingungen und
kollektive Karmas, die Stufe unseres spirituellen Verständnisses usw. Wie weit wir auf dem spirituellen Pfad auch fortge-
schritten zu sein scheinen, wir müssen immer bereit sein,
altes Karma anzunehmen und durchzuarbeiten.

Die Buddhisten sprechen von drei Giften des Geistes: Unwissen (die egozentrische Perspektive), Zorn (alle Formen von
Abneigung) und Gier (alle Arten von Verlangen). Diese drei
Gifte werden als die Grundursache allen negativen Karmas
angesehen. Die Weigerung, dem Verlangen und dem Hang
zu schädlichen Handlungen nachzugeben, die negatives
Karma schaffen, ist der beste Weg, es zu verhindern. Aber

dies ist nicht immer möglich und sicher. Unterdrückt man diese Gifte, ohne ihre Quellen tief in der Psyche auszumerzen, dann kann es ernsthafte Verwirrungen im Leibgeist geben. John Blofeld berichtet in *Mysticism of Tibet* zum Beispiel, daß Mönche, die lieber sterben wollten, als den Eid des Zölibates zu brechen, schwere Nervenkrankheiten bekamen.[4] In unserer eigenen christlichen Kirche gibt es genügend neurotische Geistliche, die zur Flasche oder zu Perversionen Zuflucht nehmen. Es ist weiser, dem Verlangen nachzugeben, während man bei der Tat für die zugrundeliegende Motivation, die sie herbeiführt, und für die Folgen aufmerksam bleibt. Mit Hilfe von Einsicht kann oft die dem Verhalten zugrundeliegende Ursache integriert und der Zwang dazu aufgelöst werden.

Wenn wir den Glauben verlieren, daß wir eine separate Einheit des Bewußtseins sind, entdecken wir, daß es in Wirklichkeit keinen Täter, keinen individuellen Willen und folglich keine Schaffung von Karma gibt. Diese Erkenntnis haben die Lehren über das Karma in der tantrischen Tradition zum Ziel.

Einsichtsmeditation

Konzentration kann man als einfachen Akt, die Aufmerksamkeit auf ein Objekt zu richten, betrachten, während man alles andere losläßt. In tiefer Meditation dehnt sich dieses Loslassen schließlich auch auf den Atem und den Körper aus und hat die Verlangsamung des Stoffwechsels zur Folge. Das spontane Langsamerwerden des Atems ist ein gutes Eichmaß für die Tiefe der Meditation. Dieses Ruhigwerden des Geistes und der physiologischen Funktionen fördert Trancezustände, die als *Jhanas* bezeichnet werden. Diese Stadien sind ein wichtiger Schritt, aber nicht das Ziel der Meditation. Die Trancestadien können sich sogar als Hindernis für weiteren

Fortschritt erweisen. Indem wir geistige Aktivitäten blockieren, kann unsere Aufmerksamkeit dumpf werden. Kalu Rinpoche meinte in einem Vortrag in New York: »Im schlimmsten Falle ist Ruhemeditation wie ein Tier im Winterschlaf.« Im Idealfall ist Ruhemeditation jedoch »ein sanfter Weg, den wir gehen, um auf höhere Ebenen tantrischer Meditation zu gelangen«.

Der nächste Schritt in der buddhistischen Meditation ist die Erhöhung der Klarheit und der Sensitivität des Bewußtseins. Die Meditationspraxis, die uns dabei weiterhilft, heißt Vipassana. Das tibetanische Wort für Vipassana, *llag thong*, bedeutet »durchdringendes Sehvermögen«. Wenn Bewußtheit in den unbewußten Geist eindringt, die es ermöglicht, den Ablauf geistiger Ereignisse zu beobachten, die die Phänomene schaffen, von denen wir ohne zu fragen annehmen, daß sie das »Ich« sind, dann sind wir in dem Prozeß, uns aus ihrer Umklammerung zu lösen, einen großen Schritt weiter.

Wir beginnen mit der Ausübung von Vipassana, indem wir unsere ganze Aufmerksamkeit auf den Ablauf von Ereignissen richten, der im Theater des Leibgeistes stattfindet. Mit Loslassen und Gerichtetheit können wir schließlich lernen, Gedanken in dem Augenblick ihres Entstehens zu erfassen, ihre Verwandlungen und Assoziationen zu beobachten und zuzusehen, wie sie im Kielwasser des nächsten Gedankens verschwinden. Mit dieser Schärfe kann der schleichende Ablauf von geistigen Ereignissen, der zu dem Identifikationsprozeß führt, aufgedeckt und unterbrochen werden.

Beginne, indem du in die »Zufluchtsmeditation« gehst, und versuche, in ein tiefes Stadium von Ruhemeditation zu gelangen. Als nächstes richtest du deine Aufmerksamkeit weg vom Atem auf die Empfindungen im Körper und auf Gedanken, die dir durch den Sinn gehen. Wenn dir klar wird, daß deine Aufmerksamkeit von einer dieser Empfindungen oder

Gedanken abgelenkt wurde, dann bringst du sie wieder sanft in die entspannte Beobachtung.

Ist der Körper der Brennpunkt der Einsichtsmeditation, dann ist es hilfreich, die Aufmerksamkeit in einer geordneten Abfolge durch ihn zu leiten. Du kannst zum Beispiel damit beginnen, die Aufmerksamkeit auf die Oberflächenbereiche des Kopfes lenken, dann zum Hals, zu den Schultern, den Armen, dem oberen Rücken, dem unteren Rücken, zum Gesäß, den Oberschenkeln, den Waden und den Füßen. Dann gehst du den Körper von unten noch oben durch – du beginnst mit den Fußzehen, der Fußsohle, den Schienbeinen, den Waden, gehst zur Innenseite, zur Unterseite und zur Oberseite der Oberschenkel, zu den Sexualorganen, zum Gesäß, zum Unterbauch, zum Oberbauch, zur Brust, zum Hals usw.

Nach einigen Tagen oder mehr kannst du beginnen, die Aufmerksamkeit durch verschiedene Segmente des Körpers zu leiten, von oben nach unten und dir aller inneren Räume und Organe bewußt werden. Richte einfach die Aufmerksamkeit auf die unterschiedlichen Empfindungen wie Wärme und Kälte, Spannung, Schmerz, Jucken etc. Wenn du die Aufmerksamkeit in dieser Weise auf den Körper richtest, kann das Gefühle und Erinnerungen, die mit bestimmten Körperteilen verknüpft sind, ins Bewußtsein rufen. Bleibe ruhig, atme weiter und beobachte diese Phänomene, während die blockierte Kraft frei wird. Laß einfach los.

Im traditionellen Milieu wird diese Art von Meditation abwechselnd mit kurzen Phasen des Gehens und Ruhepausen vom frühen Morgen bis spät in die Nacht zehn Tage lang, neunzig Tage lang oder sogar noch länger praktiziert. Es ist vielleicht das leichteste, mit einem Wochenende zu beginnen, wenn längere Perioden nicht im Bereich des Möglichen liegen.

Vielleicht möchtest du auch die Aura und die Chakras als

Objekte von Einsichtsmeditation nutzen. Beginne, indem du dir den allgemeinen Umriß der Aura um dich herum vorstellst. Ist sie in der Regel vor dir, mehr auf einer Seite oder mehr hinter dir konzentriert? Was ist dein Gesamteindruck, wenn du sie zum ersten Mal beobachtest? Als nächstes richtest du die Aufmerksamkeit systematisch von oben nach unten durch die Aura. Achte auf Farben, Bilder und Empfindungen. Spürst du die Energie von jemand anderem in deiner Aura? Was tut er oder sie dort?

Wenn du nun deine Aufmerksamkeit auf jedes der sieben Chakras richtest, achte darauf, ob es sich fest oder entspannt anfühlt. Welche anderen Empfindungen oder Eindrücke hast du?

Eine andere Möglichkeit ist, die Gedanken, die in dir aufsteigen, zu beobachten. Während du diese geistigen Schöpfungen beobachtest, achtest du darauf, ob sie in erster Linie visuell oder mit Geräuschen verbunden sind. Siehst du nur Bilder vor dir oder redest du mit dir? Siehst du sowohl Bilder und hörst auch Stimmen? Wenn ja, schaust du dir zuerst die Bilder an und sprichst du dann mit dir selbst darüber oder sprichst du erst zu dir und siehst dann Bilder? Wenn dir das klar ist, kannst du deine Aufmerksamkeit in den Raum lenken, in dem die Bilder oder Klänge aufsteigen. Schließlich möchtest du Einsicht in die illusorische Natur der Selbstidentität gewinnen. Wer meditiert?

Wie steigt das Gespür für das »Ich« auf? Wie kommt es in bezug auf innere und äußere Reize ins Spiel? Das Gefühl für das »Ich« kann identisch mit diesen sensorischen Mechanismen oder getrennt von ihnen sein. Während du deine unterschiedlichen sensorischen Funktionen beobachtest, versuche zu entscheiden, ob eine davon (oder alle zusammen) das »Ich« sind. Oder, wenn du entscheidest, daß das »Ich« von ihnen getrennt ist, was ist es dann?

Der Bereich des Heiligen Lautes

4. Chakra

*A*nahata, das Sanskritwort für das vierte Chakra, heißt wörtlich übersetzt »nicht beeindruckt«. Es nimmt Bezug auf die subtile Vibration, die die kreative Energie der Leere ist. Es wird mit der heiligen Silbe OM intoniert, und es heißt, man höre es bei der Meditation im Inneren, sobald die Kundalini zum Herzchakra gelangt ist. Das vierte Chakra wird gemeinhin als Herzchakra bezeichnet. Damit wird seine Position im Körper definiert und sein Bezug zur Quelle spiritueller Inspiration und altruistischer Liebe angedeutet.

Das vierte Chakra wird mit zwölf leuchtend roten Blütenblättern dargestellt. Im Inneren finden sich zwei rauchfarbene ineinander verschränkte Dreiecke. Sie bilden das Vayu-Mandala, das die harmonische Beziehung zwischen den männlichen und weiblichen Kräften des Kosmos repräsentiert. Im Innern des Vayu-Mandalas, das auch Symbol für das Luftelement ist, befindet sich eine Antilope. Die Antilope, die für ihre Schnellfüßigkeit bekannt ist, ist ein gutes Gefährt für den alten Gott des Windes, Vayu (siehe Abbildung 14, Seite 138). Im buddhistischen Tantra wird das Herzzentrum mit dem Feuerelement in Verbindung gebracht. Sein Symbol ist ein rotes nach oben gerichtetes Dreieck. Nach Lama Anagorika Govinda ist dieses Feuer kein physikalisches, sondern ein psychisches Feuer. Es ist »das Feuer religiöser Hingabe und Inspiration, ... und das Herzzentrum wird zum Organ des intuitiven Geistes und vergeistigten Gefühls (göttliche Liebe, göttliches Erbarmen). Es wird zum Zentralorgan des meditativen Vorgangs, in dem das Kosmisch-Abstrakte zum menschlich Erlebbaren und Verwirklichungsfähigen wird.«[1] Auf dem Thron des Herzchakras sitzt der Urbuddha Aksobhya (siehe Abbildung 15, Seite 139). Seine spiegelgleiche Weisheit vertreibt die Illusion der Getrenntheit der Dinge und reflektiert die ihnen innewohnende Leere. Seine verfinsternden Leidenschaften sind Zorn und Abneigung. Das alchemistische Feuer religiöser Hingabe und religiösen Erbarmens transformiert letztendlich unser Gefühl für eine persönliche Identität. Das Ego wird wie Phönix von den Flammen verzehrt und verwandelt. Dies kann traumatisch sein und ist oft mit einer ernsthaften Identitätskrise verbunden. Die Öffnung des Herzchakras schafft jedoch eine umfassendere Identität, eine Identität, in der Individualität und Universalität zu verschmelzen beginnen.

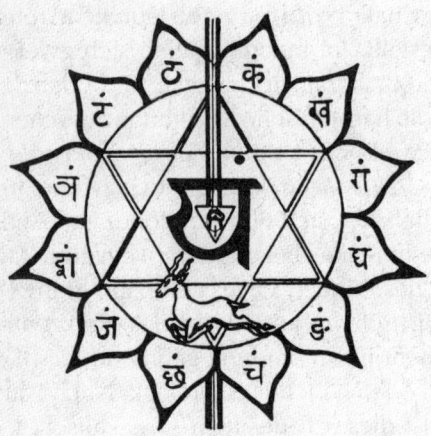

Abbildung 14: Das vierte Chakra, Anahata. Der Lotus des Herzchakras hat zwölf zinnoberrote Blütenblätter. Innerhalb des Luft-Mandalas, zwei ineinander verschränkten Dreiecken, finden wir das Samen-Mantra YAM, das den Gott des Windes, Vayu, heraufbeschwört. Vayus Gefährt ist eine Antilope.

Abbildung 15: Aksobhya ist der Herr des Herzchakras und verkörpert die Weisheit des großen Spiegels. Seine Farbe ist Weiß, und er beherrscht das Wasser-Element. Wie der Shakayamuni-Buddha zeigt er das Mudra der Erdberührung, das Mudra, mit dem die Erde als Zeuge angerufen wird. Aus: Lama Anagarika Govinda, *Grundlagen tibetischer Mystik,* Weilheim, 1988, Tafel V.

139

Wenn das Herzchakra erwacht, verändert seine erhöhte Schwingung den astralen Körper und verleiht ihm die erhabene Energie der inneren Himmel. Mit der Öffnung des Herzchakras beginnt auch eine enge Beziehung zum Geheimnis des Lebens. Jeder Schritt verbindet uns mehr mit dem Unbekannten, dem unendlichen Potential, das in jedem Augenblick verborgen ist, und mit der Schönheit und der Vollkommenheit erhabener Bereiche, an die die Erinnerung in uns schlummert.

In *Journeys Out of the Body* schildert Robert Monroe ekstatische Erfahrungen auf der astralen Ebene, die zeigen, daß einige dieser Phänome in Beziehung zum Herzchakra stehen. Als er fähig geworden war, sich aus den Bereichen der rohen Emotion zur astralen Ebene zu erheben, gelangte er in Bereiche von großer Schönheit. Er berichtet, er sei von der »vollkommenen Umgebung« überwältigt gewesen. Dort erlebte er reinen Frieden und verfeinerte Emotionen. Als er zu seinem normalen rationalen Selbst zurückgekehrt war, erfaßte ihn eine tiefe Sehnsucht nach jenem Ort, von dem er wußte, daß er eigentlich dorthin gehörte und immer dort sein sollte.[2]

Vielleicht kennst du diesen erhebenden Zustand, z. B. von einem Augenblick, als du allein auf dem Gipfel eines Berges standst und von der Majestät des Himmels und der Landschaft umgeben warst. Oder du warst in einem tiefen, ruhigen Wald, in dem die Bäume wie die Säulen einer Kathedrale emporragten und in dem das Spiel von Licht und Schatten eine wunderbare Stimmung zauberte. Oder du hast ihn in der Liebe erlebt – alles erschien so vollkommen, so schön, wie aus einer anderen Welt.

Wenn das Herzchakra sich ganz öffnet, verspürt man ein brennendes Verlangen, alle lebenden Wesen mögen sich der Liebe und der Schönheit erfreuen, die man auf dieser Ebene der Bewußtheit erfährt. In der buddhistischen Tradition wird dieses Verlangen in Form des Schwurs zum Ausdruck gebracht, allen lebenden Wesen zu helfen, Erleuchtung zu erlangen. Ein Mensch, der sich diesem Eid verpflichtet fühlt, wird zum Bodhisattva.

Hinter allen Formen romantischer Liebe steht das Motiv der Suche nach Einssein, die Quelle der Liebe. Unglücklicherweise wird die Suche nach außen gerichtet und man geht fälschlicherweise davon aus, die Quelle sei ein anderer Mensch. Die traumatische Folge dieser frustrierten Projektion ist, daß wir von dem brennenden Verlangen nach Liebe erfüllt sind, weil wir vom wahren Selbst und seiner universellen Liebe getrennt sind.

Wenn das Herzchakra sich zu entfalten beginnt, bringt es oft einen Lehrer hervor, der diese Ebene der Bewußtheit verkörpert. Es kann sich uns auch die Möglichkeit eröffnen, bewußt mit der spirituellen Hierarchie von Wesen zu kommunizieren, die die Seelen auf diesem Planeten führen. Wir können dann wiederum in einer Gruppe wirken, die daran arbeitet, die irdische Evolution voranzutreiben.

Zur Zeit werden die Energien des Herzchakras aktiver, während wir kollektiv über die Stadien des Bewußtseins hinausgelangen, die den drei niedrigeren Chakras zugeordnet sind. Ein Problem in diesem Übergangsstadium, das in der New-Age-Bewegung weit verbreitet ist, ist der Versuch, im Herzchakra zu leben, ohne daß man sich der Unterdrückungen und Egotendenzen in den niedrigeren Chakras bewußt geworden ist und sich mit ihnen auseinandergesetzt hat. Wenn man zum Beispiel zornig, arrogant, verzweifelt oder emotional unsicher ist, dann kann die Liebe nicht frei fließen. Wenn man sich zwingt, liebevoll zu sein, dann ist das nicht das gleiche wie das spontane Ausbrechen tief empfundener Liebe.

Romantische Liebe und altruistische Liebe sind leicht zu verwechseln. Romantische Liebe ist mit der Projektion der

Anima und des Animus und dem Verlangen nach der vollkommenen Beziehung verknüpft. Die Romanze ist ein Ideal. Man möchte, daß der andere Mensch das brennende Verlangen nach Vollkommenheit oder Sicherheit erfüllt. Deshalb sind in der romantischen Liebe leicht manipulative Tendenzen anzutreffen.

Altruistische Liebe bewirkt dagegen Empathie und Erbarmen, und wir werden fähig, in einer zutiefst fürsorglichen Art zu handeln. Wir können das Leben und andere Menschen bedingungslos annehmen. In dieser Liebe liegt eine Tiefe des Verständnisses und der Weisheit, die tiefem Leiden und einer intensiven Lebenserfahrung entspringen. Dabei handelt es sich nicht um Projektion oder eine Form von Kontrolle, sondern um wirkliche Offenheit, und man ergibt sich dem, was ist. Wir erleben vielleicht Enttäuschungen, aber wir sterben nicht an gebrochenem Herzen, wenn wir für die Möglichkeiten, die wir in diesem Zustand der Liebe haben, offen bleiben.

Psychische Energie, die durch das Herzzentrum fließt, kann negative Energien umwandeln und neutralisieren. Wir können nicht nur unsere eigene Energie neutralisieren, wir können auch lernen, wie man die Energie eines anderen Menschen harmonisiert. Diese Fähigkeit, die Energie im Herzchakra zu transformieren, wird bei spirituellem Heilen genutzt. Man sollte jedoch aufpassen, daß man diese Heilkraft nicht zum Einsatz bringt, um dunklere Regionen unseres Selbst zu verdecken oder um zu vermeiden, sich damit auseinanderzusetzen.

Vielleicht denken wir, die Öffnung des Herzzentrums bringe nur Frieden und Liebe mit sich. Wir begegnen jedoch dabei nicht nur unserer eigenen unterdrückten Trauer und der Furcht, verletzlich zu sein; es gibt noch andere Schwierigkeiten, wenn das Herz sich öffnet. Das Herzzentrum weckt intensive Kräfte der Seele und der inneren spirituellen Bereiche. Die Aktivitäten oder die bloße Gegenwart eines Menschen mit einem beseelten Herzzentrum kann in anderen intensive Abwehrreaktionen verursachen, nämlich wenn die Vibrationen der Liebe Grenzen überschreiten und Liebe in Bewegung bringt, die unter unsäglichen Schmerzen und Leiden begraben war. In *Esoteric Healing* schreibt Alice Bailey, die Schwierigkeiten, die die Öffnung des Herzchakras begleiten, seien die typischsten und problematischsten auf dem spirituellen Weg. Dazu gehören Reaktionen von anderen, die von tiefster Verehrung bis zum äußersten Haß reichen, was bei den Betroffenen viel Verwirrung und Unruhe stiften kann.[3]

Im Laufe der Zeit lernen wir, uns nicht mit diesen Reaktionen zu identifizieren und unsere persönlichen Bindungen und Erwartungen aus dieser universellen Liebe herauszulösen. Wir erlauben anderen mit Erbarmen und Geduld, die Kräfte der Liebe im Herzchakra anzunehmen oder abzulehnen.

Die alchemistische Hochzeit

Ein weitverbreitetes Thema der Mythologie ist, daß der Held einen Drachen oder ein Ungeheuer besiegt, um eine in Not geratene Jungfrau zu befreien. Einige bekannte Helden sind: der heilige Georg, der einen Drachen tötet; Theseus, der einen Minotauros tötet, um Ariadne aus dem Labyrinth von Kreta zu befreien, und Perseus, der der Meduse Gorgo den Kopf abschlägt und ein Meerungeheuer überwindet, um Andromeda zu befreien. Die darauffolgende Romanze des Helden mit der in Not geratenen Jungfrau sind ein Symbol für die Integration der fruchtbaren, intuitiven und der mystischen Aspekte des Unbewußten, die mit dem Herzchakra verknüpft sind.

In *Ursprungsgeschichte des Bewußtseins* zeigt Erich Neumann, wie in der Mythologie die gerettete Frau nicht mehr an die allmächtige und verschlingende Große Mutter gebunden ist (Herauslösung der Anima aus dem Mutterarchetyp). Die Jungfrau ist, wenn sie von ihrer Herrschaft befreit ist, eine verletzliche Frau, mit der der Held (das Urbild für das Ego) sich vereinen kann.[4] Der Held muß oft gegen konventionelle (patriarchalische) Werte rebellieren, um seine Heldentaten vollbringen zu können. Diese Mythen beschreiben offensichtlich eine männliche Perspektive. Aus der Sicht einer Frau gibt die erfolgreiche Integration ihrer männlichen Seite (Animus) ihr die heldenhafte Stärke, die sie für ihren Abstieg in die Unterwelt braucht. Mit dieser Kraft begegnet sie den unterdrückenden Aspekten der Großen Mutter oder des Großen Vaters (je nach dem, um welchen Mythos es sich handelt) und befreit ihre tiefste Weiblichkeit. Wie dem auch sei, die Hochzeit des Helden und der Jungfrau ist ein wichtiges psychologisches Stadium, es ist die Individuation von kollektiven Kräften und die Integration von Anima und Animus, die beide Individuen befähigt, zu wachsen.

Archetypische Bilder dieser Vereinigung wirken als Dynamik hinter romantischer Liebe. Unglücklicherweise verstehen wir, wenn wir die Aufmerksamkeit auf den Helden in der strahlenden Rüstung oder die schöne Prinzessin richten, selten deren Bedeutung. Zum besseren Verständnis wollen wir uns kurz der alchemistischen Tradition im spätmittelalterlichen Europa zuwenden.

In diesem schwer verständlichen System, das eine überraschende Ähnlichkeit mit dem Tantra hat, wird die Transformation der Psyche in einer Reihe von Ritualen, Allegorien und Kontemplationen dargestellt. Ein wesentliches Stadium dieser Transformation wurde mit der alchemistischen Hochzeit verdeutlicht. Der Begriff, der für diese mystische Hochzeit benutzt wurde – »coniunctio« –, soll sowohl das Geheimnis alchemistischer Verbindungen wie die Hochzeit des

Mystikers mit Gott andeuten. Alchemie war im Grunde eine Form aktiver Imagination, die Kunst, mit unbewußten Inhalten zu kommunizieren, indem man sie in die objektive Realität projizierte. Texte und Abbildungen, die die Alchemisten verwendeten, um die metaphorischen Transformationen unterschiedlicher Metalle und Substanzen zu verfolgen, zeigen einen König und eine Königin (Sol und Luna) in verschiedenen Situationen, die letztlich zu ihrer Vereinigung führen. Dies ist in dem alchemistischen Text *Rosarium Philosophorus* dargestellt.

Auf einem der Bilder sehen wir König und Königin in sexueller Vereinigung, während der Geist der Tiefe aufsteigt, um sie zu verschlingen (siehe Abbildung 16, unten). In dieser Stunde der Vereinigung geschieht das größte Wunder: in der Seligkeit ihrer Vereinigung gehen sie ineinander auf und lösen sich auf. Sie werden eins, als seien sie ein Leib. Die Folge dieser Vereinigung ist ein Sohn, der noch strahlender und glänzender ist als seine Eltern – er scheint heller als Sonne und Mond.[5]

Abbildung 16: Coniunctio Sive. Darstellung der mystischen Hochzeit von Luna und Sol, nach Rosarium Philosophorus. Aus: C. G. Jung, *Persönlichkeit und Übertragung,* Walter-Verlag, Olten 1988, S. 198.

Weiter unten im Text heißt es dann, Sol und Luna seien zwei Dämpfe, die aus der *prima materia* aufsteigen, während die Hitze im Destillierkolben stärker wird. Folglich stoßen wir hier nicht auf einen bloßen Sexualakt, sondern auf eine höhere Einheit.

Bei der Betrachtung des zweiten Chakras lernten wir, daß die Sehnsucht nach dieser mystischen Einheit romantische Begegnungen belebt und zur Projektion von Anima und Animus drängt. Daraus entsteht oft Leid und Verwirrung, denn diese Synthese findet nicht zwischen zwei Menschen statt. Jeder Mensch hat die Möglichkeit, die oft mißverstanden wird und deshalb verlorengeht, sein angeborenes Ganzsein und den Zustand von Liebe, der darin enthalten ist, zu erkennen. Gewöhnlich wird dieses Verlangen nach Ganzsein auf die Geliebte oder den Geliebten projiziert. Menschliche Beziehungen dienen zwar als Gefährt für diese subjektive Erfahrung. Die alchemistische Hochzeit ist jedoch ein intrapsychisches Ereignis.

Im tibetanischen Tantra wird der Begriff Bodhicitta verwendet, um die Auswirkungen dieser inneren Einheit zu beschreiben. Wir wollen uns nun anschauen, wie die Tibetaner auf dessen Entfaltung hinarbeiten.

Die Schaffung des Großen Erbarmens

In Sanskrit heißt *Bodhi* erleuchtetes oder erwachtes Bewußtsein; *citta* hat eine doppelte Bedeutung und bezieht sich sowohl auf den Geist wie auf das Herz. Bodhicitta bedeutet deshalb der erleuchtete Geist/das erleuchtete Herz, die manifest werden, wenn man das Große Erbarmen erfährt. Im Zentrum des buddhistischen Tantra stehen Praktiken und Lehren, die das Ziel verfolgen, daß sich Bodhicitta manifestiert.

Das Große Erbarmen existiert in jedem von uns in Samenform. Die tibetanischen Lehren betonen, wie wichtig es ist, fest entschlossen zu sein, den Samen, dieses anfänglich winzige Körnchen des Erbarmens, zum Keimen zu bringen. Das Ablegen von Eiden, alle physischen und psychischen Aktivitäten zu unterlassen, die anderen und uns willentlich Leid zufügen, ist eine Möglichkeit, diese Entschlossenheit zum Ausdruck zu bringen. Gedanken an Versagen und Negativität werden zum Beispiel als unmoralisch betrachtet; denn sie enthalten die Leugnung unserer Buddha-Natur.

Wenn das kleine Samenkorn unseres Gefühls von Erbarmen aufgeht, brauchen wir viel Geduld, um unsere vielen Unvollkommenheiten zu ertragen, ohne den Mut und die Entschlossenheit zu verlieren. Es dauert lang, bis der Samen des Gefühls von Erbarmen die göttliche Frucht der Bodhicitta hervorbringt. In der Zwischenzeit sollte man Zweifel, Enttäuschung, Lethargie und ähnliche Gefühle am besten als Gelegenheit betrachten, Erbarmen und Hingegebenheit zu üben. Der beständige und unerschöpfliche Eifer und der Glaube an die Kraft des Erbarmens ist dabei der beste Verbündete.

Im tibetanischen Tantra wird vorgeschlagen, über unser eigenes Leiden zu meditieren. Wir werden ermutigt, unser Leben ehrlich anzuschauen und den Schmerzen von Krankheiten, romantischen Tragödien, emotionalen Traumata, Ängsten, dem Gefühl von Bedeutungslosigkeit, materiellen Verlusten und so weiter nachzuspüren. Alles ist im Übergang und ist in endlosen Zyklen von Geburt und Verfall in Bewegung. Das Erleben von Schmerz ist das Ergebnis unserer Versuche, eine dauerhafte oder stabile Situation im Kielwasser der fließenden Natur der Welt etwas Dauerhaftes oder Stabiles aufrechtzuerhalten. Wir klammern uns an die leere Vorstellung der Egobewußtheit und bemühen uns zwanghaft, seine Bedürfnisse zu erfüllen. Dabei stolpern wir durch viele Leben, ohne unser spirituelles Erbe zu erkennen. Wir fürchten uns vor dem herzzerreißenden Schmerz von Veränderung und Verlust und versuchen, uns davor zu schützen.

Wenn wir erst einmal durch die Widerstände und den Stolz unseres Egos hindurch die Immanenz und Tiefe unserer eigenen Sorgen erkennen, können wir das Herz wirklich dem Leiden unserer Eltern, Freunde, Bekannten und Feinde und der Last des Leidens überall in der Welt öffnen.

Von einer Seite aus gesehen verspüren wir Schmerz, wenn unsere lang gehegten Vorstellungen, unsere emotionalen Bande, unser Besitz und unsere Identität hinfällig werden. Wenn wir jedoch loslassen und uns abwenden, führt uns der Fluß des Lebens zu immer neuen und geheimnisvolleren Horizonten. Die Schönheit und Erneuerung der Schöpfung geht ständig weiter.

Schau, ob du dir einen Augenblick lang deine Kindheit ins Gedächtnis rufen kannst. Vielleicht hast du die Welt mit beträchtlicher Verwirrung wahrgenommen. Ich konnte nicht verstehen, warum alle so unglücklich waren. Ich erinnere mich, daß ich mir leidenschaftlich geschworen habe, ich wolle, wenn ich erwachsen wäre, glücklich sein. Jeder von uns hat die Fähigkeit, Glück zu erleben. In diesem Teil unseres Selbst liegt die große Seligkeit des Bodhicitta unter unsäglichen emotionalen Leiden und geistigen Irrwegen begraben.

Tibetanische Lamas schlagen vor, so zu meditieren, als hätten wir schon die Vollkommenheit eines Buddha erreicht, um diese Fähigkeiten zum Wachstum anzuregen.

Wenn man zu einem, der erweckt ist, wird (ein Buddha), ist ein wichtiger Aspekt Unparteilichkeit, das heißt, daß man Freunde und die Familie im gleichen Licht sieht wie Feinde und Fremde. Alle Menschen sind Wesen, die leiden und die nach Frieden und Glück hungern. Wir können Unparteilichkeit lernen, indem wir uns bildlich vorstellen, wie alle Wesen den Weg zu innerem Frieden finden.

Während wir über der Befreiung aller Wesen von den Mühen der Welt meditieren, können wir unser Leben der Beseitigung des Gewichts ihres Unwissens und ihres Leidens widmen. Dies ist kein seichtes oder idealistisches Bemühen, sondern das aus tiefstem Herzen kommende Verlangen, das Einsichten entspringt, die man bei der Meditation macht. Es ist ein mutiges Unterfangen, das große Integrität verlangt. Dieser aktive Teil von Erbarmen ist der wichtigste, doch er baut auf die vorangegangenen Schritte auf.

In der Weise, wie wir andere mit göttlicher Liebe und Wahrheit nähren, werden wir über die Begrenzungen der persönlichen, auf das Selbst hin orientierten Realität geführt. Wesen wie Christus oder Buddha sind Fenster in die spirituelle Tiefe, die uns allen zu eigen ist. Der Dienst solcher Wesen weist denen, die noch in der Egowelt der Illusion und des Leidens verhaftet sind, den Weg zu spirituellen Kräften. Der Glanz, den sie ausstrahlen, weckt uns aus unseren weltlichen Träumen auf, so wie alles, was wir in unserem Leben aus aufrichtigem Erbarmen heraus tun, die Welt um uns herum aufhellt. Es gab einmal einen Mönch, der war so häßlich und mißgestaltet, daß er abgewiesen wurde, wenn er Almosen bettelnd von Tür zu Tür ging. Manchmal war er ganz niedergeschlagen und zog sich verbittert in den Wald zurück. Buddha beobachtete in seiner Allwissenheit den Kampf dieses Mönches und zeigte sich ihm in einem Körper, der noch grotesker war als sein eigener. Als dieser die erbärmliche Gestalt durch den Wald gehen sah, wurde er von Erbarmen überwältigt. Das Erbarmen des Mönches war so tief, daß er Erleuchtung erlangte.

Ein anderer wichtiger Aspekt der Schaffung des Großen Erbarmens ist, daß man sich aller Formen von Verlangen und negativer emotionaler und geistiger Muster bewußt wird. Im letzten Kapitel haben wir begonnen, den normalen chaotischen Zustand des Geistes zu beobachten. Überlege einmal,

wieviel psychische Energie wir brauchen, um all diese geistigen und emotionalen Mechanismen zu speisen. Mach dir
dann auch klar, wieviel Vitalenergie zusätzlich aufgewendet
werden muß, um den Körper zu aktivieren, auf alle diese
inneren Stimuli zu antworten, und du bekommst eine Vorstellung davon, wieviel Energie wir im wahrsten Sinne des
Wortes verschwenden. Zudem stoßen uns diese unberechenbaren Kräfte ständig in das Labyrinth des Karmas.

Wenn diese psychischen Kräfte einmal von Komplexen,
Widerständen und Zwängen befreit sind, dann können sie
durch tantrische Praktiken durch die Wirbelsäule zum Kronenchakra geleitet werden. Diese Umleitung der psychischen Energie öffnet den tausendblättrigen Lotus und erfüllt
den Leib mit »seligkeitserzeugendem Nektar«. Im hinduistischen Tantra wird dieser Nektar mythisch in Zusammenhang
mit dem transzendenten Samen gebracht, der durch die
ekstatische Vereinigung der Kundalini Shakti mit ihrem göttlichen Liebhaber, Shiva, freigesetzt wird.

Gibt es vielleicht eine wissenschaftliche Grundlage für diesen seligkeitserzeugenden Nektar? In dem Buch *Biology*
berichtete Helena Curtis 1968 davon, Wissenschaftler hätten
die Hypothese formuliert, der Körper sei in der Lage, Opiate
zu produzieren. 1975 wurde nachgewiesen, daß der Körper
tatsächlich endogene Opiate erzeugt (später wurden diese
als Endorphine bezeichnet). Vier dieser Endorphine wurden
chemisch analysiert. Zwei davon finden sich im Gehirnge-
webe und bewirken, daß Nervenimpulse gehemmt werden.
Die beiden anderen werden wie Hormone von der Hypophy-
se (die mit dem Kronenchakra verbunden ist) freigesetzt. Eins
dieser Hypophysen-Hormone ist 48mal stärker als Morphine,
die direkt ins Gehirn injiziert werden. Diese Opiate können
durch Meditation, längeren Dauerlauf, schmerzlindernde
Akupunkturbehandlung und die Empfindung von Liebe erzeugt werden.[6]

Die Große Seligkeit (Bodhicitta) wird im tibetanischen Tantra durch den Gott Vajrasattva in meditativer sexueller Vereinigung mit seiner Gefährtin, der Vajra-Gottheit, symbolisiert. Vajra ist das Sanskritwort für die unzerstörbare und unverfälschte diamantengleiche Qualität des Bewußt-Seins. Geist (engl. spirit) ist vielleicht der treffendste westliche Begriff. Um diesen unverfälschten Zustand wahrzunehmen, muß unser Geist offen sein, frei von allen Hirngespinsten. Das Potential für diesen Zustand der Klarheit wird als *sattva* bezeichnet, was wörtlich mit Essenz übersetzt wird.

Vajrasattva und seine Gefährtin sind die Personifikation der Reinheit des Bewußtseins, welches das selige Bewußtsein des Seins in seiner essentiellen unverfälschten und unzerstörbaren Natur mit sich bringt. Ihre Vereinigung schafft *jnana ambrosia* oder Weisheit, die als milchweiße Nichtsubstanz visualisiert wird, die aus ihren Herzen und ihren Geschlechtsorganen fließt, um uns mit der Großen Seligkeit zu erfüllen, während wir in der Meditation an sie appellieren. Die Analogie zu ihrer sexuellen Vereinigung bringt das Gefühl von Verschmelzung zum Ausdruck, das wir erleben, wenn wir die Objekt/Subjekt-Parameter transzendieren, um in die Große Seligkeit einzugehen. Wenn diese Ebene des Bewußtseins einmal erreicht ist, erfüllt sie alle Formen der Verbundenheit mit göttlicher Liebe und Erbarmen.

Yoga der Reinigung und der Seligkeit

Die größten Hindernisse, denen wir begegnen, wenn wir das Erbarmen voll realisieren wollen, sind selbstzerstörerische physische Handlungen und die Aura unserer negativen emotionalen und geistigen Kräfte. In der tibetanischen tantrischen Tradition gibt es eine Meditationspraxis, die speziell von diesen Verunreinigungen befreien soll. Sie wird als Yoga von

Vajrasattva bezeichnet und enthält nach John Blofelds *The Tantric Mysticism of Tibet* die folgenden vier Kräfte:

1. Die Kraft der »Unterstützung« – dies ist eine schützende Kraft, die aus dem Bestreben resultiert, auf den Pfad zu gelangen, der zur Entwicklung der Bodhicitta (des Erbarmens) führt. Indem man die Ebene der Bewußtheit anerkennt, die von dem Bodhisattva Vajrasattva personifiziert wird, und Zuflucht bei diesem Archetypen sucht, wird man durch die psychische Energie, die er verkörpert, »gesegnet« und gestärkt.

2. Die Kraft, die schlechtes Karma überwindet – dies ist die Kraft der Integrität, die echter und tiefer Reue über vergangene schlechte Taten und negative Muster entspringt.

3. Die Kraft, die böses Verhalten verhindert – dies ist die Kraft der Absicht, in Zukunft von üblen Taten und negativen Mustern Abstand zu nehmen, weil einem zutiefst klargeworden ist, welches Karma sie erzeugen und wie sie wie Wolken die Fähigkeit trüben, in der sonnengleichen Wärme der Bodhicitta zu baden.

4. Die Kraft der Antidote – dies ist die Kraft der Vergebung und des Erbarmens, die aus den Praktiken der Vajrasattva-Meditation resultiert.[7]

Die Vajrasattva-Meditation wird von tantrischen Novizen als vorbereitende Übung ausgeführt. Später dient sie der Reinigung und zur Initiation in die Vajrasattva-Ebene des Bewußtseins. Als einleitender Ritus wird das Hundertsilbenmantra von Vajrasattva sehr oft wiederholt (in einem Zeitraum von zwei Jahren können das bis zu hunderttausend Wiederholungen sein), und man stellt sich Vajrasattva allein vor. In fortgeschritteneren Praktiken wird Vajrasattva mit seiner Gefährtin visualisiert. In den verschiedenen Sekten des tibetanischen Buddhismus gibt es viele Variationen der Vajrasattva-Meditation. Die nachfolgende Meditationsübung ist die Zusammenstellung einiger vorläufiger und einiger fortgeschrittener Elemente dieser verschiedenen Schulen.

Die tibetanischen Yogis betrachten, ehe sie die Vajrasattva-Meditation beginnen, ihre persönlichen schlechten Taten und unglücklichen Eigenschaften. Deshalb sollten wir nach der Zufluchtsmeditation überlegen, wie oft und in welcher Weise wir ohne das Erbarmen eines Buddha gehandelt haben. Danach können wir bestätigen, daß wir willens sind, die Liebe zu uns selbst und die Ehrlichkeit zu praktizieren, die notwendig sind, damit wir von diesen Verunreinigungen befreit werden.

Indem wir uns ehrlich dem Ziel widmen, Bodhicitta (Erbarmen) zu schaffen, meditieren wir wie folgt:

Vajrasattva-Meditation

In der unendlichen Ausdehnung des klaren blauen Himmels erscheint über unserem Kopf zuoberst an der Aura ein weißer achtblättriger Lotus. Auf diesem Lotus sitzt Vajrasattva, von der Göttin Vajra umschlungen. Beider Körper sind weiß und durchscheinend. Sie sind nichtsubstantiell wie Mondlicht, und es geht unendlicher Glanz von ihnen aus. Beide Gottheiten sind mit kostbaren Edelsteinen geschmückt (der Natur des Buddha-Geistes), und ihre Gewänder sind aus kostbarer Seide. Er hält in seiner Linken eine Vajra-Silberglocke und in seiner Rechten ein goldenes Vajra-Szepter. Die Glocke und das Szepter stehen für das weibliche und das männliche Prinzip, die mit Weisheit und Erbarmen verbunden sind. Seine Arme sind hinter dem Rücken seiner Gefährtin gekreuzt. Die Göttin hält in der Linken einen Totenschädel

(Unbeständigkeit) und in der Rechten ein Vajra-Messer (un-
terscheidender Geist).

Im Zentrum ihres Herzchakras, das wie der Vollmond strahlt,
vibriert die elektrische blaue Silbe HUM. Sie verbreitet ihr
glühendes Licht durch das ganze Universum. Dieses Licht
dringt in das Herz aller erleuchteten Wesen ein, die wieder-
um ihr göttliches Erbarmen zurück zu Vajrasattva und seiner
Gefährtin senden (siehe Abbildung 17, Seite 155).

Wende dich nun in deinen eigenen Worten an Vajrasattva
und die Vajra-Gottheit, damit du Reinigung erlangst. Als
nächstes stelle dir einen Strom flüssigen Mondlichtes vor, wie
er aus dem Samenmantra HUM in ihrem Herzen und aus
dem Ort ihrer sexuellen Vereinigung herabfließt. Er stürzt wie
ein Wasserfall durch den Stiel des Lotus in deine Aura.
Während sich die Spitze deiner Aura mit ihrem seligkeits-
schaffenden Nektar zu füllen beginnt, stellst du dir vor, daß
alle Negativität und Dunkelheit aus deiner Aura in ein Loch
im Boden (in Zusammenhang mit dem ersten Chakra) fließt.
So, wie du deine Aufmerksamkeit bei der Einsichtsmeditation
durch die Aura gelenkt hast, nimmst du wahr, wie der
seligkeitsschaffende Nektar die verschiedenen dichten und
dunklen Bereiche in deiner Aura ersetzt. Je mehr du diese
Meditation praktizierst, desto sorgfältiger wirst du dafür sor-
gen, daß diese Bereiche von Unklarheit befreit und mit
Bodhicitta gefüllt werden.

Als nächstes stellst du dir vor, wie der weiße Nektar in das
Kronenchakra auf deiner Schädeldecke einfließt. Spüre, wie
er deinen Körper genauso erfüllt wie deine Aura. Auch da
wirst du dir, je länger du übst, die Reinigung des Körpers
immer exakter vorstellen können. Du wirst zu dem Punkt
kommen, daß du dir die Zeit nimmst, jeden Körperteil zu
reinigen. Wenn du dir der Spannungen, Erinnerungen und
Haltungen, die in den verschiedenen Organen beherbergt
sind, bewußt wirst und diese losläßt, siehst und fühlst du, wie

Abbildung 17: Vajrasattva und seine Gefährtin, die Vajra-Gottheit. Vajrasattva wird manchmal für eine Widerspiegelung des Dhyani-Buddha Aksobya gehalten. In manchen Sekten wird er auch als der aktive Ausdruck des Adibuddha Vajradhara verehrt. Im Yoga der Reinigungen schaffen Vajrasattva und seine Gefährtin den *jnana ambrosia,* den seligkeitsschaffenden Nektar, der den Geist des Meditierenden reinigt, so daß die Essenz der Leere aufgenommen werden kann. Zeitgenössische Darstellung von Äge Delbanco, wiedergegeben mit Erlaubnis des Künstlers.

jedes mit dem seligkeitsschaffenden Nektar erfüllt wird. Vielleicht möchtest du bei deiner allgemeinen Meditation auf jedes Organ mindestens eine Sitzung verwenden.

Zum Abschluß dieses Teiles der Meditation stellst du dir vor, daß der Nektar deine Wirbelsäule hinab und aus jedem Chakra ausfließt. Beginne beim Kronenchakra und konzentriere dich auf ein Chakra nach dem anderen. Während du das Mantra jeweils ganz wiederholst, fühlst du, wie jedes einzelne Chakra sich entspannt und von dem Strom des Nektars gereinigt wird.

Während der Nektar sich in deinen Körper und deine Aura ergießt, fließen alle deine Verunreinigungen und Krankheiten aus deinen Poren, aus den unteren Öffnungen und von zuunterst aus deiner Aura in ein Loch im Boden. Viele schwarze und verfaulte Substanzen treten aus und fallen in die Erde, wo der Herr des Todes sie mit gierig aufgerissenem Maul erwartet. Du stillst seinen Hunger und wirst von deinen giftigen Substanzen befreit (siehe Abbildung 18, Seite 157).

Jetzt glänzt du wie ein klarer Kristall, der mit der unerschöpflichen Seligkeit des milchweißen Nektars von Bodhicitta erfüllt ist. Durch die Kraft deiner Hingabe verschmilzt Vajrasattva mit dir, und seine Gefährtin sitzt auf deinem Schoß. (Als Frau kannst du die Rolle vertauschen. Man kann auch seinen Gefährten oder seine Gefährtin als Inkarnation der Anima oder des Animus visualisieren. Ich habe gemerkt, daß dies die emotionale Intensität dieser Meditationspraxis beträchtlich erhöht.)

OM VAJRASATTVA HUNG – beginne jetzt, dieses Mantra zu rezitieren.

Dein Körper ist wie ein Regenbogen, er ist da, aber leer. Wie ein Spiegelbild bist du da, aber im Grund leer von Substanz. Aus deinem Herzchakra strahlt ein ungeheures Licht aus. Im Zentrum dieses Glanzes vibriert in deinem Herzen die elektrische blaue Silbe HUM. Davon gehen glänzende Licht-

Abbildung 18: Yama und Yami, der Herr des Todes und seine Schwester, eine buddhistische Version des Hindu-Gottes des Todes. Während der Hindugott auf einem Büffel reitet, hat die tibetische Version einen Büffelkopf. Die Illustration ist eine Nahaufnahme eines Avalokiteshvara Thanka der Menri-Schule aus dem 19. Jahrhundert in Zentraltibet. Aus: *Thanka Collection of Sergei Diakoff,* wiedergegeben mit Erlaubnis.

strahlen aus, durchdringen unermeßliche Bereiche und reinigen alle Wesen.

Verwende viel Zeit darauf zu sehen, wie deine Eltern, Freunde und Feinde in diesem seligkeitsschaffenden Nektar gebadet werden, der aus deinem Herzen fließt. Sieh, wie jeder von diesen Menschen damit erfüllt und von Bodhicitta verwandelt wird. Schließlich kannst du dir vorstellen, wie der ganze Planet gereinigt und verwandelt wird.

Du hast jetzt eine entwicklungsfähige Alternative zu den negativen emotionalen Reaktionen und Gedankenmustern, die normalerweise durch deinen Leibgeist fließen. Mit der Achtsamkeit, die du bei der Einsichtsmeditation erworben hast, und dem Erbarmen, das du in der Vajrasattva-Praxis pflegst, kannst du beginnen, die negativen Kräfte zu transformieren.

Vor dem Abschluß der Vajrasattva-Meditation schau dir einige Ereignisse an, die deiner Vorstellung nach während des kommenden Tages geschehen werden. Wähle einen Gegenstand oder eine Erfahrung, der oder die dich an deine Verpflichtung erinnern, die du eingegangen bist, ein Bodhisattva zu sein. Versetze dich in die unterschiedlichen Umgebungen und stell dir vor, du würdest so handeln, als seist du Vajrasattva oder die Vajra-Gottheit.

Zum Schluß der Sitzung stellst du dir vor, daß sich dein Körper in ein HUM auflöst. Das HUM schrumpft zusammen, bis es in der Leere verschwindet, wo du, solange du magst, frei von allen Gedanken und Begriffen in meditativem Gleichgewicht bleibst. Bringe, wenn du von der Meditation aufstehst, die Verdienste deiner Meditation für das Wohl aller fühlenden Wesen dar.

Wenn du einen Traum hast, in dem Faules aus dir ausgestoßen wird, dann hatte das Yoga der Reinigung eine gute Wirkung.[8]

Die große Läuterung
5. Chakra

Die Sanskritbezeichnung für das fünfte Chakra ist Visuddha, und das bedeutet gereinigt oder geläutert. Sein Element ist Äther – die Raumsubstanz, aus der sich die anderen vier Elemente kristallisieren.

Im Inneren des Lotus mit sechzehn Blütenblättern finden wir das Akasa-Mandala, ein auf der Spitze stehendes Dreieck oder eine Yoni, die die weiblichen Kräfte der Schöpfung darstellt. Im Akasa-Mandala findet sich ein schneeweißer Elefant, der einen seiner sieben Rüssel in die Luft streckt. Vielleicht verkündet er den Sieg über die instinktiven Kräfte der niederen Chakras (siehe Abbildung 19).

Abbildung 19: Das fünfte Chakra ist Visuddha. Es hat 16 rauchig-purpurfarbene Blütenblätter. In der Fruchthülle dieses Lotus finden wir das Akasa-Mandala, einen weißen, vollmondartigen Kreis, der die Äther-Region darstellt.

Im buddhistischen Tantra wird das Kehlchakra mit dem Luftelement assoziiert und durch einen grünen Vollmond symbolisiert. Luft wird hier mit Bewegung und Wind in Zusammenhang gebracht. Nach Lama Govinda weist es nicht nur auf die lebensspendenden Eigenschaften des Atems hin, sondern auch auf seine Funktion als Urheber des Wortes und der feinsten Schwingungen, durch die die Unterschiede aller Dinge entstehen, und das alles unterscheidende Wissen.[1] Amitabha, der Urbuddha, der Inbegriff unterscheidender und schauender Weisheit, sitzt auf dem Thron des fünften Chakras. Die ihn verdunkelnde Leidenschaft ist Gier (siehe Abbildung 20, Seite 161).

Das fünfte Chakra liegt im Kehlbereich und hat die Funktion eines Kommunikationszentrums. Das Kehlchakra ist wie eine Telefonschalttafel der Mittler zwischen innen ankommenden und nach außen gehenden »Telefongesprächen« des Nervensystems. Wenn die Kommunikation intensiver ist, als es die neurologischen »Leitungen« ertragen können, oder wenn es einen Konflikt zwischen geistigen und emotionalen Stimuli gibt, dann werden die Leitungen überlastet, und der Körper reagiert mit Spannungen im Nacken und in den Schultern.

Wenn sich über einen längeren Zeitraum hinweg Schmerz und Verwirrung um den emotionalen oder physischen Leib herum verfestigt haben, und wenn der mentale Leib und das Gehirn gelernt haben, die Stimuli wegzustecken oder zu unterdrücken, die an das Gedächtnismuster erinnern, das mit dem ursprünglichen Trauma verbunden ist, dann kann es passieren, daß sich der Geist von der physischen Realität abspaltet (Psychose). Das Nichtausdrücken von Gefühlen und von etwas, das man eigentlich mitteilen möchte, kann ebenfalls zu psychischen Störungen führen. Die Analyse des fünften Chakras mit Hilfe seherischer Fähigkeiten bringt oft zutage, daß es notwendig ist, unterdrückte Emotionen freizulassen. Schwierigkeiten bei der Strukturierung und beim

Abbildung 20: Amitabha ist der Herr des fünften Chakras und verkörpert die unterscheidende und schauende Weisheit. Seine Farbe ist Rot, und sein Element ist das Feuer. Seine Hände ruhen im Dhyana-(Meditations-)Mudra in seinem Schoß. Aus: Lama Anagarika Govinda, *Grundlagen tibetischer Mystik,* Weilheim, 1988, Tafel IV.

Ausdruck von Gedanken, sei es mit der Stimme oder mit Hilfe des geschriebenen Wortes, weisen auf Beeinträchtigungen im fünften Chakra hin.

Gebet im besten Sinn ist eine Form der Kommunikation zwischen der Persönlichkeit und anderen Dimensionen der Psyche. Gebete sind Gedankenformen, die mit Informationen über Tiefenschichten der Psyche und von spirituellen Wesen auf den inneren Ebenen gefüllt werden können. Wenn uns klar wird, in einem welch verarmten Zustand sich das Ego befindet, beten wir um Führung. Die meisten Menschen verstehen Gebet falsch und meinen, es bedeute, daß man etwas begehrt oder »Gott« beauftragt, unsere Wünsche zu erfüllen.

Gebet läßt sich am besten als Möglichkeit verstehen, um das zu bitten, was vom erhabensten Teil unserer Natur aus gesehen das beste ist. Es ist ein Weg, für inspirierende Kräfte sensibel zu werden, ein Gefäß zu schaffen, in dem der Regen der Gnade sich sammeln kann, der aus den spirituellen Dimensionen im Inneren kommt. Der Jungianer John Sanford zeigt in *Healing and Wholeness,* daß Gebet ein Instinkt ist, und daß es psychologisch gesehen eine Möglichkeit ist, das Ego-Selbst auf das Selbst hin zu orientieren. Weiter sagt er, zwischen den positiven Ergebnissen des Gebetes und unseren persönlichen Glaubensvorstellungen in bezug auf Gott gäbe es keinen Zusammenhang. Wichtig ist, daß wir uns an die »Höhere Macht« wenden, was auch immer unsere Vorstellung davon sein mag.[2]

Vielleicht kann man sagen, die Entsprechung unserer Zeit beim Mißbrauch von Gebet besteht im Gebrauch von Affirmationen. Es gibt heute viele Lehren, die dazu auffordern, positive oder idealisierte Statements ständig bewußt zu wiederholen.

Eine unglückliche Auswirkung, die ich beim Gebrauch von Affirmationen beobachten konnte, ist die Polarisierung von bewußten Idealen, unbewußten Glaubenssystemen und emotionaler Programmierung. Wenn wir es unterlassen, unbewußte Prägungen aufzudecken, liebevoll zu akzeptieren und zu verändern, dann schaffen diese wirkungsvollen Taktiken des Ego-Selbst im Unbewußten Spannung und Widerstand, was zu einer gefährlichen Spaltung zwischen dem Bewußtsein und dem Unbewußten führen kann.

Eines der Themen des fünften Chakras ist Kommunikation. In der Beziehung zwischen dem unbewußten und dem bewußten Selbst müssen wir anfangen, in Begriffen einer durchlässigen Membran zu denken, die gegenseitigen Austausch erlaubt. Das bewußte Selbst muß auf das persönliche Unbewußte lauschen, so daß wir verstehen können, »wo es herkommt«. Mit diesem Verständnis können wir ungute Programmierungen aufdecken. Wenn wir die alten Programme löschen und sie durch entwicklungsfördernde Parameter ersetzen, bekommen wir Zugang zur Führung aus dem kollektiven Unbewußten. Sobald die Ego-Identität mit dem transpersonalen Sein des Selbst verschmilzt, löst sich diese Membran auf.

Mit Wünschen, Gedanken und Vorurteilen schaffen wir ständig unsere private Welt. Je mehr Bewußtheit wir entwickeln, desto mehr wird unsere individuelle Realität auf eine Linie mit der gesamten Existenz gebracht und mit ihr eins. Wir werden beim Schaffen unserer Realität nicht besser, aber wir verändern unseren Standpunkt. Die größte Affirmation ist der Wechsel der Seiten – vom Ego zum Kosmos.

Das fünfte Chakra ist auch mit übersinnlichem Hören oder mentaler Telepathie, übersinnlicher Kommunikation mit anderen Menschen oder mit nicht inkarnierten Wesen verbunden. Manche Menschen lernen, innere Klänge zu hören und zu verstehen. Es gibt zum Beispiel Menschen, die beim übersinnlichen Sehen oder beim Heilen psychische Energie in Form übersinnlicher Töne übermittelt bekommen. Komponisten und Musiker haben ebenfalls erhöhte übersinnliche Fähigkeiten, was das Hören betrifft. Oft schreiben oder improvisieren sie Musik, die sie mit dem inneren Ohr hören.

Mantras oder heiligen Gesängen liegt das Prinzip innerer Musik zugrunde, das Wissen, daß Klang Bedeutung besitzt und psychische Energie strukturiert. Bestimmte musikalische, stimmliche und innere Klänge haben die Fähigkeit, die Energiemuster im ätherischen und in den anderen subtilen Körpern zu verändern und zu beeinflussen. Diese Klänge können, wenn sie richtig eingesetzt werden, Situationen manifest machen und physikalische Formen verändern. Beim Heilen kann Musik zum Einsatz kommen, und Mantras und Gesänge können psychische Kanäle öffnen und spezifische psychische und spirituelle Bewußtseinszustände hervorrufen.

Die Macht der Stimme ist uns im täglichen Leben zugänglich, obwohl wir sie selten wirklich wertschätzen oder entwickeln. Milton Erickson zum Beispiel, ein bekannter Hypnotherapeut, war nach vielen Jahren Arbeit mit Klienten in der Lage, ohne Tranceinduktion eine hypnotische Suggestion zu geben. Mit ein paar geschickten Worten konnte er tiefsitzende neurotische Muster umkehren und das Leben eines Menschen völlig verändern. Ein Mensch mit großer spiritueller Kraft oder jemand, der in der Kunst, die menschliche Stimme einzusetzen, besonders trainiert ist, kann wunderbare Effekte hervorrufen. Das fünfte Chakra und die Stimme können auch den Zweck oder die kreative Bestimmung der tieferen Schichten der Psyche zum Ausdruck bringen oder als Medium spirituellen Wesenheiten dazu die Möglichkeit geben.

Die Stimme enthält auch viel Informationen über einen Menschen. Emotionale Qualitäten sind im Klang und der Modulation der Stimme leicht erkennbar. Auch Einstellungen, psychologische Haltungen und geistige Orientierungen werden in Sprachmustern und im Wortschatz deutlich. In der orientalischen Medizin kennt man diese Zusammenhänge.

Die Analyse der Stimme ist dort ein wichtiger Teil der Diagnose.

Ein Weg, im Leben effizienter zu werden, ist, klarere Mitteilungen zu machen. Viel zu oft geben wir Botschaften mit doppelter Bedeutung. Wir bitten vielleicht mit Worten um etwas und denken oder fühlen dabei, »das verdiene ich nicht« oder »sie werden es mir doch nicht geben«. Sage, was du meinst, und bitte klar um das, was du möchtest. Vielleicht liegt das Geheimnis wirklicher Kommunikation in der Fähigkeit, zuzuhören – uns selbst wie anderen.

Das fünfte Chakra steht auch in Beziehung zu den weltlicheren Funktionen des mentalen Leibes. Dieser niedrigere Geist ist der praktische und logische Aspekt geistiger Prozesse. Auf dieser Ebene des Geistes werden Tatsachen geordnet und mit Zahlen berechnet. Bei der Begriffsbildung und beim Schaffen von Strukturen entstehen symbolische Repräsentationen für subjektive Bewußtseinszustände; es entsteht Sprache, mit der diese objektiviert und mitgeteilt werden können.

Pragmatische Intuition (Intuition, die mit praktischen Dingen befaßt ist) ist eine andere Fähigkeit, die mit dem fünften Chakra verbunden ist. Beispielsweise kann uns unsere pragmatische Intuition sagen, wer am anderen Ende der Leitung ist, wenn das Telefon klingelt. Sie kann uns auch Informationen über so profane Probleme geben, ob wir an einem Tag, der eigentlich zu kalt und windig erscheint, an den Strand gehen sollten oder nicht, oder welches Auto wir kaufen sollten.

Das fünfte Chakra kennzeichnet den Übergang von der Bewußtheit in den Bereich reflektiven Gewahrseins. Jenseits der instinktiven, reaktionsmäßigen und gewohnheitsmäßigen Art mentaler Aktivität bietet die reflektive Ebene dem Ego-Selbst neue Dimensionen abstrakten Denkens und größere Kräfte an, mit denen die Ereignisse und Prozesse des Lebens gesteuert oder willentlich beeinflußt werden können.

Der Einsatz von Mantras in östlichen religiösen Disziplinen ist eine kraftvolle und klar ausgeprägte Anwendung der Kraft des Klanges und des Prinzips, das hinter Affirmationen steht. Mantras sind Lautsymbole, die in der Psyche spirituelle Kräfte aktivieren. Unterschiedliche Samen-Silben und Kombinationen von Silben verursachen durch ihr Klangmuster und ihr Maß spezifische psychische Zustände. Eins der bekanntesten Mantras ist OM MANI PADME HUM. Viele tibetanische Lamas betrachten dies als das größte aller Mantras. Es ist das Mantra des Bodhisattva Avalokiteshvara und weckt die Weisheit und Kraft des Mitleids. Das Mantra und die Visualisierung des Bodhisattva des Mitleids sind ein Mittel, die Kraft der transpersonalen Ebene der Psyche anzusprechen und in den Brennpunkt zu rücken.

Lama Govinda äußerte sich in *Grundlagen tibetischer Mystik* über das Mantra von Avalokiteshvara. Nach ihm symbolisiert OM den Ursprung und die Summe aller Laute im Universum. Als Grundton des Kosmos repräsentiert es die Harmonie der Sphären und wird als der höchste heilige Laut angesehen. MANI PADME bedeutet der Edelstein im Lotus oder die Leere im Manifestierten. Es bringt die Balance aller Gegensatzpaare und der essentiellen Göttlichkeit in jedem von uns zum Ausdruck. HUM ist ein Wort der Kraft, das die Schleier der egozentrischen Bewußtheit entfernt. Während der Weg zum OM der Weg zur Universalität ist, ist der Weg vom OM zum HUM der Weg der Verwirklichung des Universellen im Individuellen.[3]

An anderer Stelle sagt Govinda, die Bedeutung eines solchen Mantras könne sich nicht in der Bedeutung seiner einzelnen Bestandteile erschöpfen[4], inbesondere nicht durch diese kurze Beschreibung. Es heißt, dieses große Mantra enthalte die lebendige Synthese der fünf Weisheiten (die mit den fünf

Dhyani-Buddhas assoziiert sind). Deshalb umfaßt es die fundamentalen Wahrheiten des tibetanischen Tantra und bringt sie konzentriert zum Ausdruck.

Es gibt eine Legende, nach der Avalokiteshvara, der Bodhisattva des Erbarmens, von den friedlichen himmlischen Gefilden auf das Leiden und die Verwirrung in den Welten der Illusion hinabblickte. Er war von solch tiefem Erbarmen erfüllt, daß seine Gedanken, die das Verlangen nach der Befreiung aller fühlenden Wesen erzeugten, dazu führten, daß sein Kopf zerbarst und zahllose Köpfe freigab. Von seinem Körper gingen tausend helfende Hände aus. In jeder Handfläche erschien ein Auge. Das bedeutet, das Erbarmen eines Bodhisattva ist keine blinde Emotion, sondern Liebe, die mit Weisheit verbunden ist. Es ist die Weisheit des inneren Einsseins allen Lebens, die dazu befähigt, das Leiden der Welt und anderer zu spüren, als sei es das eigene (siehe Abbildung 21, Seite 168).

John Blofeld erzählt in dem Buch *Mantras, Sacred Words of Power* eine schöne chinesische Geschichte, die typisch für die Geschichten ist, die erzählt werden, die die Macht des Avalokiteshvara zeigen sollen. Ein grausamer Krieger, der aus einer Schlacht floh, suchte Schutz in einer kleinen Einsiedelei, in der nur ein junger Diener und ein alter Lama lebten. Nachdem er sie gezwungen hatte, seine Satteltaschen mit wertvollen Gegenständen aus dem Tempel zu füllen, befahl er ihnen, ihm in der Halle der Heiligtümer ein Nachtlager zu bereiten. Er schlief in der Nähe der Statue von Kuan Yin (dem chinesischen Äquivalent von Avalokiteshvara). Der alte Lama, der großes Erbarmen mit diesem launischen Besucher und dessen Torheit empfand, setzte sich in die Nähe und summte die ganze Nacht lang leise das Mantra OM MANI PADME HUM.

Der Krieger träumte vom großen Glücksgefühl im Zusammensein mit anderen Menschen in früheren Leben, die sehr

Abbildung 21: Avalokiteshvara. In dieser Form hat er vier Arme und ein Gesicht und verkörpert das große Mitleid (Karuna) des erleuchteten Geistes. OM MANI PADME HUM ist sein Mantra. Aus: *Thanka Collection of Sergei Diakoff*, wiedergegeben mit Erlaubnis.

freundlich und liebevoll zu ihm waren. Jedem dieser angenehmen Träume folgte ein Traum, in dem die Menschen, die liebevoll für ihn gesorgt hatten, in seinem derzeitigen Leben seine Opfer waren. In diesen Träumen verspürte er den herzzerreißenden Schmerz des Erschießens, des Enthauptens oder anderer Folterungen und des Mißbrauches dieser Menschen, die so freundlich zu ihm gewesen waren.

Er erwachte schweißgebadet und voll Reue. Er warf sich vor der Statue von Kuan Yin nieder und schlug mit der Stirn auf den Steinboden. Als der Lama ihm Frühstück brachte, verbeugte sich der Krieger vor ihm und bettelte, ihn als Schüler anzunehmen.

Der Lama lehnte das ab. Ihm sei, sagte er ihm, kein Mönchsleben beschieden. Er gab ihm den Auftrag, seines Weges zu ziehen und seine Macht und seinen Reichtum für das Wohlergehen der Unterdrückten einzusetzen; denn jeder sei in einem früheren Leben seine Mutter oder sein Vater oder ein guter Freund gewesen.

Der Krieger war verblüfft, wie sehr die Worte des Lama und die Träume der Nacht einander glichen. Er flehte den Lama an, ihm etwas zu geben, an das er sich in dem vor ihm liegenden Leben halten könne. Der Lama sagte ihm, es gäbe nichts Stärkeres als die Macht des Erbarmens. Wenn sein Mut infolge der Last seines bösen Karmas ins Schwanken gerate, solle er sich von der Macht des Mantras OM MANI PADME HUM die Kraft geben lassen, dem Hang zur Grausamkeit nicht nachzugeben.

Beschämt gab der Krieger zurück, was dem Tempel gehörte, und ging seines Weges. Es wird erzählt, einige seiner früheren Untergebenen hätten ihn gesehen, wie er für eine Gemeinschaft von Mönchen in einer entlegenen Einsiedelei auf der südlichen Spitze des Wu T'ia's als Maultiertreiber arbeitete.[5]

Träume haben den bewußten Geist im Lauf der Geschichte immer wieder vor Rätsel gestellt – die moderne Wissenschaft bildet da keine Ausnahme. Die verschiedenen psychotherapeutischen Schulen haben jeweils ihre eigenen Erklärungen und Techniken für die Analyse und Dechiffrierung von Träumen. In alten Kulturen glaubte man, Träume trügen den Träumer in übernatürliche Welten, wo Götter und Dämonen leben. Man hielt es für sehr unweise, die Befehle der Götter zu mißachten, denen man in der Traumwelt begegnet war. In manchen Kulturen gab es heilige Orte und Rituale, derer man sich, wenn man in Not war, bedienen konnte, um diese Götter anzurufen. Im alten Griechenland standen zum Beispiel schätzungsweise vierhundert Traumtempel. Die Menschen konnten im Tempel schlafen, um von der dort wohnenden Gottheit Führung oder Heilung zu erlangen. Im alten Ägypten gab es ähnliche Praktiken.

Viele Träume spiegeln die inneren Himmel der Tiefenschichten unserer persönlichen Psyche wider. In unserer alltäglichen Bewußtheit ordnen wir Ereignisse und Wahrnehmungen in den Rahmen des uns vertrauten dreidimensionalen Raumes und der Zeit ein. Unsere rationale Erfahrung ist darüber hinaus durch kulturelle und persönliche Begriffsmuster eingeschränkt. Die größere Psyche kennt keine solchen Begrenzungen. Deshalb ist es so schwierig, die Ereignisse und Symbole zu verstehen, die aus diesen Bereichen hervorleuchten. Vielleicht geben wir eines Tages Urvölkern recht, die glauben, die Traumzeit sei wichtiger als das wache Leben. Sie glauben, das Leben, wie wir es kennen, sei ein Ereignis, das von etwas anderem geträumt wird.

Träume sind eine wichtige Quelle von Einsicht und Heilung. Sie tragen Informationen zwischen den verschiedenen Ebenen unseres inneren Selbst hin und her. Erfahrungen in der äußeren Welt werden in Träumen verdaut, während Ereignisse und Prozesse, die auf allen Dimensionen der Seele stattfinden, umgesetzt werden. Unsere Träume haben einen viel größeren Einfluß auf unser Wachbewußtsein, als wir meinen.

Die größere Psyche überbrückt die Vergangenheit und die Zukunft. Deshalb setzen sich Träume aus einer unglaublichen Integration von Information und Erfahrung zusammen – aus spiritueller Führung, übersinnlicher Vorausschau, Erfahrungen außerhalb des Körpers, Telepathie mit inkarnierten und nicht inkarnierten Wesen, aus archetypischen Dramen, Inspiration, Selbstreflexion, Humor, wilden Phantasien, Erinnerungen aus früheren Leben und aus der Kindheit, Wünschen, Ängsten, Kompensationen, körperlichen Prozessen, »Krach« im Nervensystem, und wie Jung sagte »der Himmel weiß was noch«. All dies wird mit Hilfe von Symbolen und Metaphern in Dramen umgesetzt, von denen der rationale Geist manche vielleicht nie verstehen wird, die aber bestimmte psychologische Faktoren beleben und schaffen oder uns in die realen Ereignisse ziehen, mit denen wir im Wachzustand konfrontiert werden.

Das Trance-Medium Jane Roberts gibt in dem Buch *The Nature of the Psyche* Seths Einsichten darüber wieder, daß man beobachten kann, wie die Psyche im Traumzustand äußere Ereignisse schafft. Er vergleicht sie mit dem Ozean, der Wellen bildet, um zu zeigen, wie das Wirken der Psyche im Innern sich in den Bereich unseres Wachbewußtseins ergießt. Nach ihm erlebt die Psyche durch die Schaffung von Ereignissen ihre eigene Realität, genauso, wie wir unsere Stimme hören, wenn wir reden.[6]

Seth erklärt, wie das Ego-Selbst an der Gestaltung des eigenen Schicksals beteiligt ist. Seine emotionalen Muster, vorgefaßten Meinungen und Gewohnheiten stimmen nur mit einer kleinen Zahl der Vorlieben der größeren Psyche überein.

Durch diese werden manche Ereignisse manifest, während andere bloße Wahrscheinlichkeiten bleiben.[7]

Wenn wir damit beginnen, den Traumzustand zu erforschen, müssen wir lernen, Träume besser in Erinnerung zu behalten. Ein kleines, mit Beifuß gefülltes Kissen regt die Traumerinnerung an, desgleichen das Einnehmen einiger Tropfen einer Tinktur aus Kava-Kava vor dem Zubettgehen. Auch der Vitamin-B-Komplex wird zur Verbesserung der Traumerinnerung empfohlen. Sei, wenn du dich zum Schlafen zurückziehst, auf die Abenteuer gespannt, die dich im Traumland erwarten, und gib dir den Auftrag, dich an deine Träume zu erinnern.

Wenn du irgendwann in der Nacht oder am Morgen erwachst, dann bleibe mit geschlossenen Augen still liegen und durchlebe noch einmal alle Traumereignisse, an die du dich erinnern kannst. Du brauchst dir keine Sorgen über die Reihenfolge zu machen. Wenn du die Bilder immer wieder anschaust, wirst du finden, daß du dich an immer mehr Einzelheiten und Szenen erinnerst. Konzentriere dich in diesem Stadium nur auf die Gefühle, die diese Bilder erzeugen. Halte diese Gefühle und Bilder genau auf einem Tonband oder im Tagebuch fest – immer noch ohne den Versuch, sie zu analysieren. Übe, die Träume so zu durchleben wie ein Kind, das eine Geschichte erzählt bekommt. Laß die Bedeutung dieser Geschichten spontan hervorbrechen und interpretiere sie nicht rational.

Das Problem bei den psychoanalytischen Methoden, Träume zu bearbeiten, ist, daß sie nur das bewußte Ego ansprechen. Der Traum ist, wie wir gesehen haben, ein experimenteller Bereich jenseits der Welt des Egos. Wenn man ihn auf den Bezugsrahmen des Egos reduziert, geht deshalb oft seine wahre Bedeutung verloren. Die direkte Teilnahme am Traum ist daher eine bessere Vorgehensweise.

Vielleicht hast du einmal erlebt, daß du in einem Traum

aufgewacht bist. Zu deiner Verwunderung warst du, als du gemerkt hast, daß du träumst, in der Lage, bewußt zu argumentieren und sogar zu handeln. Diese Klarträume können so real erscheinen wie das normale Leben, und sie können angst machen, wenn wir die Umgebung nicht erkennen können. Da Klarträume den Erinnerungen an wirkliche Ereignisse sehr ähnlich sind, wurden sie bislang eher abgetan, bis vor einigen Jahren der Forscher Dr. Stephen La Berge an der Stanford University eine Methode entwickelte, mit der Träumende Botschaften an die äußere Welt senden können, während sie schlafen. Wenn der Träumer sich bewußt wird, daß er träumt, bewegt er seine Augen in einer bestimmten Art und Weise (die Muster der Gehirnwellen zeigen jeweils den Schlaf an).[8]

Bei der Praxis des Traumyogas richten tantrische Yogis den meditierenden Geist auf Träume. Eine der grundlegenden Vorstellungen des tibetanischen Buddhismus ist, daß die Inkarnation eine glückverheißende Gelegenheit ist, eine Möglichkeit, die sorgfältig wertgeschätzt und genutzt werden sollte. Der Zustand des Träumens bildet dabei keine Ausnahme. Nach diesen Lehren sind die ernsthaftesten Folgen von Gedanken und Handlungen die Bedingungen, die sie in der Psyche schaffen. Die tibetanischen Lehren messen dem unbewußten Geist große Bedeutung zu. Sie erkennen, daß die Manifestationen dieser eher esoterischen Aspekte der Psyche durch die Rollen, sozialen Bedingungen und Widerstände des Alltagslebens eingeschränkt sind. Der Vorteil des Traumzustandes ist, daß wir von diesen Begrenzungen frei sind. Die Beobachtung des eigenen Verhaltens und der Umgebung im Traumzustand bietet uns deshalb eine ausgezeichnete Möglichkeit, uns selbst kennenzulernen.

Das Traumyoga ist im wesentlichen eine Ausweitung der buddhistischen Disziplin der Einsichtsmeditation. Wenn diese Achtsamkeit im täglichen Leben praktiziert wird, ist es leichter, sie in die nächtlichen Bereiche des Bewußtseins hinüberzunehmen. In der tibetanischen Tradition gibt es eine Anzahl von Techniken, die beim Traumyoga zur Anwendung kommen. Es ist wichtig, daß man am Tage den intensiven Wunsch hat, den Traumzustand zu erkennen. Es ist deshalb hilfreich, während des Tages an einem einsamen Ort zu verweilen und den Geist zur Ruhe kommen zu lassen, so daß es beim Übergang von der Bewußtheit des Tages zur Bewußtheit der Nacht mehr Kontinuität gibt. Zur Stärkung der Absicht sollte man üben, Wacherlebnisse so anzuschauen, als seien sie Träume.

Weiter ist es wichtig, aufmerksam zu bleiben, während man einschläft. Dafür gibt es in der tantrischen Tradition verschiedene Möglichkeiten. Eine einfache Technik ist zum Beispiel: Stell dir, während du in die nächtlichen Bereiche eingehst, im Zentralkanal an deinem Kehlchakra ein glänzendes rotes AH vor. Versuche, seiner genau gewahr zu bleiben. Ignoriere ablenkendes Geplapper des Geistes und behalte die illusionären Qualitäten der phänomenalen Existenz im Auge. Nach konsequentem Üben wirst du irgendwann in der Lage sein, aufmerksam zu bleiben, während du durch den Bereich schlafähnlicher Bilder schreitest und in die Welt der Träume gelangst.

Im Tiefschlaf sammeln sich die vitalen Lüfte (prana) im Herz- und im Wurzel-Chakra. Wenn sich die vitalen Lüfte zum Kehl- und zum Sakralchakra hinbewegen, steigen Träume auf. Wenn die vitalen Lüfte zum Solar Plexus und zum Stirn-Chakra aufsteigen, erwacht man. Wenn man sich auf das Kehlzentrum konzentriert, hat das zur Folge, daß das Prana des Herzzentrums schwächer wird, so daß der Schlaf leichter und die Aufmerksamkeit klarer wird. Träume, die erzeugt werden, indem man sich auf das Kehlchakra konzentriert, dauern in der Regel länger; folglich können wir länger Traumyoga üben.

Ein anderer Faktor, der im Zusammenhang mit der Qualität der Bewußtheit während des Schlafes steht, ist die Menge an Luft, die durch das linke oder das rechte Nasenloch einströmt. Liegt man beim Einschlafen auf der rechten Seite, dann strömt mehr Luft durch das rechte Nasenloch ein, was wiederum die linke Gehirnhälfte aktiviert, die die rationalen Qualitäten der linken Hemisphäre stimuliert und die Fähigkeit steigert, während des Träumens »wach« zu sein.[9]

Es ist auch hilfreich, jeweils nur für kürzere Zeit auf einmal zu schlafen. Überlege jedesmal, wenn du aufwachst, ob du während des Träumens aufmerksam warst oder nicht. Blicke, wenn du wieder einschläfst, auf die Träume zurück, an die du dich erinnerst, und richte deine Aufmerksamkeit auf die Visualisierung des AH im Kehlchakra. Du kannst dir auch sagen: »Ich wache in meinen Träumen auf.« Wiederhole diesen Satz mehrere Male aus vollster Überzeugung.

Bei La Berges Forschungsarbeit in Stanford wurde entdeckt, daß die meisten Klarträume in den REM-Phasen auftreten (rapid eye movement – schnelle Augenbewegung), und daß Häufigkeit und Dauer des REM-Schlafes im späteren Teil des Nachtschlafes zunehmen. Die frühen Morgenstunden nach einem guten Nachtschlaf sind folglich die erfolgversprechendste Zeit für die Übung des Traumyogas.

Du wirst bei deinem Üben zu einem Punkt kommen, daß du im Traum aufwachst. Plötzlich wird dir klar: »Dies ist ein Traum. Ich träume.«

In Carlos Castanedas Bericht über seine Reise nach Ixtlan, in dem er über seine Erlebnisse mit dem Zauberer Don Juan berichtet, wurde er angewiesen, auf die Hände zu schauen, wenn er während eines Traumes klares Bewußtsein erlangte. Don Juan zeigte ihm einen Weg, seinen Traumkörper zu stabilisieren.[10] Wenn du es geschafft hast, in einem Traum aufzuwachen, dann ist die nächste Aufgabe zu lernen, aufmerksam zu bleiben.

Eins der Probleme, auf die La Berge bei seiner Forschungsarbeit stieß, war, daß wir oft die Tendenz haben, physisch aufzuwachen, wenn das Klarträumen beginnt, besonders dann, wenn der emotionale Gehalt ängstigend oder intensiv ist.

Ein emotionaler Konflikt ist oft die Ursache für das vorzeitige Ende des Klartraums. Klarträume sind zum Beispiel oft mit sexuellen Erfahrungen verbunden. Wenn jemand sexuell gehemmt ist, dann wird er einen Klartraum mit sexuellem Inhalt beim Aufwachen im Keim ersticken, anstatt die Erfahrung bewußt zuzulassen. Nach La Berge ist es hilfreich, unsere bewußte Haltung zu verändern, so daß wir weniger eingeschränkt sind und dieses Hindernis überwinden können.[11]

Manche Menschen sind emotional zu stark beteiligt, was zur Folge haben kann, daß wir unsere Objektivität verlieren und uns mit dem Traum selbst identifizieren. In beiden Fällen ist emotionale Loslösung wichtig. La Berges Lösung ist einfach: Keine Panik, bleibe ruhig!

Haben wir einmal gelernt, in einem Traum wach zu bleiben, dann ermuntern uns die tibetanischen Lehren dazu, den Willen zu trainieren, die Traumerfahrung zu verändern. Tibetanische Yogis verwandeln sich, wenn sie in das Verändern des Trauminhaltes eingeweiht sind, in Meditationsgottheiten und reisen zu deren Mandala-Wohnsitz. Auf der Astralebene sind die Hauptbausteine der Realität mentale und emotionale Konfigurationen. Indem wir die Objekte und Ereignisse des Traumes verändern, realisieren wir die essentielle Instabilität dieser unserer Anteile.

In *Lucid Dreaming* teilt La Berge einige seiner eigenen Traumerfahrungen mit, um die therapeutischen Effekte der Verwandlung der Traumumgebung zu zeigen. Er träumte, er sei mitten in einem Aufstand im Klassenzimmer. Ein Raufbold mit einem pockennarbigen Gesicht hielt ihn mit eisernem

Griff, aus dem er sich zu befreien versuchte, fest. Als er merkte, daß er träumte, erinnerte er sich, daß er gelernt hatte, in solchen Situationen aufzuhören zu kämpfen. Er wurde sich dann darüber klar, daß der Kampf ein Traum war und daß sich der Konflikt in ihm selbst abspielte. Er merkte, daß der widerspenstige Raufbold die Traumpersonifikation von etwas in ihm war, das er nicht wahrhaben wollte. Es wurde ihm auch deutlich, daß seine innere Harmonie nur dadurch wiederhergestellt werden konnte, daß er das annahm, was der Wilde verkörperte. Der erste Versuch, dem Ungeheuer gegenüber liebevolle Gefühle zu hegen, mißlang. Er wurde von Abscheu für den Raufbold überwältigt. Er versuchte, seine unguten Reaktionen umzukehren und suchte in seinem Herz Liebe. Dabei schaute er dem Barbar in die Augen, und es kamen ihm Worte des Annehmens. Der Menschenfresser verschmolz mit ihm, und der innere Aufruhr verschwand. Da endete der Traum, und La Berge erwachte und fühlte sich wunderbar ruhig.[13]

Vergiß nicht, daß auch unser Geist in Wirklichkeit eine Traumwelt ist. Unsere Wacherfahrung ist wie ein Traum keine solide oder absolute Realität, sondern hat vor allem metaphorischen Charakter. Wir agieren unsere psychologischen Dramen mit Mitspielern aus, mit denen wir eine karmische Verbindung haben oder mit denen wir zumindest durch ein karmisches Mitschwingen verbunden sind. Wie im Traumzustand müssen wir nicht unter unseren Interpretationen dieser Ereignisse leiden. Wir haben die Freiheit, sie anders wahrzunehmen und anders auf sie zu reagieren. Bis wir Buddhas (Erwachte) geworden sind, ist es hilfreich, daran zu denken, daß wir träumen.

Die Praxis des Traumyogas wird auch zum Einsatz gebracht, um in höhere Bewußtseinsstadien zu gelangen. Das Ziel des Traumyogas ist, uns ähnlich wie bei den Meditationspraktiken in die verschiedenen Gottheiten zu verwandeln und uns voll und ganz auf ihre Kontemplation des klaren Lichtes der Leere zu konzentrieren.

Ich habe im Schlaf spirituelle Führung bekommen, bin tantrischen Gottheiten begegnet und habe viele mystische Erfahrungen auf der Astralebene gemacht. Hier möchte ich eines dieser Erlebnisse mitteilen. Später folgen noch einige weitere.

In einem Klartraum nahm mich ein Geistführer auf eine Reise mit, die durch meine Wirbelsäule führte. Ich sah, wie die Welt durch die verschiedenen Chakras aussieht. Ich machte die Erfahrung der verschiedenen Ebenen der Bewußtheit und wie sie von den Bildern und Programmen, mit denen sie verbunden sind, konditioniert sind. Durch das Kronenchakra ging ich dann kühn in strahlende Gefilde ein und gelangte schließlich in ein herrliches weißgoldenes Licht. Erst viele Jahre später erreichte ich in der Meditation diese Ebene der Bewußtheit.

Tod, Verwandlung und Wiedergeburt

In enger Verwandtschaft zur Praxis des Traumyogas erzieht das *Tibetanische Totenbuch* den Yogi, das klare Licht der Leere im Augenblick des Todes zu erkennen und so Befreiung zu erlangen. Bevor wir den Zustand nach dem Tode und die Meditationspraktiken, die uns darauf vorbereiten, anschauen und herausfinden, wie wir den besten Gebrauch davon machen können, wollen wir uns wieder der Psychologie von C. G. Jung zuwenden und das universelle Auftauchen der Todesinitiation untersuchen.

Bei der Entwicklung des Ego-Selbst verdichtet sich die Bewußtheit im Individuum zu einer individuellen, zeitgebundenen Struktur. Es gibt jedoch einen angeborenen Drang in uns, diese Begrenzung zu transzendieren. Ehe dies geschehen kann, muß das alte Selbst sterben. Die Verwandlung des »Ichs«, die in diesem Stadium erfolgt, wird universell in Mythos und Religion mit einer Todesinitiation in Verbindung gebracht. Im Mythos führt der Tod des Helden zur Wiedergeburt (Auferstehung) eines Gottes oder eines unsterblichen Wesens. Der Tod, die Auferstehung und die Himmelfahrt Jesu ist ein vollkommenes Beispiel dafür, wie dieser Mythos auf religiöse Helden projiziert wird.

Im altägyptischen Osiris-Kult finden wir ein weiteres gutes Beispiel für die Initiation mittels einer Todeserfahrung. Novizen mußten dem Mythos entsprechend, der beschreibt, wie Osiris mit dem Sonnengott Ra vereint wurde, um durch das Sterben unsterblich zu werden, eine Anzahl Tage in einem Sarg verbringen. In dieser Zeit machten sie viele Prüfungen auf den inneren Ebenen durch. Der Initiant brachte aus dieser Erfahrung, wenn er erfolgreich war, Wissen von jenseits des Todes mit. (Manche Novizen sind allerdings nie wieder in ihren Körper zurückgekehrt.)

In *Die Psychologie der Übertragung* untersuchte C. G. Jung die Verwandlung des Ego-Selbst (sie ist auf dem alchemistischen Bild des *Rosarium Philosophorum* dargestellt), die der coniunctio, die wir beim Herz-Chakra betrachteten, folgte. Tod: Hier liegen König und Königin tot, die Seele scheidet sich mit großer Not.[14] Nachdem das göttliche Paar zu einem Körper verschmolzen war, wird es in einen Sarg gelegt (siehe Abbildung 22, Seite 180). In alchemistischen Texten wird dies auch als »Verwesung oder Zersetzung« bezeichnet. Dieses Stadium symbolisiert den Zustand der Auflösung, in dem die Aggregate, die das Ego-Selbst ausmachen, getrennt werden. Auf der dunklen Seite dieser psychologischen Phase erleben wir vielleicht eine Desillusionierung, weil wir die offensichtliche Leere des Lebens erkennen. Wenn wir diesen Prozeß des Verfalls nicht verstehen, dann suchen wir vielleicht unsinnigerweise nach unseren alten Egomustern. Wur-

Abbildung 22: Animae extractio vel. Zeichnung aus dem alchemistischen Text *Rosarum Philosophorus,* auf der der Tod und die Reinigung (Reinigung durch Wasser) der vereinigten Körper von *Luna* und *Sol* dargestellt wird, während die Seele aufsteigt. Aus: C. G. Jung, *Persönlichkeit und Übertragung,* Walter-Verlag, Olten, 1988.

de der Hang zur Transformation pervertiert, dann ertappen wir uns vielleicht dabei, daß wir Selbstmord in Erwägung ziehen.

Vielleicht taucht das Verlangen zu sterben auf, wenn der Weg zur Individuation durch Einstellungen des Ego-Selbst blockiert ist. Suizidale Impulse sind in diesem Fall symbolische Mitteilungen aus dem Unbewußten, daß die Vorstellungen, die unserer spirituellen Verwandlung im Wege stehen, sterben müssen. Auch wenn man das weiß und spirituelle oder psychologische Hilfe bekommt, braucht man dazu viel Mut. Der »Sterbeprozeß« erschreckt das Ego-Selbst; das sterbende Selbst kann sich die darauffolgende Geburt der transpersonalen Identität nicht vorstellen.

Der Jungianer John Sanford zeigt in *Healing and Wholeness,* daß die Todesinitiation auch in Form einer schwächenden Krankheit kommen kann. Er macht klar, wie schwierig unsere Beziehung zu den archetypischen Kräften auf dieser Ebene der Psyche ist. Diese mächtigen Konfigurationen sind wie die Götter und Göttinnen in alten Religionen sehr temperamentvoll. Wenn wir sie ignorieren oder geringschätzen, können wir uns ihren Zorn zuziehen. So zwingen alle mysteriösen psychischen Störungen oder physischen Krankheiten das bewußte Selbst zu einer Periode des Rückzuges und der Absonderung. Solche Krankheiten können die verfestigte Egostruktur auflösen und bei der Gesundung neue Aspekte der Psyche zutage treten lassen.

Sanford gibt Beispiele dafür, wie Krankheit im Leben primitiver Heiler als Initiation dienen kann. Schamanen werden oft durch eine initiatische Krankheit zu ihrem Beruf geführt. Während einer intensiven psychischen Krise oder körperlichen Krankheit erlebt der zukünftige Schamane (oder die Schamanin), daß er oder sie von den Dämonen der Krankheit und des Todes weggetragen wird. Der Betreffende wird erst wieder gesund, wenn er das, was die Geistwelt ihm über das

Leben, das er oder sie führen soll, mitgeteilt hat, angenommen hat.[15]

Auch Jung fand, daß das Geheimnis der Todesinitiation im Traum erfolgen kann. Er berichtet von einem Klienten: Ein junger Mann träumt, er erklimme einen Berg. Auf dem Gipfel sieht er einen Altar und einen Sarkophag, auf dem eine Statue von ihm selbst steht. Ein verschleierter Priester, der einen Stab mit einer lebendigen Sonnenscheibe in der Hand hält, nähert sich ihm. Plötzlich wird ihm klar, daß er tot ist. Er hat das Gefühl eines schmerzlichen Verlustes und Angst anstelle des Gefühls, etwas zu leisten, das er beim Erklimmen des Berges hatte. Als er jedoch in den warmen Strahlen der Sonne badete, fühlte er sich verjüngt und stark.

Jung weist darauf hin, daß dieser Traum den Unterschied zwischen einer Initiation und dem Heldenmythos zeigt. Der Akt des Bergsteigens ist wie das Erproben der Kraft, das in der heroischen Phase mit dem Willen verbunden ist, Ich-Bewußtsein zu erlangen. Der junge Patient glaubte, die Therapie sei ein heldenhaftes Unternehmen. Die Traumszene am Altar korrigierte diese falsche Annahme. Der Traum lehrte ihn dadurch, daß er sich tot und im Sarg sah, daß er sich einer Macht unterwerfen mußte, die größer ist als er selbst. Nur durch seine Todesinitiation und diese Unterwerfung konnte er Wiedergeburt erlangen.[16]

Im tibetanischen Tantra wird der Tod im wahrsten Sinne des Wortes als Initiation gebraucht. *Das Totenbuch der Tibeter* (Bardo Thodol oder »Die große Befreiung durch das Hören im Bardo«) beschreibt in poetischer Form, wie wir, wenn wir beim Tod den Körper verlassen haben, in den inneren Bereichen verweilen (das Bardo heißt wörtlich übersetzt »Zwischen-Zustand«) und unterschiedlichen rasenden und friedlichen Gottheiten begegnen. Wenn wir uns mit dem klaren Licht der Leere identifizieren können und dabei bleiben, daß das Bewußtsein alles dessen, was wir erleben, Illusion ist, erlangen wir Befreiung. Wenn wir nicht dazu fähig sind, dann beherrschen uns karmische Kräfte und ziehen uns schlußendlich zurück in einen neuen physischen Körper.

Nach dem Tod, bei unserer Rückkehr in eine neue Inkarnation, durchlaufen wir drei Phasen oder Bardozustände. Nach Joseph Campbell in *The Mystic Image* ist das erste Stadium das »Zwischenstadium beim Augenblick des Todes« (Chikhai Bardo) mit dem Bewußtseinszustand verwandt, in dem man sich nach dem Erwachen des sechsten und siebten Chakras befindet. Unmittelbar nach dem Tode ist uns vielleicht nicht klar, daß wir uns vom Körper getrennt haben. In unserer Verwirrung oder unserem tranceartigen Schlaf nehmen wir normalerweise das klare Licht der Leere nicht wahr oder bleiben nicht in seiner Reinheit, ohne von Gedanken abgelenkt zu werden. So macht das erste Stadium des Lebens nach dem Tode beim Untrainierten der zweiten Phase Raum. Das Choyid Bardo oder das Zwischenstadium der schimmernden Realität führt zu den psychischen Funktionen des fünften Chakras. Wenn wir im zweiten Stadium aufwachen und uns klar wird, daß wir gestorben sind, erschrecken wir vor dem Leuchten des Lichtes, das von den fünf Weisheitsenergien (den fünf Dyhani-Buddhas) ausgeht und wenden uns dem matteren Licht der Halluzinationen unseres Geistes zu. In zahlreichen traumartigen Erlebnissen strömt das, was wir gedacht und getan haben, als wir uns im Körper befanden, in unser Bewußtsein ein. Die tibetanischen Lehren erinnern uns jedoch daran, daß das, was wir in diesem Stadium sehen, eine Projektion des Inhalts unseres eigenen Geistes ist. Die Praxis des Traumyogas ist offensichtlich eine gute Vorbereitung auf das Wissen und die Konzentration, die wir dann benötigen.

Das letzte Stadium, »das Zwischenstadium des Wiedergeburtsuchens« (Sidpa Bardo), hat zwei Unterstadien, die der Bewußtheit des dritten, zweiten und ersten Chakras entspre chen.[17] Die Buddhisten glauben, daß wir uns zuerst glücklicher Visionen erfreuen und die Früchte unserer Impulse und Aspirationen unserer höheren Natur ernten. Wenn diese Kräfte sich erschöpfen, steigen wir durch die inneren Bereiche da hinunter, wo Visionen, die unserer niederen Natur entspringen, aufsteigen. Sie erschrecken uns zwar, aber wir sind untrennbar mit ihnen verbunden und können ihnen nicht entkommen.

Während die Erfahrungen lustvoller und sinnlicher werden, fühlen wir ein überwältigendes Verlangen nach dem Leben des Fleisches. So ziehen uns die Bindung an die Realität, wie wir sie kennen, und unsere karmischen Vorlieben hinab in das dritte Stadium des Lebens nach dem Tode, in neues intrauterines Leben.

Das Bardo Thodol soll uns lehren, in der Betrachtung des klaren Lichtes im ersten Stadium zu verharren. Wenn wir dazu in der Lage sind, dann müssen wir nur die spirituellen Erfahrungen des ersten Stadiums durchlaufen, ehe wir in andere Bereiche der Existenz übergehen oder wählen, als Buddha wiedergeboren zu werden, ohne daß die Kontinuität der Bewußtheit unterbrochen wird.

Wenn wir in diesem ersten Stadium keine Befreiung erlangen, dann beginnen wir, durch die sechs Bereiche der Existenz abzusteigen. Das Pantheon der Götter, die sich in den verschiedenen Bereichen (im Bardo Thodol) finden, repräsentieren die universellen Kräfte, die auf den verschiedenen Ebenen der Psyche aktiv sind. Ihr Auftauchen in der Mythologie über den Zustand nach dem Tode symbolisiert die Stadien und Kräfte, die auf dem Weg der Entwicklung der Psyche ins Spiel kommen.

Wenn wir nicht in der Lage sind, im ersten Stadium das klare Licht im Auge zu behalten, dann können wir immer noch Befreiung erlangen, indem wir bei den fünf Dhyani-Buddhas Zuflucht nehmen, von denen im zweiten Bardo einer nach dem anderen erscheint. Indem wir die Verblendungen unseres Geistes aufgeben, können seine Bestandteile in die Weisheitsenergie eines jeden der fünf Dhyani-Buddhas verwandelt werden. Wenn uns klar wird, daß die vorübergehenden Formen des Leibgeistes nicht das sind, was wir sind, erwachen wir für das ewige klare Licht der Leere und machen die Erfahrung des Dharmakaya (Wahrheitskörper).

Wenn wir zu diesem Zeitpunkt infolge der hartnäckigen Kräfte des unbewußten Geistes, die uns viele Leben lang in Schach gehalten haben, und die uns immer noch dazu bringen wollen, nach unten zu wandern, noch nicht befreit sind, dann erscheinen am sechsten Tag die fünf Dhyani-Buddhas und ihre Gefährtinnen und Diener gleichzeitig (siehe Abbildung 23, Seite 186).

Wenn wir es jedoch unterlassen, uns an das klare Licht zu halten, und fortfahren, uns den Illusionen unseres Geistes hinzugeben, dann erscheinen am siebten Tag die Wissenden (Vidyadharas). Diese fünf Gottheiten und ihre Gefährtinnen manifestieren sich mit einem Heer von Dakinis und ihren Dienern, die zusammen das Mandala der Wissenden ausmachen. Wenn wir uns klarmachen, daß diese spirituellen Lehrer gekommen sind, um uns zu dem »reinen Bereich des Raumes« zu führen, und unseren Geist auf ihre fünf farbigen Lichter konzentrieren, können wir zu diesem Zeitpunkt Befreiung erlangen.

Wenn man dies nicht schafft, dann werden die vorherigen Gottheiten in fünfundachtzig bluttrinkende Gottheiten verwandelt. Das Mandala der zornigen Gottheiten (siehe Abbildung 24, Seite 187) repräsentiert die geistigen Kräfte, die man braucht, um die Irreführungen und Leidenschaften des Ego-Selbst zu überwinden. Der Durchschnittsmensch fällt mit größter Wahrscheinlichkeit in die tieferen Bereiche und macht den Versuch, den furchterregenden Gottheiten zu entkommen. Ein tantrischer Yogi jedoch, der die furchterre-

Abbildung 23: Das große Mandala der friedlichen Gottheiten. Dieses Mandala stellt die fünf Dhyani-Buddhas mit ihren Gefährtinnen dar und wird im Zusammenhang mit den Meditationspraktiken des *Totenbuches der Tibeter* verwendet. Aus: *The Tibetan Book of the Dead,* von W. Y. Evans-Wentz. Wiedergegeben mit freundlicher Erlaubnis der Oxford University Press, New York und London.

Abbildung 24: Das große Mandala der wissenden und rasenden Gottheiten. Dieses Mandala enthält die rasenden Manifestationen der fünf Dhyani-Buddhas und wird im Zusammenhang mit den Meditationspraktiken des *Totenbuches der Tibeter* genutzt. Aus: *The Tibetan Book of the Dead,* von W. Y. Evans-Wentz. Wiedergegeben mit freundlicher Erlaubnis der Oxford University Press, New York und London.

genden Gottheiten in seinen Meditationen visualisiert hat, erkennt sie und verschmilzt mit ihnen. Der Yogi erlangt dadurch Befreiung, daß er ihre Eigenschaften assimiliert.

Das Bardo Thodol basiert auf der Vorannahme, daß wir, wenn wir das Tor des Todes durchschreiten, in die gleichen Bewußtheitsbereiche eingehen, zu denen wir in fortgeschrittenen Stadien der Meditation Zugang hatten. Wenn wir zum Zeitpunkt des Todes einen hohen Stand an Klarheit und Zielrichtung haben, dann tut sich uns eine Gelegenheit auf, uns mit der Gemeinschaft jener erleuchteten Seelen zu vereinen, die ans andere Ufer gelangt sind (Tathagatas).

Jung war vom *Bardo Thodol* fasziniert und schrieb in seinem *Psychologischen Kommentar* zur Übersetzung von Evans-Wentz, die hier wiedergegebenen tiefen Einsichten in die Natur der menschlichen Seele hätten ihn stark inspiriert. Er meinte, unsere westliche Psychologie habe höchstens die niedrigsten der drei Ebenen der Seele, die den drei ersten Stadien nach dem Tod entsprechen, erforscht. Die westliche Wissenschaft müsse deshalb noch die beiden weiteren subtileren Regionen erforschen.[18]

Bindungen abschneiden

Der Pfad der Befreiung, der vom fünften Chakra aus weiterführt, ist sehr steil. Für den Aufstieg brauchen wir wie ein Bergsteiger die richtige Ausrüstung. Nach dem buddhistischen Tantra sind für diese Reise drei wichtige vorsorgliche Maßnahmen nötig: das erleuchtete Motiv des Erbarmens (das wir im letzten Kapitel studiert haben), die richtige Betrachtung der Leere (die wir später anschauen werden) und der Geist der Entsagung.

Bei den meisten von uns weckt das Wort Entsagung negative Assoziationen: Vielleicht kommen uns Bilder von Mönchen oder Nonnen, die ein enthaltsames Leben führen, in den Sinn. Doch der buddhistische Akt der Entsagung bedeutet nicht, daß man Objekte oder Gelüste leugnet. Er bedeutet das Aufgeben des Glaubens an das Ego-Selbst.

Unsere Bindung an das Ego-Selbst, das aus den irregeführten Verzweigungen der fünf Weisheitsenergien besteht, hält uns in der Welt der Illusion, die im Tantra Samsara heißt, gefangen. In Sanskrit heißt *Samsara* wörtlich »kreisen«. Das Wort bezieht sich auf die Kreisbewegung der Existenz (das Rad der Geburt und des Todes). Manchmal denkt man fälschlicherweise, Samsara sei ein bestimmter Zustand, dem man entfliehen müsse. Der verstorbene Lama Yeshe erzählte bei einem Vortrag in Kalifornien die folgende Geschichte über den Diener eines hoch verehrten Lama.

Eines Tages legte dieser Diener ein Mönchsgewand an. Er wurde zu einem anderen Lama auf einen Botengang geschickt. Dieser Lama fragte den Diener, wie es um seinen spirituellen Fortschritt bestellt sei. Der Diener antwortete, er habe gerade das Samsara überwunden. Der Lama wollte nun ganz genau wissen, was es damit auf sich habe, und bat ihn, ihm zu zeigen, was es ihm ermöglicht hatte, eine solch hohe Stufe zu erreichen. Der Diener antwortete ganz locker, er habe einfach seine Laienkleider ausgezogen.

Die Änderung unserer äußeren Erscheinung (Mönchskleider oder Klosterexistenz) befreit uns nicht vom Rad des Todes, der Wiedergeburt und vom karmischen Gefängnis im Geist.

Chöd-Meditation

Zur Vertiefung der Entsagung vollziehen tantrische Yogis ein Ritual, das als *Chöd* bezeichnet wird, was wörtlich übersetzt schneiden bedeutet. Bei dieser Praxis zerschneidet der Yogi seine Bindung an den Körper und das Ich, indem er den

Körper als Opfer darbringt. In der Tradition wurde der Chöd in der Abenddämmerung an abgelegenen oder furchterregenden Orten wie zum Beispiel Begräbnisstätten durchgeführt. Wahrscheinlich ist er aus einem vorbuddhistischen Opferritus für Dämonen hervorgegangen.

In *Women of Wisdom* meint Tsultrim Allione, die Opfer, die damals an solchen Orten dargebracht wurden, sollten die hungrigen Geister befrieden, um zu verhindern, daß sie sich über unschuldige Menschen hermachten.[19] Das Meditationsritual wird von einer kleinen Trommel, einer Glocke, der menschlichen Stimme, und einer Trompete, die aus einem menschlichen Oberschenkelknochen hergestellt ist, begleitet. Die Klänge, die so entstehen, sind furchterregend und erzeugen im Körper ganz bestimmte Vibrationen.

Die Chöd-Praxis basiert auf dem Wissen, daß unter der Unruhe des Ego-Selbst der Buddha-Geist in der ihm angeborenen Seligkeit existiert. Wenn wir die Tendenzen des Ego-Selbst kappen können, dann tritt der Buddha-Geist auf natürliche Weise zutage.[20]

Beginne wie üblich mit der Zufluchts-Meditation.

Wenn du ruhig geworden bist, dann stell dir den Zentralkanal vor, der sich wie eine Achse von der Schädeldecke bis zum Beckenboden durch den Körper zieht. Dieser Kanal ist hohl. Er hat etwa den Durchmesser deines kleinen Fingers und die durchscheinende Farbe einer blauen Flamme. Auf der Höhe des Sonnengeflechtes befindet sich ein kleiner Lichtball. Beim Atmen spürst du die vitalen Luftströme, die durch die Nasenlöcher und den rechten und linken Kanal (rot und weiß) zum ersten Chakra hinabgezogen werden. Dort treten die vitalen Lüfte in den Zentralkanal ein und werden durch die Ausatmung hinaufgepreßt. Dies facht den Lichtball im Bereich des Sonnengeflechts an und macht ihn mit jedem Atemzug heißer. Wiederhole das Mantra OM AH HUNG –

die beiden ersten Silben beim Einatmen, die letzte beim Ausatmen.

Auf dem Lichtball steht eine grausame Göttin auf dem linken Bein (siehe Abbildung 25, Seite 192). Sie ist unbekleidet und trägt lediglich Schmuck aus Knochen und eine Kette aus menschlichen Totenschädeln. Ihre Genitalien sind deutlich sichtbar. Aus der rechten Seite ihres Kopfes tritt ein Wildschweinkopf hervor, und sie hat ihr rechtes Bein in Tanzpositur erhoben. In der rechten Hand, die sie hochhält, um das Gleichgewicht zu halten, hat sie ein Messer. Dessen halbmondförmige Schneide endet hakenförmig. In Indien wurde dieses Messer auf den Begräbnisstätten benutzt, um das Fleisch von den Knochen von Verstorbenen zu lösen. Der Griff ihres Messers ist ein Vajra (ein tantrisches Szepter), Symbol für die diamantengleiche Energie der Leere.

Vor dem Herzen hält sie in der Linken eine mit Blut gefüllte Schädelschale. Der Schädel symbolisiert ihre Vagina. So, wie der weiße Samen der männlichen Gottheiten deren spirituelle Essenz darstellt, so ist ihr Blut ihre spirituelle Essenz.

In der Beuge des linken Ellenbogens befindet sich ein Stab. Der Dreizack an der Spitze des Stabes steht für die Transformation der drei Gifte des Geistes: Verlangen, Abscheu und Unwissenheit. Unter dem Dreizack finden sich ein doppeltes Vajra und drei abgetrennte Köpfe, die die drei Körper (kayas) des Buddha-Geistes darstellen. Der erste Schädel ist alt und trocken. Es ist der Dharmakaya, der transzendente Wahrheitskörper, das »Wahre-Wesen« des Buddha. Durch die Leere enthält er alles Potential. Der zweite Schädel, der nur einige Wochen alt ist, ist der Sambogakaya (Körper des Entzückens). Dieser ist wie ein Astralkörper, den die tantrischen Gottheiten gebrauchen, wenn sie sich fortgeschrittenen Yogis zeigen. Der dritte, ein frisch abgeschlagener Kopf, ist der Nirmanakaya (Körper der Verwandlung). Dies ist eine physische Verkörperung des Buddha-Geistes.

Abbildung 25: Vajra Varahi ist eine der wichtigsten tantrischen Dakinis und eine Manifestation von Vajra Yogini. Sie wird in der Meditation genutzt, um die Kundalini (Dumo-Feuer) zu wecken. Im Chöd-Ritual, das auf der Philosphie der Prajnaparamita-Schriften basiert, stellt man sie sich bildlich vor. Manchmal wird sie als »Diamant-Sau« bezeichnet. Aus der rechten Seite ihres Kopfes tritt der Kopf einer Wildsau hervor, Symbol für die Integration der unbewußten Aspekte der Psyche, die in den animalischen Instinkten verwurzelt sind. Aus: *Avery Brundage Collection,* Asian Art Museum of San Francisco, Golden Gate Park, San Francisco, CA. Wiedergegeben mit Erlaubnis.

Während du weiter die vitalen Lüfte durch den Zentralkanal schickst, steigen der Lichtball und die schwarze Dakini (Vajra Varahi, die Diamant-Sau) langsam in dem Kanal hoch. Wenn sie durch die Schädeldecke austreten, verschmilzt dein Bewußtsein mit der schwarzen Dakini. Wenn du auf deinen früheren Körper hinabschaust, siehst du, daß er sehr groß ist. Wie die schwarze Dakini streckst du die Hand aus und schneidest die obere Hälfte deines Kopfes genau über den Augen ab. Du legst diese Schädelschale umgekehrt auf drei Schädel vor dir, die so groß sind wie Berge. Der Lichtball, der sich in eine flammende tibetische Silbe A verwandelt hat, lodert unter der Schädeldecke (siehe Abbildung 26, Seite 194). Dies hat zur Folge, daß die Schädeldecke sich ausdehnt, bis sie so groß ist, daß der Rest deines Körpers darin Platz hat.

Beginne jetzt, den Rest deines Körpers zu zerschneiden und ihn Stück für Stück in den Schädel-Kessel zu legen. Achte auf alle Gefühle und Erinnerungen, die aufsteigen, während du die verschiedenen Teile deiner Anatomie aufteilst. Stelle dir, während immer mehr von deinem Körper in der Schädelschale verschwindet und zum Sieden gebracht wird, vor, wie alle Unreinheiten an die Oberfläche aufsteigen und sich in das Maul wilder Dämonen ergießen. Gleichzeitig steigt Hitze in Form von Dampf zu dem kühlen weißen Samenmantra HAM (siehe Abbildung 26, Seite 194) auf, das umgekehrt über dem Kessel hängt. Sein Nektar schmilzt wie Schnee und vermischt sich mit der gereinigten Essenz deines Körpers.

Auf der anderen Seite des Kessels sitzt die Familie der Tantra-Anhänger und -Lehrer im Halbkreis auf Kissen. Bodhisattvas und die Dharma-Beschützer sitzen hinter ihnen. Dahinter stehen alle deine Feinde und die Menschen, denen du etwas schuldest. Über allem sitzen die fünf Dhyani-Buddhas und ihre Gefährtinnen in Mandalaform und strahlen auf dich herab. Aus dem Zentrum des Mandalas mit vier Blütenblät-

Abbildung 26:
Die tibetische Silbe A
und das umgekehrte
Samenmantra HAM.
Die tibetische Silbe A
steht im Bezug zu den
generativen Kräften der
Schöpfung und wird in
Praktiken, die mit dem
Erwachen der Kundalini
im Wurzel-Chakra
befaßt sind, als glühend
heiß visualisiert. Das
Samenmantra HAM
wird im Kronenchakra
umgekehrt visualisiert.
Wenn die Hitze des
inneren Feuers seinen
binduartigen Schnee
zum Schmelzen bringt,
erfüllt sein Nektar den
Körper des Meditieren-
den mit Seligkeit.

194

tern strahlt das blaue Licht von Vairocanas reiner absoluter Weisheit. Darunter ergießt sich das weiße Licht von Aksoby-as spiegelgleicher Weisheit. Links von der Mitte geht das gelbe Licht von Ratnasambhavas Weisheit der Gleichheit aus. An der Spitze erglüht das rote Licht von Amitabhas unterscheidender Weisheit. Und rechts von der Mitte leuchtet das grüne Licht von Amoghasiddhis alles vollbringender Weisheit.

Schau dir all die Wesenheiten an, wie sie an dem Opfer des Nektars aus der Schädelschale teilhaben, angefangen bei den fünf Buddhas und ihren Gefährtinnen. Alle trinken sie reichlich von dem Nektar, aber er versiegt nicht. Die fünf Buddha-Paare absorbieren den Nektar durch die Lichtstrahlen, die von ihrem Körper ausgehen. Die anderen Gäste werden von vielen blauen, weißen, gelben, roten und grünen Dakinis bedient, die den Nektar aus der großen Schädelschale schöpfen und sie ihnen in ihrer eigenen Schädelschale, die sie in der Linken halten, anbieten.

Wenn alle ihren Teil bekommen haben, rührst du den kochenden Nektar um und läßt ihn in großen Wolken verdampfen. Diese steigen auf Lichtstrahlen und Regenbogen auf und füllen den Raum. Die Wolken ergießen sich dann als Opfer auf alle fühlenden Wesen in allen Sphären. Alle fühlenden Wesen werden geheilt, und ihre Bedürfnisse werden befriedigt. Danach löst sich alles in der Leere auf. Das letzte, was in der Leere aufgeht, ist der flammende rote Buchstabe a. Meditiere weiter in der himmelsgleichen Leere der Leere, solange es dir danach ist. Ehe du von der Meditation aufstehst, opfere im Geiste das von deinem Besitz, was du am liebsten hast, zum Nutzen aller fühlenden Wesen. Spüre dann, wie die fünf Dhyani-Buddhas und ihre Gefährtinnen sich über dein Opfer freuen. Sie geben dir ihre spirituellen Kräfte, um dir zu helfen, alle verbliebenen Dunkelheiten und Untugenden zu beseitigen.

Der Ozean des Nektars

6. Chakra

*D*ie Sanskritbezeichnung für das sechste Chakra ist Ajna, was Befehl von oben bedeutet. Auf der hinduistischen Abbildung für das Ajna-Chakra werden zwei Lotusblätter gezeigt, die mit einem Mond verbunden sind, der ein Reservoir für den Nektar sein soll, der vom tausendblättrigen Lotus über dem Scheitelpunkt des Kopfes herabfließt. Das sechste Chakra wird oft in Verbindung mit dem Ozean von Nektar gesehen.

In der Mondscheibe findet sich ein umgekehrtes Dreieck, das Symbol für die weiblichen Genitalien mit einem Lingam im Innenbereich. Zwei weitere Chakras weisen die Verbindung von Yoni und Lingam auf: Wurzel-Chakra und Herz-Chakra. In diesen drei Chakras ist die Kraft der Kundalini konzentriert. Diese drei Konzentrationen werden auch als »Knoten« bezeichnet und mit dem physischen Körper, dem emotionalen Körper und dem geistigen Körper in Verbindung gebracht (siehe Abbildung 27, Seite 198). Das sechste Chakra ist im Zentrum des Kopfes lokalisiert. Es wird mit der Fähigkeit der Wahrnehmung assoziiert und ist mit dem Großhirn und der Großhirnrinde verbunden. Das Großhirn umfaßt die rechte und die linke Hemisphäre, mit denen auf zweierlei Art und Weise – rational und intuitiv – wahrgenommen wird.

Die linke Hemisphäre ist vor allem mit analytischen, linearen und logisch begrifflichen Prozessen befaßt wie z. B. mit Mathematik. Sie wird im allgemeinen als maskuline Seite angesehen, und sie steuert die rechte Körperhälfte.

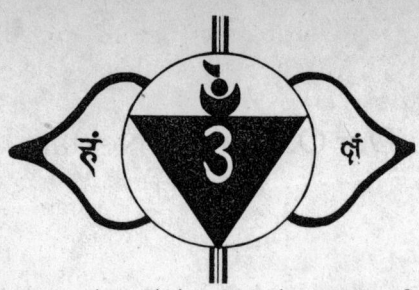

Abbildung 27: Das sechste Chakra, Ajna, hat zwei weiße Blütenblätter. Diese werden durch das Candra-Mandala verbunden, das mit dem Ozean des Nektars assoziiert wird, der vom Kronenchakra und den sechs Stadien des Samadhi oder der Erleuchtung herabtropft. Im Innern des auf der Spitze stehenden Dreieckes befindet sich das Samenmantra OM, das den tiefsten Geist, der mit dem reinen Geist oder Buddhi assoziiert ist, repräsentiert. Über dem OM-Samenmantra befindet sich ein *nada* und ein goldenes *bindu,* das, wenn es zum OM kommt, das Mantra Pranava schafft. Dieses Mantra bringt die Beziehung zwischen der Leere und den schöpferischen Faktoren der Schöpfung zum Ausdruck.

Die rechte Hemisphäre ist in erster Linie für die Orientierung im Raum – zum Beispiel für das Erkennen komplexer visueller Muster – zuständig, und sie steuert die linke Körperhälfte. Sie gilt als rezeptiv und weiblich. Sie wird mit künstlerischen und musikalischen Fähigkeiten, mit der Wahrnehmung und dem Ausdruck von Emotionen und mit Bewußtheit für Mystik und Intuition in Verbindung gebracht.

Die beiden wichtigsten subtilen psychischen Kanäle, die im sechsten Chakra ihren Ausgangspunkt haben und der Wirbelsäule entlang nach unten verlaufen, können mit den Funktionen der linken und der rechten Hemisphäre des Gehirns in Verbindung gebracht werden. Einer dieser Kanäle wird der Sonne zugeordnet und verkörpert die Energie des Tages. Man stellt sich vor, daß die Sonnenenergien zentrifugal sind und unser Bewußtsein zu rationaler Wahrnehmung führen. Der andere Kanal wird mit dem Mond und den Kräften der Nacht in Verbindung gebracht. Seine Zentripetalkraft führt uns hinab ins Unbewußte, wo die regenerativen und verbindenden Kräfte der Psyche wirksam werden. Wenn man das sechste Chakra mit übersinnlicher Wahrnehmungsfähigkeit betrachtet, kann man eher eine Vorn-hinten-Aufteilung als eine Links-rechts-Aufteilung erkennen. Der vordere Teil nahe der Stirn und den Augenbrauen steht mit den intellektuellen und sich behauptenden Funktionen des Bewußtseins in Verbindung. Der Teil, der der Mitte des Kopfes näher ist, ist eher rezeptiv und intuitiv.

Bei Menschen, die »im Kopf« leben, die immer denken und planen, ist im Bereich der Stirn viel psychische Energie zu erkennen. Oft geht die Energie über die Augenbrauen hinaus, und die Kräfte des Intellektes dehnen sich aus, um die Welt zu beherrschen. Diese Menschen sind in ihren eigenen Gedanken gefangen und nicht mit dem in Verbindung, »was ist«. Sie sind nicht aufnahmebereit für das, was aus ihrer äußeren oder inneren Umgebung kommt, und haben ein neurotisches Bedürfnis, rigide Begriffsmuster zu entwickeln und diese zu befolgen, was ihnen ein Gefühl von Sicherheit und Wissen verschafft. So schaffen sie eifrig ihr geistiges Bild von der Welt und stülpen dies der Realität über.

Menschen, die sich mehr auf das Zentrum des Kopfes hin ausrichten, sind emotionaler und intuitiver Information gegenüber rezeptiver. Diese Menschen erspüren die inhärente Natur des Universums mehr, als daß sie den Versuch machen, das Leben so zu manipulieren, daß es in vorgefaßte Begriffe paßt. Doch ohne den ausgleichenden Einfluß rationaler Fähigkeiten können diese Menschen Schwierigkeiten haben, in den rationalen Parametern des irdischen Lebens zurechtzukommen.

Im Idealfall ergänzen sich Intellekt und Intuition. In unserer modernen Welt ist dieses Gleichgewicht jedoch durch die Überbetonung der Aktivität der linken Gehirnhälfte gestört. Wenn die rechte Gehirnhälfte entwickelt und genutzt wird, dann eröffnen latente intuitive Fähigkeiten neue Perspektiven, und das »Ich«-Bewußtsein erhascht einen Schimmer davon, daß es im tiefsten Grunde mit allem, was existiert, eins ist. Auch übersinnliche Wahrnehmung wird stimuliert.

Das sechste Chakra wird manchmal wegen seines Potentials für übersinnliche Wahrnehmung, die Fähigkeit, die subtilen Energien der nichtkörperlichen Bereiche wahrzunehmen, als drittes Auge bezeichnet. Wir alle haben dieses Potential. Ja, in manchen alten Kulturen waren diese Fähigkeiten alltäglich. Mit einem erweckten sechsten Chakra sind die Wahrnehmung der Aura, der Blick in die Zukunft, der Blick in frühere Leben oder die Wahrnehmung nicht-inkarnierter Wesen Fähigkeiten, die uns zugänglich sind.

Wenn man die Unterschiede von übersinnlichen Fähigkeiten versteht, wird einem klar, warum zwei Personen, die über solche Fähigkeiten verfügen, bei ein und demselben Menschen Unterschiedliches sehen. Übersinnliche Wahrnehmung ist subjektiver, als es die meisten, die darüber verfügen, zugeben würden. Man kann etwas sehen; die Frage ist jedoch, wie man es interpretiert. Fordert man zum Beispiel verschiedene Menschen auf, ein Gemälde zu betrachten und zu berichten, was sie sehen, dann erhält man ganz unterschiedliche Beschreibungen. Auch bei übersinnlicher Wahrnehmung werden die Informationen mit Hilfe des Glaubenssystems und der vorgefaßten Meinungen des Sehers übersetzt. Sogar Informationen, die in tiefer Trance oder durch ein Medium übermittelt werden, werden, obwohl sie den Intellekt und die bewußten Denkmuster umgehen, durch das Unbewußte gefiltert. Das Ausmaß der Verzerrung, das aus diesem Filterprozeß resultiert, variiert von Person zu Person.

Das Filtern und Färben der erhaltenen Informationen sind Beispiele für Gefahren, die mit dem Gebrauch psychischer Kräfte verbunden sind, wenn man kein »klarer Kanal« ist.

Manche Menschen bringen diese Fähigkeiten zur Anwendung, um andere zu manipulieren und sich wichtig zu machen, ohne das bewußt zu wollen. Deshalb warnen die meisten spirituellen Traditionen sehr davor, sich auf die Entwicklung solcher übersinnlichen Kräfte zu konzentrieren. Auf einer weltlicheren Ebene mißbrauchen wir oft auch die Kraft, die dem Gewahrsein innewohnt. Wir wollen verstehen, was in unserer Umgebung geschieht, entweder um sie zu beherrschen oder um uns zu schützen. Wenn wir aufpassen, um beherrschen zu können, können wir das wahre Leben nicht erfahren.

Andererseits wollen Menschen mit einem blockierten sechsten Chakra nicht sehen. Oft rebellieren sie gegen die Lebensperspektive, die ihnen von den Eltern oder durch die soziale Struktur aufgebürdet wurde. Oder sie weigern sich infolge traumatischer und schmerzvoller Assoziationen, die unterschiedlichen Aspekte der menschlichen Existenz zu sehen. Es ist nicht ungewöhnlich, daß das physische Sehvermögen solcher Menschen durch diese Haltung beeinträchtigt ist.

Das Leben kritisieren, es nicht akzeptieren, es ändern oder beherrschen zu wollen, macht uns mit ihm uneins. Könnten wir es statt dessen von einem neutralen Standpunkt aus betrachten, dann wären wir vielleicht in der Lage, mit der Welt Frieden zu schließen. Wenn wir uns beim Sonnenuntergang niedersetzen, über die Felder und Bäume blicken und beobachten, wie sich die Farben am Himmel verändern, den Vögeln lauschen und die Ruhe, die uns umgibt, spüren, dann versuchen wir nicht, irgend etwas zu kontrollieren, während wir aufmerksam sind. Krishnamurti bezeichnet dies als »wahlloses Aufmerksamsein«.

Visualisierung mag dem Kultivieren wahlloser Aufmerksamkeit widersprechen, aber auf höheren Bewußtseinsebenen muß zwischen wahllosem Aufmerksamsein und dem kreativen Gebrauch geistiger Fähigkeiten kein Widerspruch bestehen. Shakti Gawain verwendet in dem Buch *Stell dir vor* eine Metapher, die in diesem Zusammenhang hilfreich sein kann. Sie vergleicht das Leben mit einem Fluß und meint, die meisten von uns bleiben am Ufer, weil wir Angst haben, »mit der Strömung zu schwimmen«. Wenn wir einmal lernen zu vertrauen, daß der Fluß uns sicher trägt, dann können wir loslassen und uns vom Fluß mitreißen lassen. Wenn wir uns daran gewöhnt haben, dann brauchen wir nur noch geradeaus zu schauen und aufzupassen, daß wir uns so bewegen, daß wir die Hindernisse im Strom umschiffen.[1]

Nicht das, was wir sehen, sondern, wie wir es sehen, bestimmt unsere Erfahrung. In einer alten Hindu-Geschichte stellt sich ein Mensch, der ein Seil sieht, das im Dunkeln auf dem Boden liegt, vor, es sei eine Schlange. Er verhält sich genau seiner Phantasie entsprechend. Genauso gründet sich unsere Erfahrung der Wirklichkeit fast ausschließlich auf psychologische Projektion. Wir sind in den Illusionen des Egos und seinen samsarischen Erfahrungen gefangen, und wir sehen nicht die absolute Natur der Welt. Wäre es deshalb nicht nützlich, eine erleuchtetere Methode zu entwickeln, uns die Welt »vorzustellen«?

Kannst du dir vorstellen, daß du ein entspannterer offenerer Mensch bist, der zwischen den Ufern des Hier und Jetzt schwimmt, während du mit deiner Quelle in Verbindung bleibst? Kannst du sehen, wie du einfach der sich entfaltenden Schönheit und der Geheimnisse gewahr wirst oder wie du eine weniger angenehme Szene ohne Reaktion oder Identifikation beobachtest, während du dem ausufernden Lauf des Lebens folgst? Kannst du dich selbst als einen Buddha visualisieren? Du bleibst ruhig im klaren Licht, das du durch den Fluß flüchtiger Phänomene wahrnimmst, und du bist mit dem Sosein des Lebens, der Seligkeit und dem Erbarmen verbunden, das aus dem Herz der Leere hervorströmt.

Wenn wir uns über etwas bewußt werden, dann ist es der Geist, durch den wir bewußt werden und der ihm Bedeutung gibt. Der Geist ist jedoch nicht das Bewußtsein. Er ist ein Fahrzeug des Bewußtseins, und wie der Körper hat der Geist Form und Funktionen. Er kann angemessen entwickelt und genutzt oder aber mißbraucht und krank werden.

Man kann den Geist mit einem Spiegel vergleichen. Durch ihn sehen wir nicht die Dinge selbst, sondern die Wirkung, die sie im Geist erzeugen. Dieses Spiegeln kann Verzerrungen hervorrufen. Unsere Erfahrung der Welt ist das Ergebnis der Funktionen unseres Geistes. Deshalb sind wir Opfer seiner Struktur, seiner Begriffsmuster und seiner Verhaltensweisen.

Ehe wir betrachten, wie die Buddhisten den Geist sehen, wollen wir uns seine verschiedenen Facetten vor Augen führen, indem wir uns die Anatomie des mentalen Körpers und seine Beziehung zum Nervensystem und zum Gehirn vor Augen führen. Die moderne Wissenschaft wurde bei dem Versuch frustriert, Gedanken und Bewußtsein zu verstehen, denn die Quelle dieser Phänomene ist im mentalen Körper und nicht in den elektrochemischen Prozessen des Nervensystems zu suchen. Meiner Vorstellung nach ist das Nervensystem nur das »Leitungssystem«, das Signale von den Organen des Bewußtseins weg und zu ihnen hin leitet. Der Geist befindet sich nach dieser Vorstellung nicht im physischen Körper oder im Gehirn, sondern der Körper und das Gehirn befinden sich in Wirklichkeit im Geist bzw. im mentalen Körper, der wie der Astralkörper den physischen Körper umgibt, jedoch auf einer höheren Frequenz existiert.

Gehirn und Nervensystem bilden zusammen einen wunderbaren Biocomputer, dessen Signalsystem sowohl elektrisch wie chemisch arbeitet. Die verschiedenen Funktionen des

Gehirns werden von einem komplizierten Netzwerk von Neuronen gesteuert. Fast jedes Neuron bekommt Input von vielen Hunderten oder gar Tausenden von anderen Neuronen. Das zentrale Nervensystem (das Gehirn und das Rükkenmark) besteht aus Milliarden von Neuronen.

Sensorische Informationen wirken als Input für den Biocomputer, der wiederum die Daten bearbeitet und dann an die Motorneuronen Signale aussendet, um die Muskeln und Nervenzellen in Bewegung zu setzen. J. H. Wale schreibt in dem Artikel *The Organization of the Brain,* dieser zentrale Biocomputer bestehe zu 99,98 Prozent aus Neuronen des Gehirns.[2]

Das interne Funktionieren dieses Biocomputers ist dem forschenden Auge der modernen Wissenschaft noch verborgen. Was integriert und regelt die komplexen Operationen dieses unglaublichen Biocomputers? Könnte es sein, daß der mentale Körper über den ätherischen Körper und die Chakras wirksam wird?

Dies ist zwar zugegebenermaßen Spekulation. Ich möchte jedoch einige Arbeitshypothesen vorlegen, die ich beim Heilen entwickelt habe. Wenn ich den mentalen Körper mit übersinnlichem Wahrnehmungsvermögen anschaue, sieht er aus wie ein großer Dom, der den physischen Körper umgibt. Die Größe und Leuchtkraft des mentalen Körpers ist offenbar abhängig von der Entwicklung der geistigen Fähigkeiten. In seiner Achse erstreckt sich von oben bis unten ein zentraler »Kabelkern« mit einem Durchmesser von etwa 33 cm. Wie das zentrale Nervensystem dient dieser Kern als Kommunikationsübermittler. Er ist mit Gedächtnisdatenbanken verbunden, für die er als Sender wirkt, und er zeichnet unterschiedliche interne und externe Stimuli auf, analysiert sie und reagiert auf sie. Bestimmte Teil des mentalen Körpers sind mit bestimmten Punkten im astralen, ätherischen und physischen Körper verbunden, und diese werden alle durch die multidimensionalen Funktionen der Chakras integriert. Informationen, die in bezug zu einem bestimmten Aspekt des Leibgeistes stehen, werden im entsprechenden Bereich des mentalen Körpers gespeichert.

Die analysierende Funktion prüft automatisch jede Information, die im mentalen Körper enthalten ist, während sie Stimuli speichert und darauf reagiert. Dieser Prozeß ist vielleicht nicht immer logisch oder nützlich, wie dies aus dem grundlegenden Verständnis der psychologischen Phänomene der Assoziation sehr schnell deutlich wird. Der Assoziationsprozeß läuft in erster Linie mechanisch ab, und die Fähigkeiten und der Output sind wie bei einem Computer von der Art und Weise seiner Programmierung abhängig.

Lernen und Erinnern findet im Gehirn durch den wiederholten Gebrauch bestimmter neurologischer Bahnen statt. Ähnlich bilden bevorzugte oder starke Eindrücke oder Assoziationsmuster die gelernten und perpetuierten mentalen Dispositionen. Diese strukturierten Reaktionen, Einstellungen und Begriffsmuster sind relativ konkret, was die Substanz auf der mentalen Ebene betrifft.

Unser Gefühl von Identität und unsere individuelle Konstruktion der Wirklichkeit sind in diese mentalen Strukturen eingebaut. Sie sind zwar nützlich, aber die Hauptschwierigkeit bei dieser Konstruktion ist, daß sie gewöhnlich verhindert, daß wir unseren Bewußtseinshorizont ausdehnen. Wie jedes Prüfverfahren speichert das Ego nur den Input, der mit Informationen verknüpft werden kann, die schon in der Gedächtnis-Datenbank gespeichert sind. Erfahrungen, die fremd für sie sind, gehen in den Mentalkörper ein und finden kein Programm oder kein Muster, mit dem sie verknüpft werden können. Sie werden nicht im Geist gespiegelt und können nicht in das bestehende Realitätskonstrukt aufgenommen werden. So bleiben sie unverständlich. Solche Erfahrungen schaffen entweder Verwirrung oder werden gänzlich ignoriert, besonders dann, wenn sie bestehende begriffliche Realitäten bedrohen.

Zur Abrundung unseres Modells vom Geist wollen wir uns der Phänomenologie, wie sie von den Buddhisten entwickelt wurde, zuwenden.

Die frühen Buddhisten hielten ihre Einsichten in die Natur des Geistes in Schriften fest, die sie Abhidharma nannten. Der Abhidharma enthält Lehren über Sinneswahrnehmung, Emotionen, komplexe mentale Prozesse, Trance und mystische Bewußtseinszustände.

Die Realität der Phänomene ist für den Buddhisten untrennbar mit dem subjektiven Strom der Empfindungen, Wahrnehmungen, Emotionen und geistigen Aktivitäten verbunden. Der Geist fügt ständig Bilder und Begriffe zusammen, die er für Realität hält. Der Abhidharma untersucht, auf welche Art und Weise der Geist dies tut und welche Elemente er verwendet, um diese »Realität« zu konstruieren.

Die mentalen Elemente, die vom Geist genutzt werden, sollte man sich vorzugsweise als Ereignisse und nicht als Dinge vorstellen. Es sind die Kräfte oder Tendenzen des Geistes, die in Sanskrit mit sarvantranga bezeichnet werden, was wörtlich übersetzt »überall hingehen« heißt. Es gibt fünf essentielle mentale Elemente, die weitgehend den fünf Weisheitsenergien der Dhyani-Buddhas entsprechen.

Das erste dieser fünf Elemente wird *sparsa* genannt, was Beziehung oder Kontakt haben bedeutet. Sparsa beschreibt die Beziehung zwischen Objekten, unseren Sinnesorganen und dem Bewußtsein, das die Erfahrung wahrnimmt. Nur diese drei Faktoren zusammen schaffen unser »wirkliches« Erlebnis; denn weder das externe Objekt, noch der Beobachter kann unabhängig erfahren werden. Dieses einheitliche Feld oder das Erkennen der Gestalt oder der Existenz impliziert, daß Objekte nicht nur uns beeinflussen, sondern daß diese auch durch unsere Wahrnehmung beeinflußt werden.

Die moderne Physik hat dieses alte buddhistische Prinzip vor nicht allzu langer Zeit entdeckt.

Das mentale Ereignis, das dem Kontakt mit einem Objekt folgt, ist *vedana* oder die Empfindung. Es ist mit den Gefühlsurteilen des zweiten Chakras verknüpft. Gefühlsurteile schaffen subjektive Wertvorstellungen, die die Grundlage dafür sind, ob Erfahrungen angenommen oder vermieden werden. Die Reaktionen sind gewöhnlich durch Erfahrungen von Lust oder Schmerz in der Vergangenheit programmiert. Sie können auch durch soziale Konditionierung der Gegenwart oder der Vergangenheit beeinflußt sein. Während die Intensität des Gefühls zunimmt, verwandelt es sich in einen Eindruck, der den Leibgeist zu entsprechendem Handeln bewegt und führt.

Der dritte mentale Prozeß entschlüsselt die einfließenden Informationen. Dieser Prozeß wird *samjna* genannt. Der Hauptaspekt von samjna ist Wissen durch Assoziation, und dies ist eng mit der Egofunktion und folglich mit der Sozialisation verbunden. Jeder Gedanke, der im Geist entsteht, hat jemanden zur Voraussetzung, der das Denken vollbringt. Diese Konzeptualisierungsfunktion des Geistes kann auf jeder Ebene der Erfahrung genutzt werden – auf der banalsten wie auf der sublimsten.

Vor dem Handeln findet ein mentaler Prozeß zur Anspornung des Geistes statt. Diese dynamische Funktion wird *cetana* genannt, was mit Wille übersetzt wird. Wenn der Geist sich auf ein Objekt oder einen Gedanken einläßt – wie subtil er auch sein mag –, dann ist dies ein Willensakt, dann hat eine Entscheidung stattgefunden, die Aufmerksamkeit auf ein bestimmtes Objekt zu konzentrieren. Es gibt Gründe oder Motive dafür, daß wir die Aufmerksamkeit auf etwas Bestimmtes richten. Die Buddhisten bezeichnen diese *cetana*-Kraft auch als »Affengeist«, weil er unaufhörlich von einem Objekt zum anderen springt. Du kennst diese wandernde *cetana*-Kraft sicher schon allzu gut. Wenn du versucht hast, die Meditationsübungen in den Kapiteln weiter vorn zu machen, konntest du sicher beobachten, wie der Geist von einer Idee oder Erinnerung zur anderen gezogen wurde, und wie er von dem Bewußtsein des sensorischen Inputs beeinflußt wird. Der Geist scheint noch einmal einen eigenen Geist zu haben. Dies ist die *cetana*-Kraft.

Komplementär zur *cetana*-Kraft ist *manaskara,* was mit Konzentration oder Anwendung übersetzt wird. Der Geist wandert umher, wenn er nicht gezügelt wird. Diese Konzentrationskraft hat zwei Aspekte. Der erste ist *samadhi,* die Fähigkeit, den Geist auf ein einziges gedankliches Objekt zu konzentrieren, und der zweite ist *prajna,* genaue und erhöhte Wahrnehmungsfähigkeit.

Samadhi ist gewöhnlich an den Bewußtseinszustand bei tiefer Meditation gebunden. Es kann sich jedoch auch um einen entspannten, aber intensiven Zustand der Konzentration handeln. Dieser Zustand löst die Trennung zwischen uns und der Aktivität auf, mit der wir beschäftigt sind. Wenn ein Künstler zum Beispiel malt, ist er ganz und gar in die Arbeit vertieft. In diesem Zustand des Einsseins mit dem, was man tut, sind alle fünf mentalen Prozesse in Harmonie wirksam.

Prajna ist ein zentrales mentales Element. Sie vermittelt uns die Fähigkeit, für alle anderen geistigen Ereignisse genaues Verständnis zu entwickeln. Sie gilt als Mutter der Weisheit. Sie hat zwei Eigenschaften – die erste ist das Unterscheiden. Sie befähigt uns, die anderen mentalen Ereignisse zu artikulieren. Die zweite Qualität ist die Fähigkeit zur Einschätzung. Unsere Wahrnehmung von Erfahrungen ist nicht nur sehr klar, sondern wir können die einzigartigen Eigenschaften, die sie beinhalten, richtig einschätzen, während sie in der Matrix unserer geistigen Ereignisse geformt werden. Dem Zusammenfließen von Bewußtsein und dem geheimnisvollen Fluß der Ereignisse ist unbestreitbar eine ganz bestimmte Schönheit zu eigen. Es wird einem leicht ums Herz und läßt einen mit den Augen zwinkern, wenn dieser Aspekt der Weisheit lächelnd von einem Menschen ausgeht.

In *Open Secrets* teilt Walt Anderson eine Metapher mit, die er bei einem buddhistischen Lehrer gehört hatte. Man kann den Geist mit einem Vogelschwarm vergleichen, der in einer Formation dahinfliegt und dabei ständig seine Form und Richtung ändert. Wenn wir beginnen, den Geist zu beobachten, dann bewegt er sich wie diese Vögel vorwärts und rückwärts. Manchmal sind wir der Beobachter, und manchmal sind wir der Vogelschwarm. Wenn wir lernen, beides gleichzeitig zu sein, dann haben wir *prajna,* die »Kraft des gleichzeitigen Gewahrseins« entwickelt, wie sie manchmal bezeichnet wird.[3]

Wenn wir die Ereignisse des Geistes studieren, werden wir gewahr, daß er unaufhörlich in Bewegung ist, wie ein Kaleidoskop von Bildern, die sich aus den verwobenen Mustern geistiger Prozesse aus sich schnell ändernden Vorstellungen, Gefühlsurteilen, Erinnerungen, Assoziationen und so weiter zusammensetzen. Wenn wir uns selbst beobachten, beginnen wir zu sehen, wie viele unserer Probleme auf falsche Interpretationen, Projektionen, Wünsche und Abneigungen zurückzuführen sind. Sie alle steigen in den Prozessen geistiger Ereignisse auf, und nichts davon hat etwas mit absoluter Realität zu tun.

Der Buddha-Geist

Als Buddha Erleuchtung erlangt hatte, soll er, so wird erzählt, gefragt worden sein, was er erhalten habe. Mit einem Lachen antwortete er: »Nichts.«

In tiefer Meditation wird der Geist konzentriert und beobachtend, und wir können erkennen, wie alle geistigen Phänomene leere Prozesse sind. Es läßt sich darin kein »Selbst« finden.

Wenn wir die tiefe Erfahrung der Leere des Selbst und aller Phänomene gemacht haben, dann ist unser Verlangen überwunden, uns an ein Objekt oder einen mentalen Zustand zu klammern.

Im letzten Abschnitt sagte ich, der Geist sei wie ein Spiegel. Wenn wir nach diesem Spiegel suchen, können wir ihn nicht finden. Es ist durchsichtiges, klares, durchscheinendes Gewahrsein, das es zuläßt, daß Dinge sich darin spiegeln, doch wenn das Objekt verschwindet, dann ist der Geist selbst unsichtbar. Die absolute Natur des Geistes kann unmittelbar als der letztendliche Zustand des Bewußtseins erfahren werden; er läßt sich jedoch nicht in Begriffe fassen oder intellektuell verstehen. Die Buddhisten bezeichnen ihn als den Dharmakaya, was der Körper der Wahrheit oder der formlose Körper des Buddha bedeutet (die Personifikation des erleuchteten Geistes).

Meditation geht schließlich in den Zustand des »kein Geist« über, in einen Zustand jenseits der Dualität, die normaler geistiger Aktivität zu eigen ist, um schließlich die nackte Klarheit des erleuchteten Geistes zu erfahren. Es gibt vier grundlegende Methoden, die es erleichtern, auf diese hohe Ebene der Konzentration zu gelangen, die Voraussetzung ist, wenn man dieses Ziel erreichen will. Dies sind der Einsatz von Mantras, Visualisierung, Atem und Körperhaltung.

Das Wort *mantra* geht auf das Sanskritsubstantiv *manas* zurück, was mit Geist und die Verbwurzel *tra,* die mit schützen übersetzt wird. Mantras schützen den Geist vor unberechenbaren Gedanken. Mantras sind kosmische Kräfte, die sich in der Struktur des Lautes verkörpern. Jedes Mantra erzeugt Vibrationen, die spezifische Kräfte haben. Die Rezitation eines Mantras erzeugt in den subtilen Körpern ganz bestimmte Rhythmen und Muster psychischer Energie, die Blockaden auflösen und der Kundalini-Kraft Wege öffnen.

Eng verwandt mit Mantras sind die Yantras. Sie verkörpern

kosmische Kräfte in geometrischen oder kreisrunden Schaubildern. Jedes Yantra macht das Muster der Kraft sichtbar, die man im Mantra hört (siehe Abbildung 28, unten). Das Visualisieren von Yantras führt den Geist bei der Meditation in die Konzentration. Yantras, die auch als Mandalas bezeichnet werden, sind entweder aus abstrakten graphischen Figuren zusammengesetzt, oder es handelt sich um Darstellungen von Gottheiten, die geometrisch angeordnet sind. Wenn man sich ganz mit dem Yantra identifiziert, bedeutet das, daß man die innewohnenden Kräfte, die jede der Formen andeutet, realisiert oder freiläßt.

Abbildung 28: Das Shri-Yantra repräsentiert den gesamten Kosmos, der durch die Balance von männlichen und weiblichen Prinzipien geschaffen wurde. Hier wird er durch die unterschiedlichen Verknüpfungen von aufwärts und abwärts weisenden Dreiecken dargestellt.

Yantras oder Mandalas sind nicht spezifisch für die tantrische Tradition. Man kann sie leicht mit archetypischen Projektionen transpersonaler Dimensionen der Psyche, wie sie sich überfall auf der Erde finden, in Zusammenhang bringen.
C. G. Jung beobachtete, daß seine Patienten spontan Mandala/Yantra-artige Muster zeichneten und träumten, insbesondere dann, wenn alle Schaffens- oder Heilungsfunktionen des Selbst aktiv waren. Er hat auch festgestellt, daß diese

Ausdrucksweise des Selbst im Verlauf der Geschichte in vielen unterschiedlichen Kulturen zutage trat.

Eng verbunden mit dem Intonieren von Mantras und dem Visualisieren von Yantras und Gottheiten sind ganz bestimmte Körperhaltungen, die als *mudras* bezeichnet werden. Mudras stehen in funktioneller Beziehung zu bestimmten Bewußtseinszuständen und dem Fluß psychischer Energien durch den Körper. Während einige dieser Hand- und Körperhaltungen symbolischen Charakter haben, geschieht es nicht selten, daß Menschen spüren, daß sich ihr Körper beim Erwachen spiritueller Kräfte in ein spezifisches Mudra hineinbewegt. Jeder, der dies erlebt hat, kann davon berichten, daß die magnetartigen Kräfte, die den Körper bei der intensiven Begegnung mit starken psychischen Energien formen, nichts Symbolhaftes an sich haben. Sie sind im wahrsten Sinne des Wortes Ausdruck dieser Kräfte.

Ein weit verbreitetes Meditationsmudra ist der volle Lotussitz oder die Vajra-Position, das Mudra des Dhyani-Buddha Vairocana. Die Hände liegen übereinander im Schoß. Beim Mann liegt die rechte Hand auf der linken, bei der Frau liegt die linke Hand auf der rechten. Die Beine sind so verschränkt, daß die Fußsohlen nach oben weisen. In dieser Position zirkuliert die Energie durch den Körper und geht nicht über die Gliedmaßen verloren. Diese Position ist sehr stabil, das Rückgrat ist vollkommen aufrecht und erlaubt den freien Fluß der vitalen Kräfte durch die Hauptenergiekanäle entlang der Wirbelsäule. Dieses Mudra vermittelt Frieden und Ruhe und repräsentiert eine harmonische Balance der Energien.

Atemübungen, die in Sanskrit *pranayama* heißen, werden ebenfalls genutzt, um den Geist zur Ruhe und Konzentration zu bringen. Der Atem steht in direkter Beziehung zur emotionalen und geistigen Verfassung, in der wir uns befinden. Haben wir Angst oder sind wütend, dann geht der Atem schnell. Sind wir erstaunt oder konzentrieren uns, dann hören wir fast auf zu atmen. Andererseits kann man den Atem auch nutzen, um die emotionale oder geistige Verfassung zu kontrollieren oder zu verändern. Ein langsames, tiefes und regelmäßiges Atemmuster wirkt sehr beruhigend auf den Leibgeist. Manche Formen der Meditation beruhen fast ausschließlich auf dieser einfachen Methode. Indem man den Atem als Objekt der Konzentration nutzt, wird der Geist ruhig und in die Meditation geführt. Kompliziertere Atemtechniken werden zusammen mit komplexen Visualisierungsübungen eingesetzt, um die vitalen Lüfte (Atem) zum Zirkulieren zu bringen und sie in den Zentralkanal zu ziehen.

Das Sanskritwort *prana* wird oft einfach als Atem übersetzt. In Wirklichkeit bezeichnet es eine geläuterte Lebenskraft, die alle manifesten Formen durchdringt und aufrechterhält. *Ayama* bedeutet Ausdehnen oder Bändigen. Pranayama bedeutet deshalb Ausdehnung oder Bändigung der Lebenskraft, so daß der Leibgeist seinem höchsten Potential entsprechend mit Leben erfüllt wird.

An diesem Punkt ist ein grundlegendes Phänomen von Bedeutung, das mit dem Nervensystem in Verbindung steht. Lenkt man die Aufmerksamkeit auf einen bestimmten Bereich des Körpers, dann wird dadurch das Nervensystem in diesem Bereich stimuliert. Die intensive Konzentration, die mit der Praxis der Meditation auf die Chakras verbunden ist und die speziellen Atemübungen des Tantra stimulieren das Nervensystem. Die Lage der Chakras im ätherischen Körper entsprechen den wichtigsten Nervenzentren entlang der Wirbelsäule. Bei der Größe des Durchmessers der Wirbelsäule kann der Kanal eine ungemein hohe neurologische Ladung weiterleiten. Da die wiederholte Konzentration auf die Chakras neurologische Pfade aktiviert, wird das Vermögen und die Bereitschaft der Wirbelsäule, hohe elektrische Ladung weiterzuleiten, erhöht.

Nach tantrischer Vorstellung sind einige der wichtigsten psychischen Kanäle im ätherischen Körper subtile Entsprechungen des Nervensystems. Es heißt, durch diese Kanäle flösse Prana. Der erhöhte Fluß elektrischer Energie ist deshalb die Folge des Prana, das sich durch die subtilen Kanäle des ätherischen Körpers bewegt. Wenn wir diese Kanäle öffnen und lernen, die pranische Kraft durch sie zu leiten, dann ändern wir nach und nach sowohl die Anatomie und die Kapazität der subtilen Körper wie auch die des physischen Körpers.

Man stellt sich vor, daß das Prana durch die Chakras des ätherischen Körpers in den physischen Körper eintritt. Nach tantrischer Lehre unterscheidet man fünf bestimmte unterschiedliche vitale Lüfte entsprechend der Modifikation des Pranas nach seiner Lage und Funktion in den Chakras. Zwei davon sind die wichtigsten Objekte der Konzentration bei den Atemtechniken. *Apana,* der nach unten fließende Atem, ist im ersten Chakra lokalisiert, und *prana,* die wichtigste vitale Luft, steht mit dem Herzzentrum in Verbindung. *Prana* wird willentlich beeinflußt, so daß es hinabfließt, die latente Urkraft der Kundalini belebt und die *apana* dazu bringt, aufzusteigen. Wenn man den üblichen Pfad umkehrt und sie im dritten Chakra zusammenbringt, entsteht viel psychische Hitze. Dieses innere Feuer wird genutzt, um den Zentralkanal zu öffnen.

Unter den vielen Mandalas und Yantras im Tantra ist der Leibgeist das wichtigste. Er wird von den Rhythmen und Kräfte, die sich durch die ganze Schöpfung bewegen, gebildet. Deshalb ist er ein mächtiges Symbol des Kosmos. Die Befreiung und Harmonisierung des Lebensflusses durch die Chakras bringt seine Kräfte und Geheimnisse ans Tageslicht. Durch den präzisen Einsatz der Körperhaltung, der Mantras, der Atemkontrolle und der Visualisierung können wir den Leibgeist zur Konzentration bringen, ihn reinigen und geeignete Bedingungen für das klare Licht des Buddha-Geistes schaffen, so daß es wie das Sonnenlicht in einen dunklen Raum in den Zentralkanal und in unser Bewußtsein strömen kann.

Gottheiten-Yoga

Gottheiten-Yoga ist eine wirksame Technik, den endlichen Geist in den Buddha-Geist zu verwandeln. Dieser Aspekt des Tantra ist so wirksam, daß es heißt, man könne dadurch in einem Leben zur Erleuchtung gelangen. Will man es richtig praktizieren, dann müssen wir die drei folgenden Prinzipien beherrschen: (1) Entsagung, die Entschlossenheit, die Ego-Identität und ihre Sicht der Welt loszulassen; (2) Erbarmen, das brennende Verlangen, für alle fühlenden Wesen ein Buddha zu werden, und (3) das rechte Sehen, das tiefe Bewußtsein, daß alle Phänomene vergänglich sind und nicht wirklich existieren. Die beiden ersten Punkte wurden schon diskutiert. Wir wollen nun das dritte Prinzip betrachten.

Das Sanskritwort *Shunyata* bedeutet zwar wörtlich Leere (emptiness), aber die Bedeutung des Wortes ist, wenn es in der buddhistischen Philosophie zur Anwendung kommt, viel subtiler. Der Begriff Leere bezieht sich auf die Erfahrung, die man in der Meditation macht, daß es in den Dingen nichts Bleibendes gibt. Es gibt keinen unabhängigen und unveränderbaren Stoff, aus dem die Dinge gemacht sind, und deshalb besteht kein Ding aus und durch sich selbst. Alle Dinge bestehen aus anderen vergänglichen Elementen, die ständig aufsteigen, sich vereinen und dahinschwinden. Sie kommen aus dem großen Nicht-Ding-Sein der Leere und gehen in sie ein.

Wenn wir die physische Welt betrachten, sehen wir normalerweise die abgegrenzten Formen von Gegenständen und nicht das Feld, in dem sie auftauchen. In der gleichen Weise beherrschen Gedanken den Geist, und der Raum, in dem sie auftauchen, wird ignoriert. Die Leere ist wie der negative Raum, in dem Dinge existieren. Doch die Leere ist weit davon entfernt, ein leerer oder negativer Zustand zu sein. Sie ist ein sehr positiver Zustand, ein Zustand, der unendliches Potential enthält. Diese Offenheit ist allgegenwärtig und ist Voraussetzung für jedes Objekt. Alle Dinge beziehen ihre Form aus ihr und existieren nur in bezug auf sie.

Die Leere ist die letzte und formlose Realität. Sie ist ein nicht definierbares Geheimnis, in der der unendliche Fluß phänomenaler Realität existiert. Wenn man sich darüber klar wird, daß sie die wahre Natur von einem selbst ist, dann bedeutet dies, daß man zum Buddha wird. Wenn man sich nicht darüber klar wird, dann bedeutet dies, daß man im Zustand der zyklischen Existenz und der Illusion bleibt.

Mit erhöhter Wahrnehmungsfähigkeit erlebt man die Leere als reines Bewußtsein. In diesem Zustand gibt es ein gewaltiges Gefühl von Freiheit, ein Gefühl, eine Grenze überschritten zu haben. Die essentielle Natur des Geistes ist raumgleich, sie ist alles durchdringend. Der Mahasiddhi-Yogi Tilopa fordert uns in seinen Mahamudra-Anweisungen auf, ruhig und gelöst zu sein und den Klang wie ein Echo widerhallen zu lassen. Wenn wir in der Lage sind, den Geist ruhig zu halten, dann sehen wir das Enden aller Welten. Erbarmen und Entsagung sind das Tor und der Pfad des tibetanischen Tantras, tiefe Meditation über die Leere ist der Aufenthaltsort des ruhigen Bleibens.

Das Gottheiten-Yoga verbindet uns mit dem Geist der Gottheit, die an diesem ruhigen Aufenthaltsort lebt. Als erstes müssen wir lernen, wie man die fünf essentiellen Elemente des Geistes (skandhas) kondensiert. Das Sanskritwort *skandha* bedeutet schultern, hochhalten. Beim Studium des Abhidharma lernten wir, daß die fünf skandhas (geistigen Elemente) die Illusionen unserer Ego-Realität unterstützen. Wenn diese

Elemente des Geistes in ihre ursprüngliche Natur zurückverwandelt werden, dann werden die Trübungen des endlichen
Geistes durch die spiegelgleiche Klarheit des Buddha-Geistes
gereinigt.

Das Sanskritverb *nirva* bedeutet wörtlich »ausblasen«. Der
Bedeutungsinhalt bezieht sich, wenn er im Tantra zur Anwendung kommt, auf ein Feuer, das ausgeht, weil der Brennstoff verbrannt ist. Wenn die fünf Skandhas verwandelt werden, dann ist für den Ego-Geist kein Brennstoff mehr
vorhanden. Das Bewußtsein wird dann von den Verunreinigungen frei, die seine essentielle Leere beschmutzt haben. In
Sanskrit wird dieser Bewußtseinszustand *jnana* genannt.

Sowohl jnana wie prajna enthält die Wurzel jna, die die
kognitiven Potentiale der Bewußtheit andeutet. Das Präfix
pra bedeutet erhöhen oder steigern. Deshalb bezieht sich
prajna auf die Steigerung kognitiver Fähigkeiten. Das Bewußtsein wird von Verunreinigungen befreit, und man
nimmt die diamantengleiche Klarheit der Leere wahr. Jnana
bezieht sich auf die ursprüngliche Natur des Buddha-Geistes.
Während die Leere ein Objekt ist, das mit der prajna-Qualität
wahrgenommen wird, existiert jnana vor einer Subjekt-Ob-
jekt-Dualität. Jnana ist das nicht-duale Sosein des reinen
Leere-Bewußtseins, wie es in Vajradhara, dem Adhibuddha,
verkörpert wird.

Vajradhara wird als der »Wurzelguru« verehrt, weil er die
Form ist, die der Buddha-Geist annimmt, um Tantra zu
lehren. Prajnaparamita, die Gefährtin des Vajradhara, verkörpert die Wahrnehmung in ihrem sublimsten Zustand
(prajna), die die transzendente Weisheit (paramita) erfährt.
Sie personifiziert die Weisheit des jenseitigen Ufers, das
Bewußtsein, das uns über den Ozean zyklischer Existenz
trägt.

Es gibt ein Meditationsritual für jeden Tag, das als guru-puja
bezeichnet wird. Es wird geübt, damit man in den erhabenen

Zustand einer Verkörperung von Vajradhara und Prajnapa-ramita gelangt. Dies ist ein Beispiel für Gottheiten-Yoga. Es gibt eine Anzahl schwierigerer höherer buddhistischer tantri-scher Methoden, die sich auf eine bestimmte Gottheit und ihre Schar von Dienern bezieht. Gottheiten wie Hevajra, Chakrasambhara, Guhyasamaja und Kalachakra haben je-weils ihr spezifisches Mandala, und es gibt unterschiedliche Methoden und Beschreibungen, wie man mit den Chakras und den subtilen Kanälen umgeht.

Die Unterschiede in den verschiedenen tantrischen Syste-men sind wohl auf die räumliche und zeitliche Entfernung zurückzuführen, die sie trennt. So, wie die universellen Motive, die man in der Weltmythologie findet, in unter-schiedlichen Kulturen ganz spezifische Züge aufweisen, ha-ben die archetypischen Elemente in den tantrischen Ritualen in unterschiedlichen Sekten jeweils eine andere Ausprägung gefunden.

Infolge der mythischen und symbolischen Natur dieser Sy-steme ist es nicht angemessen, ein Urteil darüber zu fällen, welches von ihnen richtiger oder wünschenswerter ist. Wenn du nicht von einem Lehrer in einer bestimmten Methode angeleitet wirst, dann ist es das beste, wenn du diesen Dingen mit Offenheit begegnest. Meine Absicht ist, die Grundprin-zipien zu zeigen. Folge dann deiner Intuition. Meine eigenen Erfahrungen mit dem Erwachen des Inneren Feuers standen zum Beispiel nicht im Einklang mit dem »Dogma« der Leh-ren, in die ich initiiert worden war.

Die Buddhisten sagen, wenn man den Geist den höheren tantrischen Praktiken des Gottheiten-Yoga aussetzt, ohne ihn vorzubereiten, sei das so, als werfe man einen Stein ins Wasser. Er nimmt nichts auf. Traditionellerweise wirft sich ein Schüler 100 000mal vor dem Wurzelguru Vajradhara und der ganzen Linie buddhistischer Lehrer nieder, bringt ihnen die entsprechende Anzahl an Mandalas dar und pflegt die Zufluchts-, Einsichts-, Vajrasattva- und Chöd-Meditation. Der Wert dieser einführenden Praktiken kann nicht hoch genug veranschlagt werden. Darin liegt der Hauptgrund für die Wirksamkeit der tantrischen Methode.

Bei den höheren tantrischen Praktiken gibt es zwei Stadien: das Stadium des Werdens, in dem wir uns die Bewegung der vitalen Lüfte durch die Kanäle und uns selbst als die Gottheit in ihrem Mandala vorstellen, und das Stadium der Vollendung, in dem die vitalen Lüfte wirklich einströmen und sich im Zentralkanal auflösen, und wir im wahrsten Sinne des Wortes zur Verkörperung der Gottheit werden.

Daniel Cozort betont in *Highest Yoga Tantra* die Bedeutung des »göttlichen Stolzes im Stadium des Werdens«. Dies ist wie eine Art Selbsthypnose, in der wir glauben und handeln, als seien wir die Meditationsgottheit. Indem wir dieses göttliche Selbstbild kultivieren, nicht nur in der Meditation, sondern bei allen Aktivitäten des Alltages, werden wir vor unserer gewöhnlichen Wahrnehmung der Welt geschützt. Das »Ich«, das in diesem Gottheiten-Yoga geschaffen wird, basiert auf unserer Realisation der Leere und ist ein mächtiges Antidot für die normalen Illusionen des Ego-Selbst.[4]

Wenn die vitalen Lüfte in den Zentralkanal einströmen, entsprechen sich der Druck der Einatmung und der Ausatmung und die Menge der Luft, die durch die beiden Nasenlöcher fließt. Mit mehr Übung fließt der Atem langsamer und scheint irgendwann zum Stillstand zu gelangen. Wir werden auch angewiesen, bei der Beeinflussung der vitalen Lüfte uns im wahrsten Sinne des Wortes oder mit einem vorgestellten Gefährten oder einer vorgestellten Gefährtin sexuell zu vereinigen, um deren Seligkeit mit unserer Kontemplation der Leere zu verbinden. Diese beiden Vorgehensweisen erzeugen die notwendigen Bedingungen, in denen der Buddha-Geist realisiert werden kann.

Das Meditationsbeispiel, das nun folgt, ist aus höheren tantrischen Praktiken zusammengesetzt und enthält ein kurzes Guru-Puja an Vajradhara, die vier tantrischen Ermächtigungen, eine Atemtechnik, die Vasen-Atmung genannt wird, die Visualisierung der vitalen Lüfte und der subtilen Energie-Kanäle, Arbeit mit dem inneren Feuer und eine kondensierte Form des Shri-Chakrasambhara-Tantra. Man sollte beachten, daß diese unterschiedlichen Praktiken traditionellerweise nicht auf diese Weise miteinander verbunden werden. Diese Simulation veranschaulicht lediglich die komplexen Elemente, die in höheren tantrischen Methoden enthalten sind.

Shri-Chakrasambhara-Tantra

Chakrasambhara ist eine zornige Ausprägung von Vajradhara, der in einem Meditationsritual zur Initiation in die große Seligkeit genutzt wird. Sambhara bedeutet wörtlich eine Sammlung oder ein Eid. Das Chakrasambhara-Mandala (das etwa zweiundsechzig Gottheiten enthält) repräsentiert die höchste Seligkeit. Im Shri-Chakrasambhara-Tantra ist die Kraft enthalten, die uns vom Kreislauf der zyklischen Existenz befreien kann. Deshalb findet es auf einem großen Begräbnisplatz statt, der Symbol für das Ende der weltlichen Existenz ist. Es wird gesagt, dieses Tantra sei von Vajradhara an den himmlischen Guru und Bodhisattva Vajrapani weitergegeben worden, der es wiederum an den indischen buddhistischen Heiligen Saraha weitergegeben haben soll. Es ist seit alters her von einem Lehrer an den nächsten weitergegeben worden, einschließlich an so verehrungswürdige Lehrer wie Tilopa und Naropa.

In der riesigen Weite des Himmels steht ein goldener Thron, der auf acht Löwen ruht (die die Furchtlosigkeit und den Sieg über alle abscheulichen Kräfte symbolisieren). Auf diesem

220

Thron befindet sich ein reiner, weißer Lotus (Makellosigkeit), in dem der Mond und die Sonne wie Kissen ruhen (das heißt die Vertreibung aller Dunkelheit, allen spirituellen Nichtwissens und die Ausstrahlung des Lichtes des transzendierenden Bewußtseins). Hier sitzt Vajradhara in voller Lotusposition und hält das Szepter und die Glocke (Weisheit und Erbarmen) in der linken und rechten Hand, die sich vor dem Herzen kreuzen. Sein Körper ist blau wie der Mitternachtshimmel und mit Juwelen und himmlischer Seide geschmückt. Er strahlt von Licht, und von ihm geht der Glorienschein des fünffarbigen Regenbogens der seligen Dhyani-Bhuddas aus (siehe Abbildung 29, Seite 222).

Unter Vajradhara sind alle Gurus versammelt, die die Jünger des Wurzelgurus Vajradhara waren. Zur Linken befindet sich Shakyamuni Buddha in der Form, in der er in der Zufluchtsmeditation erscheint. Auf Vajradhara sitzt Prajnaparamita (siehe Abbildung 30, Seite 223). Ihr Körper hat die Farbe des klaren blauen Tageshimmels. Ihre Hände treffen sich vor ihrem Herzen in der Haltung des »Gliedes des Zuwachses«, was Krönung oder Hochzeit oben und unten bedeutet. Ein Lotusstengel, den sie in der Linken hält, unterstützt ein heiliges Buch, das die Lehren über die Leere enthält. Zur Rechten Vajradharas befinden sich die Bodhisattvas Tara (siehe Abbildung 31, Seite 224) und Avalokitesvara, die die Gemeinschaft aller den Buddhismus Praktizierenden darstellen.

Man erkennt die Linie der erleuchteten Lehrer an und bittet um ihren Segen und ihre Hilfe. Dann lösen sie sich in den Wurzelguru Vajradhara auf, der sie alle verkörpert. Dann lösen sich Shakyamuni, Prajnaparamita, Avalokitesvara und Tara in Vajradhara auf. Du kannst dich in deinen eigenen Worten an den Wurzelguru wenden, damit er den Strom deines Geistes segnet, so daß er von seinen Verunreinigungen befreit wird. Traditionelle Gebete helfen bei der Entwicklung des großen Erbarmens, aus dem Herzen kommender

Abbildung 29: Vajradhara wird von den beiden Hauptsekten des tibetischen Buddhismus für den erhabenen Buddha (Adibuddha) gehalten. Er wird als der Wurzelguru und die Form, die der Buddha-Geist annimmt, um tantrische Lehren weiterzugeben, verehrt. Zeitgenössische Darstellung von Äge Delbanco, wiedergegeben mit Erlaubnis des Künstlers.

Abbildung 30: Prajnaparamita ist die Vergöttlichung der buddhistischen Schrift gleichen Namens. Sie verkörpert transzendente Weisheit und wird deshalb als die »Mutter aller Buddhas« betrachtet. Einige Sekten des tibetischen Buddhismus identifizieren sie als die Gefährtin von Vajradhara, dem erhabenen Buddha. Aus: *Avery Brundage Collection,* Asian Art Museum of San Francisco, Golden Gate Park, San Francisco, CA. Wiedergegeben mit Erlaubnis.

Abbildung 31: Tara ist eine der populärsten Göttinnen Tibets. Es gibt von ihr 21 Erscheinungsformen. Der Legende nach wurde Tara aus einer Träne aus dem Auge des Buddhas des Mitleides (Avaloktishvara) geboren, die er vergoß, als er auf die Menschheit blickte und all ihr Leiden erlebte. Mit der Unschuld und Reinheit eines 16jährigen Mädchens schwor Tara, alle fühlenden Wesen zu befreien. Ihr tibetischer Name, Dolma, bedeutet Befreierin. Aus: *Thanka Collection of Sergei Diakoff,* mit Erlaubnis wiedergegeben.

Entsagung und des richtigen Verständnisses der Leere. Zum Schluß bittet man um Erlaubnis, die zwei tantrischen Stadien des Werdens und der Vollendung zu praktizieren.

Vajradhara gibt dir dann die vier tantrischen Ermächtigungen. Aus dem weißen OM in seinem sechsten Chakra fließt Licht in den kleinen Tropfen Licht im Zentralkanal in deinem sechsten Chakra. Du erhältst die Vasen-Initiation, die die Kanäle für subtile Energie in deinem Körper reinigt und korrigiert. Dies gibt dir die Kraft, die höher entwickelten Stadien der höheren tantrischen Praktiken zu üben, und es wird der Samen gelegt, der zum Befreiungskörper eines Buddha (Nirmanakaya) wird. Wenn du diese Ermächtigung erhältst, bewirkt das, daß du über die Bedeutung und das kreative Potential deines physischen Körpers nachsinnst. Wenn er gereinigt ist, dann ist er das Gefährt des Buddha-Geistes.

Als nächstes strahlt das rote Licht von dem AH in seinem Kehl-Chakra in dein eigenes Kehl-Chakra (im Zentralkanal) und aktiviert den Tropfen Licht, der sich darin befindet. Die vitalen Lüfte, die unter anderem Sprache schaffen, werden durch diese geheime Initiation gereinigt. Dies gibt dir die Kraft, das Mantra korrekt zu nutzen, so daß du über das subtile Energiesystem des Körpers meditieren kannst, und legt den Samen für die Entwicklung eines illusorischen Körpers eines Buddha (Sambhogakaya). Dieser Körper ist dauerhafter als dein gegenwärtiger zeitgebundener Körper; er überdauert den physischen Tod. Diese Ermächtigung verwandelt auch die Art und Weise deiner Kommunikation nach innen und nach außen. Genauso, wie manche Leute geistlos über im Grunde genommen bedeutungslose Dinge reden, schwätzt dein eigener Geist ständig. Der Gebrauch des Mantra ist Kommunikation auf einer anderen Ebene. Er schafft Kontakt mit höheren Wahrheiten und schützt deinen Geist vor seinem gewöhnlichen neurotischen Umherschweifen.

Blaues Licht scheint dann vom HUM in Vajradharas Herz-Chakra in dein Herz-Chakra. Der Tropfen Licht dort im Zentralkanal wird aktiviert, während du die Weisheitser-mächtigung erhältst. Dies macht es dir möglich, dich auf die Praxis des nicht-dualen Soseins einzulassen, und legt den Samen für den Wahrheitskörper eines Buddha (den Dharma-kaya). Menschen schaffen normalerweise Begriffe und geisti-ge Bilder, um Ereignisse darzustellen oder zu benennen, und dann verwechseln sie diese Benennungen und Bilder mit der Wirklichkeit, die sie repräsentieren. Diese »falsche Sicht« und die Vorliebe, sie zu schaffen, wird durch den Vajra-Geist mit Hilfe dieser Ermächtigung unterbrochen. Darüber hinaus werden die Lüfte, die durch die subtilen Kanäle fließen, gereinigt. Die Verwandlung weltlichen Verlangens in die Große Seligkeit wird verstärkt, und du wirst befähigt, ein Gefäß für diese Seligkeit zu sein.

Das Wort Ermächtigung integriert die anderen drei Initiatio-nen. Deshalb visualisierst du die weißen, die roten und die blauen Strahlen, die in deine drei höheren Chakras hinein-scheinen. Dies reinigt dich von allem, was die alles umfas-sende Weisheit behindert. Du wirst so in ein Gefäß für die große Vollkommenheit verwandelt. Wenn diese Initiation durch einen Lama erfolgt, dann bekommst du die Erlaubnis, Mahamudra zu praktizieren (das wird im nächsten Kapitel dargelegt).

Vajradhara ist die Personifizierung der eigentlichen Leere-Einheit, von der die fünf Weisheitsenergien ausgehen. Durch Guru-Yoga vereinst du deinen Körper, dein Sprechen und deinen Geist mit ihm, um mit seinem Sein zu verschmelzen.[5] An diesem Punkt stellst du dir vor, wie du dich in Vajradhara verwandelst. Während dein Geist in Konzentration über die Leere eingeht, löst du dich in das klare Licht auf.

Wenn du nicht mehr in diesem anfälligen Gleichgewicht der Freiheit von Gedanken bleiben kannst, dann zeigt sich dein

Geist in der Form eines zunehmenden Mondes, weiß gefärbt und rot getönt. Visualisiere darunter im Raum eine Sonnenscheibe in der Mitte eines achtblättrigen Lotus. Darum herum befindet sich ein weiterer Kreis. Er hat acht blaue Lotusblätter und ist das Mandala des Geistes. Um diesen herum befindet sich ein weiterer Kreis mit acht roten Lotusblättern, das Mandala der Sprache. Um diesen herum befindet sich das weiße achtblättrige Mandala des Körpers.

All dies ist von einem riesigen quadratischen Tempel umgeben (siehe Abbildung 32, Seite 228). Seine Wände bestehen aus fünf kostbaren Materialien: auf dem Boden befindet sich eine schwarze Substanz wie Onyx, darüber weiße Muschelschalen, als nächstes folgt Gold, dann Rubine und schließlich Smaragde. Darauf ruht ein Dach im chinesischen Stil. Jede Wand hat einen Eingang und einen kleinen Vorbau, der von Säulen gestützt wird. Eine vierreihige Randleiste, die am Osttor blau, am Nordtor grün, am Westtor rot und am Südtor gelb gefärbt ist, ruht auf diesen Säulen. Der Tempel ist von einem Wall von Flammen umgeben, vom brennenden Feuer transzendentaler Weisheit.

Jenseits davon dehnen sich acht große Feuerbestattungsstätten leuchtend aus. Auf jeder von ihnen befindet sich ein großer Baum, ein Fluß, ein Feuer, ein Stupa, und darüber schwebt eine große Wolke. Dieser große Friedhof befindet sich auf dem Gipfel des Berges Meru, auf dem höchsten vorstellbaren Punkt der Erde.

Die folgenden Devatas wohnen auf den acht Grabplätzen: der gelbe Indra auf seinem Elefant, einen Donnerkeil in der Hand; der gelbe Yaksha auf einem Pferd, eine Keule in der Hand; der weiße Varuna auf Makara mit seiner Nase; der blaue Yama auf einem Büffel, eine Lanze haltend; der rote Agni mit vier Armen, auf einer Ziege reitend; der schwarze Rakshasa, ein Schwert und einen Totenschädel haltend und auf einem wiederbelebten Leichengerippe reitend; der grüne

Abbildung 32: Chakrasambhara-Mandala. Dies ist das Mandala, das im Chakrasambhara-Tantra, einer der höheren esoterischen tantrischen Praktiken, visualisiert wird. Es zeigt in der Mitte einen achtblättrigen Lotus, an seinen Hauptpunkten die vier Dakinis und im Zentrum die Haupt-Devatas, Chakrasambhara und Vajra-Yogini. Außerhalb davon finden sich die Mandalas des Körpers, der Rede und des Geistes. Dies alles ist von einem Tempel umgeben, der zwischen acht Leichenverbrennungsplätzen steht. Aus: *Avery Brundage Collection,* Asian Art Museum of San Francisco, Golden Gate Park, San Francisco, CA., mit Erlaubnis wiedergegeben.

Marut, ein Banner haltend und auf einem Hirsch reitend; und der weiße Vang-Dan, auf einem Bullen reitend mit einem dreispitzigen Donnerkeil. Alle diese Devatas werden von ihren Gefährtinnen begleitet, starren dich an und erscheinen jetzt als das Hauptdevata im Zentrum der konzentrischen Kreise des vierfachen Mandalas.

Als Chakrasambhara (siehe Abbildung 33, Seite 230) visualisierst du deinen Körper als durchschimmernd tief himmelblau und mit Asche von den Leichenverbrennungsplätzen beschmiert. Du hast ein Gesicht und zwei Arme, die vor deinem Herzen gekreuzt sind, und du umarmst deine Gefährtin, Vajra-Yogini. (Chakrasambhara erscheint auch mit sechzehn Armen und vier Gesichtern.) In deinen Händen hältst du ein Vajra-Szepter und eine Glocke. Zum Zeichen dafür, daß du das höchste Maß an Verdiensten erworben hast, ist dein Haar auf deinem Kopf in einem Knoten zusammengebunden. Dieser ist mit einem Edelstein geschmückt, der denen, die zu dir beten, alle Wünsche erfüllt. Ein zunehmender Mond ruht auf der linken Seite des Knotens. Er zeigt, daß du die höchste Ebene des Bewußtseins erreicht hast. Auf dem Knoten befindet sich ein vielfarbiges vierzackiges Vajra-Szepter, das anzeigt, daß deine Handlungen allen Wesen dienen. Du trägst auch eine Krone aus fünf getrockneten Schädeln, weil du die fünf Weisheiten der Dhyani-Buddhas erworben hast. Eine Kette mit fünfzig frisch abgeschlagenen Schädeln stellt die Buchstaben des heiligen Alphabets dar. Zum Zeichen dafür, daß die Dämonen-Göttin des Verlangens überwunden ist, schaust du deine Beute finster an und stellst sie zur Schau. Du trägst auch ein locker fallendes Tigerfell um die Hüften, und demonstrierst damit deine heroische Mißachtung für den Glauben an die Realität von Dingen und Geist.

Du bist ernst, voll Energie, unnachgiebig und furchterregend, und doch bist du von Erbarmen erfüllt und immer bereit,

Abbildung 33: Chakrasambhara und Vajra-Yogini. Chakrasambhara ist eine zornige Form des Adibuddha Vajradhara, die in einer fortgeschrittenen tantrischen Methode zur Anwendung kommt. Vajra-Yogini, seine Gefährtin, ist eine der wichtigsten Göttinnen des tibetischen Tantra. Sie steht für die Leere, aus der sich die Schöpfung gestaltet, und wird deshalb als »Mutter der Schöpfung« angesehen. Zeitgenössische Darstellung von Äge Delbanco, wiedergegeben mit Erlaubnis des Künstlers.

230

irrende Seelen zu retten, die von Leidenschaften und eigensinnigen Gedanken überwältigt werden. Zum Zeichen dafür, daß du noch in der Welt der fühlenden Wesen existierst, stehst du mit ausgestrecktem rechten Bein auf dem ausgemergelten roten Körper der Göttin der Zeit. Dein gebeugtes linkes Bein steht auf einer schwarzen Figur, um alle Wesen daran zu erinnern, daß sie extreme Lehren vermeiden sollen, wie zum Beispiel die Doktrin, daß Nirvana die einzige Realität ist.

Dein Körper ist stark und angenehm, während du Vajra-Yogini umschlingst. Sie ist rot, sie hat die Farbe intensiver Leidenschaft und Liebe, weil sie alle Wesen liebt. Sie klammert sich leidenschaftlich an dich, sie reagiert jedoch so sensibel auf die leiseste deiner Bewegungen, so daß du ihre Berührung kaum spürst. Sie hat zwei Arme. Der linke umarmt dich und hält einen Schädel, der mit ihrem Blut gefüllt ist. Sie läßt dich so an ihrer Essenz teilhaben – an höchster Seligkeit. In der Rechten hält sie das Vajra-Messer, mit dem sie alle abschweifenden Gedanken und alles verwirrende Verlangen wegschneidet. Um zu zeigen, daß sie den Knoten aufgeknotet hat, der alle Dinge so, wie sie erscheinen, festhält, hängt ihr Haar lang und frei herab. Sie ist unbekleidet, sie stellt die Wahrheit ihres Seins frei von allen Schleiern des Verlangens und irrigen Begriffen zur Schau. Sie hat drei Augen, ist mit fünf getrockneten Schädeln gekrönt und trägt fünf Knochen-Ornamente. Ihre Beine sind über deinen Hüften verschränkt. Die sexuelle Vereinigung mit dir hat zur Folge, daß ihr beide untrennbar von der Einheit der höchsten Weisheit und der höchsten Seligkeit durchdrungen seid.

Auf den vier Lotusblüten der vier Hauptrichtungen des innersten Mandalas um dich herum stehen vier jugendliche nackte Dakinis mit langen zerzausten Haaren und haben das rechte Bein in deine Richtung gestreckt. Jede von ihnen hat ein Gesicht, drei Augen, Kronen aus fünf getrockneten Schädeln,

Ketten aus fünfzig getrockneten Schädeln und einen Ausdruck, der vor sinnlichem Lachen strotzt. Jeweils in der rechten Hand halten sie ein gebogenes Messer und eine kleine doppelseitige Trommel. In der Linken haben sie eine Schädelschale und einen Stab. Auf der Stirn einer jeden Dakini findet sich ein weißes OM auf einer Mondscheibe, ein rotes AH auf einer Lotusblüte auf ihrer Kehle und ein blaues HUM auf einer Sonnenscheibe an ihrem Herzen. Die schwarze Dakini steht auf dem östlichen Blütenblatt, die grüne Dakini steht auf dem nördlichen Blütenblatt, die rote Dakini steht auf dem westlichen Blütenblatt, und auf dem südlichen Blütenblatt steht die gelbe Dakini.

Auf den Lotusblättern der vier Kreuzpunkte des Kompasses stehen vier Urnen aus kostbarem Metall. Diese sind mit den Wassern der Weisheit gefüllt. Darauf stehen Schädelschalen, die mit den fünf Nektaren gefüllt sind und so das Chakra (Rad) der großen Seligkeit ausmachen.

Jenseits davon befinden sich die drei Mandalas des Geistes, der Rede und des Körpers. Auf jeder der acht Lotusblätter in allen Mandalas umarmen Götter und Göttinnen einander. Die männlichen Gottheiten haben vier Arme. Zwei der Hände halten ein Vajra-Szepter und eine Glocke hinter dem Rücken ihrer Gefährtinnen, die sie umschlungen haben. In der anderen rechten Hand halten sie eine Trommel, und in der Linken einen Stab. Die weiblichen Gottheiten gleichen im Schmuck und in der Haltung der Vajra-Yogini.

Alle diese Götter und Göttinnen sind von der großen Seligkeit erfüllt.

Die drei äußeren Mandalas stellen die drei Körper des Buddha-Geistes dar; das äußerste weiße Mandala ist der Manifestationskörper. Das rote Mandala der Rede ist der Körper des Werdens. Und das innere blaue Mandala des Geistes ist der Wahrheitskörper. Alle göttlichen Paare, die diese Mandalas bewohnen, repräsentieren etwas, das auf dem Pfad der Befreiung entsteht, wie zum Beispiel hilfreiche Impulse und Zustände, die man mit ihrer Hilfe erreicht.

Nachdem du dir ein lebendiges Bild von den drei Mandalas und den Gottheiten, die darin wohnen, geschaffen hast, wiederholst du das Mantra OM AH HUM. Während du eine Silbe nach der anderen ertönen läßt, wird das Paar des jeweiligen Mandalas aktiviert. Wenn du OM ertönen läßt, konzentrierst du dich auf das äußere Mandala des Körpers. Wenn du AH ertönen läßt, konzentrierst du dich auf das rote Mandala der Rede. Wenn du HUM ertönen läßt, lenkst du deine Aufmerksamkeit auf das blaue Mandala des Geistes.

Wiederhole diesen Prozeß dreimal. Am Ende jeder Wiederholung konzentrierst du dich auf die vier Dakinis des zentralen Mandalas und die Umarmung deiner Gefährtin. Die Seligkeit, die von dem Paar im äußeren Mandala geschaffen wird, konzentriert sich in dir und deiner Gefährtin. Dies hat zur Folge, daß das rote a in deinem ersten Chakra sich aufheizt und dröhnt. Seine Hitze steigt auf und bringt den Lichtpunkt im Thig-Le im Kopf zum Schmelzen. Dies beginnt dann zu summen, und es strömt Nektar von ihm aus. Der ausströmende weiße Nektar vermischt sich mit der aufsteigenden roten Hitze im Herz-Chakra.

Im Tantra glaubt man, daß während der sexuellen Vereinigung am unteren Ende des Zentralkanals durch das Aufheizen des Buchstabens a Seligkeit geschaffen wird. Während diese Hitze den Zentralkanal hochsteigt, bringt sie das umgekehrte HAM im Kopfzentrum zum Schmelzen. Dessen Nektar tropft herab und erzeugt angenehme sexuelle Gefühle.

Der Zentralkanal, der wie eine Antriebsachse durch alle Chakraräder nach oben führt, ist durchscheinend blau (manche Quellen beschreiben ihn als klar und leicht rot gefärbt) und hat den Durchmesser deines kleinen Fingers. Er wird lebendig dargestellt. An untersten Ende (am ersten Chakra) wird die Samen-Silbe a visualisiert (siehe Abbildung 26, Seite 194), haarfein, 3 cm hoch und rotglühend wie ein Glühfaden. Dieses a ist geheimnisvoll lebendig von vitaler Energie und gibt einen Laut von sich wie eine gut gespannte Saite, die im Wind vibriert.

Am anderen Ende des Zentralkanals befindet sich das sechste Chakra. Die Samensilbe HAM (siehe Abbildung 26, Seite 194) wird als weiß wie der Mond und vom Nektar der Bodhicitta erfüllt visualisiert. Sie tönt wie das Summen eines Bienenschwarms.

Zur Verstärkung der Hitze des a wird eine Atemtechnik, die Vasenatmung genannt wird, zum Einsatz gebracht. Während des Einatmens stellt man sich vor, Luft ströme in die Nasenlöcher ein und fülle den rechten und den linken Kanal, als seien diese Kanäle Ballons. Nach dem Einatmen wird der Unterleib ausgedehnt (damit erscheint der Körper wie eine Vase), während die Luft hinuntergeschluckt und nach unten gezogen wird. Dies drängt die Luft aus den beiden Kanälen in das untere Ende des Zentralkanals. Dann wird der Schließmuskel kontrahiert, um die Luft in den Zentralkanal zu leiten und sie nach oben zu drücken. In dieser Vorstellung verharrst du so lange, wie du bequem den Atem anhalten kannst, und du visualisierst, daß das a heißer und heißer und heißer wird, zum Glühen kommt und vibriert.

Während des Ausatmens leuchtet die elektrische heiße Feuerzunge auf, um das Thig-Le (der schneeweiße Punkt unter der umgekehrten Samensilbe HAM) zum Schmelzen zu bringen. Dies hat zur Folge, daß der seligkeitsschaffende Nektar in die aufsteigende Flüssigkeit im Zentralkanal tropft. Während das Elixier die Ebene der verschiedenen Chakras erreicht, löst es die Verunreinigungen dort auf und fließt durch die Pfade der subtilen Energie aus, die von ihm ausgehen. Auf diese Weise erfährt man verschiedene Arten der Seligkeit.[6]

234

Indem man die vitalen Lüfte eines jeden Chakras sammelt und auflöst, wird der Tod simuliert. Zum Zeitpunkt des Todes werden die psychischen Knoten eines jeden Chakras gelöst, und die vitalen Lüfte treten spontan in den Zentralkanal ein. Dies verursacht die Erscheinung des klaren Lichtes der Leere. In der Meditation sind wir in der Lage, darauf gerichtet zu bleiben, und werden nicht in die karmischen Halluzinationen des zweiten Bardo-Zustandes gezogen. Wir können deshalb schließlich einen subtilen Körper, der aus den vitalen Lüften und dem Geist der Meditationsgottheit besteht, erlangen. Dies führt uns schlußendlich zu unserer Manifestation als Buddha, statt zu der immer wiederkehrenden Inkarnation in eine karmisch geformte Existenz in der Welt der Phänomene.

Du hältst den gesamten Inhalt des Mandalas gleichzeitig in deinem Bewußtsein, und du meditierst über dich selbst als die Leere, in der all dies enthalten ist. Die essentielle Einheit, die diesen Mikrokosmos durchdringt, ist deine wahre Natur. Während du sie reflektierst, wiederholst du die folgenden Mantras:

OM SHUNYATA JNANA VAJRA SVABHAVA
ATMAKOHAM
(Ich bin die Leere und VAJRA-Weisheit.)

OM VAJRA SHUDDHA SARVA DHARMA
VAJRA SHUDDHOHAM
(Ich bin reine Leere, die wahre Natur von allem.)

Zum Abschluß der Meditation stelle dir in deinem dritten Chakra eine weiße achtblättrige Lotusblüte vor. Im Zentrum dieser Lotusblüte sitzen Vajrasattva und seine Gefährtin, die Vajra-Göttin, auf einer Mondscheibe. Sie nehmen die gleiche Position ein, in der du beim Herzchakra (Kapitel 5) über sie meditiert hast. Von dem blauen HUM in ihrem Herzen gehen durch alle Mandalas hindurch in alle Richtungen elektrische blaue Lichtstrahlen aus. Wie das Anziehungsfeld eines Magneten, der Eisenspäne anzieht, ziehen diese blauen Strahlen alle Inhalte deiner Visualisierung an und leiten sie in dich zurück.

Als nächstes wird deine Gefährtin in deinem Körper absorbiert und du wiederum versinkst in Vajrasattva. Wie Vajrasattva absorbierst du deine Gefährtin und schrumpfst zu dem blauen HUM in deinem Herzen zusammen. Die HUM-Silbe wird dann in den kleinen Lichtpunkt (bindu) darüber absorbiert. Und schließlich verschwindet der Lichtpunkt in der Leere wie Salz, das sich im Wasser auflöst.[7]

Während du von der Meditation in den Tag gehst, stellst du dir vor, du seist Chakrasambhara oder Vajra-Yogini. Wenn du ißt, opferst du dir wie einer Gottheit. Wenn du zur Toilette gehst, dann scheidest du Verunreinigungen der Welt der fühlenden Wesen mit deiner göttlichen Kraft aus. Wenn du eine Tür öffnest, dann ebnest du einen Weg zur Befreiung aller Wesen. Du denkst und handelst, als wärst du in der Tat ständig die Gottheit.

Das andere Ufer

7. Chakra

*D*as Kronenchakra heißt auf Sanskrit *Sahasrara*. Es ist der tausendblättrige Lotus. Die Blütenblätter dieses Lotus hängen herab, um die Pforte des Seins, die Vorderfontanelle (die weiche Stelle auf dem Kopf von Säuglingen) zu schützen. Diese weiche Stelle schließt sich etwa im Alter von sechs Monaten. Dadurch soll wohl die Verbindung zur Geistwelt abgeschnitten werden. Yogis früherer Zeiten haben Praktiken entwickelt, sie wieder zu öffnen. Es heißt, daß man vom Kreislauf des Todes und der unfreiwilligen Wiedergeburt befreit ist, wenn man den Körper beim Tod mit dem letzten Atemzug bewußt durch dieses Tor des Seins verlassen kann. Auf den Blütenblättern des Lotus stehen die fünfzig Buchstaben des Sanskrit-Alphabetes (20mal wiederholt = 1000). Diese Buchstaben umkreisen das Sahasrara von rechts nach links und steigen aus den Linien des »Höchsten Dreieckes« (Kamakala) auf, der Wurzel allen Klanges im Zentrum dieses »Höchsten Lotus«. Das Dreieck bildet symbolisch den Körper dieses ursprünglichen nichtmanifestierten »Lautes«, aus dem das Universum entstanden ist. Die mondartigen Strahlen, die von diesem leuchtenden Lotus ausgehen, gelten als Nektar der Unsterblichkeit (siehe Abbildung 34, Seite 238). Das Kronenchakra wird im buddhistischen Tantra durch einen brennenden Lichttropfen (Thig-Le) symbolisiert, der für das Element Äther steht. Die raumartige Qualität ursprünglichen Bewußtseins hier im obersten Stockwerk des heiligen Tempels wird von Vairocana, dem Urbuddha, der die Weisheit des Universellen Gesetzes repräsentiert, beherrscht. Die

Leidenschaften, die ihn verdunkeln, sind Irreführung und Unwissenheit (siehe Abbildung 35, Seite 239).

Aus psychologischer Sicht sind Gedanken, die sich auf Gott, die spirituelle Welt und unsere Beziehung dazu richten, normalerweise in diesem Chakra beheimatet. Diese Begriffe können aus früheren Leben oder aus religiöser Unterweisung im gegenwärtigen Leben stammen. Sie verstellen uns den Weg zur intuitiven Bewußtheit des Kronenchakras. Diese heiligen Glaubenssätze werden oft vom Ego gut bewacht und sind deshalb schwer zu hinterfragen. Trotzdem kann man nicht genug betonen, wie wichtig es ist, dies zu tun, wenn wir das Geheimnis und die wahre Natur des Selbst ergründen wollen. Das Kronenchakra richtet sich auch an die Ebene des Bewußtseins unserer Seele. Es sind mediale Fähigkeiten daran gebunden, und es vermittelt uns Zugang zu den sublimeren Bereichen der inneren Dimensionen und den spirituellen Wesen, die sie bewohnen.

Abbildung 34: Sahasrara, das Kronenchakra, der tausendblättrige Lotus, weißer als der Vollmond und von den Farben der Morgensonne getönt. Seine Strahlen sind der Nektar der Unsterblichkeit, und auf seinen Blütenblättern befinden sich die fünfzig Buchstaben des Sanskrit-Alphabetes (20mal wiederholt = 1000). Im Zentrum dieses Lotus findet sich das erhabene Dreieck Kamakala, der ursprüngliche unmanifestierte »Klang« der Schöpfung. Hindu-Texte unterscheiden sich beträchtlich in der Beschreibung des komplexen Symbolismus, der diesem erhabensten Chakra zugeschrieben wird. Seine Geheimnisse sollen in der Meditation gelernt werden.

Abbildung 35: Vairocana ist der Dhyani-Buddha, der der Herr des Kronenchakras ist. Er verkörpert die Dharmadhatu-Weisheit. Seine Farbe ist Blau,
und sein Element ist Äther. Mit den Händen bildet er das Dharmachakra
oder das Lehr-Mudra. Aus: Lama Anagarika Govinda, *Grundlagen tibetischer Mystik,* Weilheim, 1988, Tafel II.

Die manifestierte Form des Universums (einschließlich der verschiedenen inneren Ebenen) entspricht dem Körper des Planeten. So, wie verschiedene Arten von Tieren und Pflanzen unter unterschiedlichen geographischen und klimatischen Bedingungen leben, so exisistieren in anderen Dimensionen eine Anzahl von »nichtmenschlichen« Wesen. Im Deva-Reich zum Beispiel gibt es eine Reihe von Naturgeistern, die mit dem Mineral- und Pflanzenreich zusammenarbeiten. In unserer Zeit ist das bekannteste Ergebnis des Umgangs mit Naturgeistern die Entwicklung der unglaublich schönen Gärten in der Findhorn-Gemeinschaft in Schottland. In alten Kulturen konnte man mit Hilfe von Ritualen mit Naturgeistern kommunizieren und umgehen.

Eng verwandt mit Naturgeistern sind Elemente, die in manchen primitiven und schamanischen Systemen mit den Kräften des Windes, des Wassers, des Feuers und der Erde assoziiert werden. Carlos Castanedas Bücher zum Beispiel sind voll von Berichten über seine Begegnungen mit diesen »Mächten« während seiner Lehre bei dem Yaqui-Zauberer Don Juan. Dem tibetanischen Tantra sind diese Elemente nicht fremd. Das Chöd-Ritual in Kapitel sechs war ursprünglich ein Weg, mit diesen fremdartigen, nicht-inkarnierten Wesen, die die niedrigeren Bereiche der Astralebene bevölkern, zu kommunizieren und ihre Hilfe zu erlangen.

Ehe wir weiter unten die Wesen darstellen, die auf den spirituelleren Ebenen der inneren Planeten existieren, möchte ich etwas klären. Bis jetzt habe ich in diesem Text den buddhistischen Standpunkt dargelegt, daß alle Phänomene illusorisch und der subjektiven Wahrnehmung unterworfen sind (was natürlich gut zu C. G. Jungs Theorie von den Archetypen und wie sie in die äußere Erfahrung projiziert werden paßt). Weiter hinten in diesem Kapitel werde ich diese Positionen genauer erläutern. Für den Augenblick möchte ich jedoch sagen, daß diese »nicht-physischen«

Wesen nicht weniger real sind als wir selbst. Auch sie haben eine relative und zeitlich bedingte objektive Realität.

Jede Seele hat mindestens einen spirituellen Tutor, der gewöhnlich als Geistführer bezeichnet wird. Ich mache die Erfahrung, daß die meisten Menschen mehrere solche Lehrer haben, und daß wir im Verlauf unserer Entwicklung neue Lehrer bekommen. Die Geistführer machen zwar der Seele Vorschläge; die Seele hat jedoch die freie Wahl und trägt die Verantwortung dafür, wenn sie der angebotenen Führung folgt.

Das Ego-Selbst ist normalerweise weitgehend vom Bewußtsein unserer Seele getrennt. Deshalb sind die Geistführer am einflußreichsten in der Zeitspanne zwischen verschiedenen Leben, in der uns Zeit gegeben wird, die Lehren der Vergangenheit zu betrachten und Pläne für das nächste Leben zu schmieden. In diesen Zeitspannen arbeiten die Führer sehr intensiv mit uns.

In meinen Erfahrungen bei Rückführungen in frühere Leben und Zwischenzustände kommt es vor, daß Menschen, die in erster Linie mit dem Ego-Selbst identifiziert sind, nicht einmal merken, daß sie tot sind und nach dem Tode in traumartigen Halluzinationen dahindämmern. Bei diesen Menschen wirken die Gesetze des Karmas automatisch, und sie werden in die Wiedergeburt gezogen, wobei sie sich dieses Prozesses kaum bewußt werden. Ihre Führer erscheinen wie in Träumen. Jede Führung kann angenommen oder zurückgewiesen werden.

Wir können von unseren Führern in dem Maße lernen, in dem wir nach dem Tod auf der Seelenebene und während der Inkarnation wach sind. Möglicherweise sind diese Führer verantwortlich für intuitive Geistesblitze und auffällige Ereignisse in unserem Leben. Regelmäßige Meditation und aufmerksames Beobachten unserer Träume erhöht die Empfänglichkeit für die innere Führung. Sie ist sehr subtil; ist und rät uns oft in einer Weise, die den Wünschen und dem Verlangen des Egos zuwiderläuft.

Schließlich ist noch zu sagen, daß die Kronenchakra-Ebene des Bewußtseins der zentrale Punkt ist, dem das Spinngewebe unserer individuellen Identität entspringt. Deshalb ist es der Ort, wo es sich wieder sammelt und wo das Netzwerk von Bildern entwirrt wird, das die Vorstellung von uns selbst ausgemacht hat.

Jenseits von Form, Gedanken und Begriffen des Seins oder Nichtseins taucht das Bewußtsein durch das Tor des Seins im Kronenchakra in das abgrundtiefe Meer des klaren Lichtes der Leere ein. Wenn wir dieses Gipfelerlebnis integrieren, beginnen wir uns mit dem Leben als ganzem in seinen Myriaden von Teilen zu identifizieren; der individuelle Leibgeist wird zu einem bewußten Hologramm des Universums. Es bleibt nichts zu tun übrig als zu »sein« und den Fluß der Schöpfung ungehindert fließen zu lassen.

An diesem Punkt wird der »Seelenkomplex« unsterblich in dem Sinn, daß er an seiner absoluten Natur teilhat. Indem wir zu einem paradoxen individuellen Ausdruck von ALLEM WAS IST werden, gehen wir in ein Leben des Dienstes und der Zusammenarbeit mit kosmischen Kräften und anderen Wesen ein, die darin wirken.

Die Seele und ihre Reise

Unsere Seele ist wie das bloße Aufflackern subatomarer Wellenpartikel in der kosmischen Matrix. Doch aus unserer irdischen Perspektive kommt uns dieses Aufflackern ewig vor. Ja, die Vorstellung ist verbreitet, daß die Seele unsterblich, unwandelbar und vollkommen ist. Wir haben in den Begriff der Seele einige der Eigenschaften unseres sublimsten Körpers, des Seligkeits- oder Buddha-Körpers projiziert.

Doch selbst dieser Körper ist keine Einheit oder kein Ding; er ist ein Zustand »des Seligkeits-Bewußtseins«. Als solcher ist er untrennbar mit dem verbunden, was ewig und unwandelbar ist. Doch der Teil von uns, der in den phänomenalen Bereichen aktiv ist, jener Teil, der den Tod überlebt und wandert (die Seele), ist weder unsterblich noch unwandelbar. Die Buddhisten sehen ihn als einen Körper mentaler Tendenzen. Er wird geboren, entwickelt sich und macht dann schließlich eine Art kosmische Tod-Wiedergeburt-Erfahrung. Manche Seelen beginnen ihr Wachstum und Lernen lange, ehe sie auf die Erde kommen. Sie kommen aus vielen Gründen hierher. Die Seele nimmt für die Inkarnation in der physischen Welt die notwendigen Körper an: den geistigen, den emotionalen, den ätherischen und den leiblichen. Diese sind bei ihrem hiesigen Aufenthalt ihre Fahrzeuge. Beim Tod erfolgt eine allmähliche Desintegration dieser Körper, während die Seele sich in sich selbst zurückzieht.

Die Seele nimmt durch die Erfahrungen in allen ihren Leben an Bewußtheit zu. Die gesammelten Erfahrungen auf der Erdenebene vermitteln der Seele nicht nur mehr Verständnis; sie spielen auch eine wichtige Rolle bei der Bestimmung der Bedingungen in zukünftigen Leben. Wenn das siebente Chakra geschlossen ist, dann bleibt der inkarnierten Persönlichkeit die akkumulierte Weisheit und die Zweckbestimmung der Seele unbewußt. Ein geöffnetes siebentes Chakra wird dagegen zu einem Kommunikationskanal zwischen der Seele und der Persönlichkeit. Frühere Leben und eine breite Perspektive der verschiedenen Elemente, die unsere Individualität ausmachen, werden deutlich. Wenn diese Ebene der Bewußtheit der Seele im Leibgeist zu erwachen beginnt, kann man Menschen, mit denen man in früheren Leben zu tun hatte, leicht erkennen, und man kann schneller das Karma durcharbeiten, das uns mit ihnen verbindet.

Man kann die Seele mit der Sonne und die verschiedenen

Inkarnationen mit Planeten vergleichen. Jeder betrachtet die anderen Leben von seiner Raum-Zeit-Koordinate aus als vor sich oder hinter sich auf der Umlaufbahn liegend. Auf einer bestimmten Ebene der Entwicklung kann die Seele aus ihrer zentralen Perspektive bzw. ihrer anders dimensionierten Perspektive alle diese Leben als gleichzeitig ablaufend erleben. In den Endstadien der Reise der Seele auf dem Erdplaneten wird die Bilanz der psychischen Faktoren, die sich durch alle Leben zieht, klarer in den Mittelpunkt gerückt. Man kann sie wie ein Mandala sehen, in dem die Farbe und die Bedeutung und alle Bildfaktoren miteinander verkettet sind und eine Gesamtkomposition schaffen.

Die Seelen werden durch ihre Konzepte von der Realität konditioniert. Es gibt jedoch einen Zeitpunkt, an dem sie ihre Bindung an die Dramen und Begriffe, die ihre Weltsicht ausgemacht haben, fahrenlassen müssen. Durch unzählige Inkarnationen entdeckt die Seele immer mehr von der ihr innewohnenden Weisheit. Nach vielen Experimenten und mit der gütigen Tutorschaft der Geistführer entfalten sie nach und nach ihre wahre Natur: seligkeitsbewußtes Sein.

Ich möchte den folgenden Ausschnitt aus einer übersinnlichen Wahrnehmung wiedergeben, weil er Prüfungen, die eine Seele auf der Suche nach ihrer spirituellen Natur durchläuft, gut veranschaulicht.

Ich sehe, daß du in deinem Verlangen, dich spirituell zu entwickeln, sehr rein und ernsthaft bist. In früheren Leben hast du höhere Aspekte der Bewußtheit erlangt, indem du Einsiedler warst und deine Aufmerksamkeit voll nach innen gerichtet war. Es fällt dir sehr schwer, in physischer Form, im Körper zu sein. Du bist sehr sensibel und findest die Bedingungen dieser Welt widerwärtig.

Du hast das Gefühl, du müßtest dich von der Welt absondern, um spirituell zu sein. Deshalb willst du jetzt nicht lehren. Du mußt jedoch verstehen lernen, daß du in der Welt so spirituell sein kannst wie außerhalb von ihr.

Wir wollen jetzt einige frühere Leben betrachten, damit du ein besseres Verständnis dafür bekommst, wie sich diese Themen entwickelt haben. Zuerst sehe ich dich als heiligen Hindu. Ich nehme zwei Zeiträume wahr, einen im neunten und einen im elften Jahrhundert. Offensichtlich hast du das gleiche Muster zweimal hintereinander wiederholt.

Wenn ich dein Leben im neunten Jahrhundert anschaue, sehe ich dich als Kind einer ziemlich reichen Händlerfamilie mit neun Geschwistern. In deiner Kindheit hörst du Geschichten und Legenden von heiligen Männern. Diese Geschichten von Männern, die auf Tigern reiten und andere wunderbare Dinge tun, begeistern und erregen dich. Als Junge träumst du oft davon, einmal solch ein Heiliger in den Bergen zu werden ... Jetzt sehe ich dich im Alter von 20 Jahren. Du arbeitest im Geschäft deines Vaters und fühlst dich gefangen. Die materielle Welt kommt dir banal vor, und sie langweilt dich. Immer noch steht dir das Bild deiner Kindheit von einem heiligen Mann vor Augen, und du trägst den Traum von Transzendenz und Freiheit mit dir herum. Du weißt nicht, was das alles zu bedeuten hat, aber irgend etwas Magisches ist in dir und brennt in dir. Ich sehe, wie du die Familie aufgibst und zum wandernden spirituellen Suchenden wirst. In den ersten Jahren fällt dir dieser Lebensstil ziemlich schwer, weil du ein gutes Leben gewöhnt bist. Du verhungerst fast, und du wirst es leid, zu reisen und zu wandern. Du gehst von Ashram zu Ashram und machst mit unterschiedlichen Lehrern Erfahrungen. Dieser Prozeß ist sehr desillusionierend, weil sich die Phantasie, die du in dir trägst, nicht erfüllt. Du suchst weiter und bist nie zufrieden.

Ich sehe, daß diese Suche zehn Jahre weitergeht. Du hast das tiefe Verlangen, herauszufinden, was Transzendenz ist. Schließlich gehst du allein in die Berge und wirst zum Einsiedler. In dieser Zeit kommst du an einen kritischen Punkt extremer Desillusionierung, doch es gibt nichts, wohin du dich zurückwenden könntest. Darin liegt ein wahrer Ego-Tod – ein wirkliches Aufgeben. Ich sehe, wie du noch zwei, drei Jahre in dieser Weise in den Bergen lebst. Das einzige, was deinen Geist erfüllt, ist das Verlangen, in den Bewußtseinszustand zu gelangen, von dem du fühlst, daß er von Natur aus zu dir gehört. Du sammelst Wildpflanzen und nimmst jeden Tag nur eine kleine Mahlzeit zu dir. Du verbringst die meiste Zeit in Meditation und bist von dem brennenden Wunsch erfüllt, Befreiung zu erlangen.

Du bist 43 oder 44 Jahre alt, als du das erste Mal in mystische Bewußtseinszustände gelangst. In den nächsten zehn Jahren kommst du immer tiefer in diese Erfahrung hinein. Ich sehe dich am Ende dieser Zeit mit einem langen weißen Bart und langem weißem Haar. Du kehrst nie in die Zivilisation zurück. Du stirbst in den Bergen. Obwohl du eine hohe Bewußtseinsebene erreicht hast, gibt es immer noch einen Teil von dir, der nicht zufrieden ist. Deine vorgefaßten Vorstellungen haben zur Folge, daß du glaubst, du seist nicht in den höchsten erreichbaren Bewußtseinszustand gelangt. Du verläßt dieses Leben im neunten Jahrhundert mit Spuren von Unzufriedenheit.

Du inkarnierst dich wieder – immer noch auf der Suche nach Befreiung. Diesmal wählst du eine arme Familie aus, so daß du nicht vom Reichtum und den Bequemlichkeiten des Lebens abgelenkt wirst. Ich sehe, wie du als kleiner Junge deine Familie verläßt und in einen Tempel gehst. Du bittest darum, in das Kloster aufgenommen zu werden.

Du bist entsetzt über die vielen Rituale, die du vollziehen mußt. Du bleibst jedoch im Tempel und deine spirituelle Entwicklung geht rasch vonstatten.

Jetzt sehe ich dich als jungen Mann in der Rolle eines hohen Offiziellen des Tempels. Doch in dir trägst du immer noch dieses brennende Wissen, daß dies irgendwie nicht das ist, was du suchst. Du fühlst dich schuldig, daß du die Menschen, die in den Tempel kommen, um religiöse Führung zu suchen, in die Irre führst.

Etwa im Alter von 30 Jahren wirst du wieder zum wandernden Suchenden. Du verläßt den Tempel und gibst deine Stellung auf. Du findest in einem kleinen Dorf in den Bergen einen Lehrer und erkennst ihn als Erleuchtetes Wesen an. Du bringst ihm Gefühle großer Dankbarkeit entgegen, weil du glaubst, das gefunden zu haben, was du gesucht hast. Ich sehe, wie du viele Jahre dort bleibst und schließlich die Kundalini erwacht. In dieser Zeit bekommst du von diesem Lehrer alles, was er dir geben kann, und du verläßt ihn, als du etwa 45 Jahre alt bist. Als du weggehst, hast du die Vorstellung, du solltest hinauf in den Himalaya gehen. Diese Metapher, hinauf in die Berge zu gehen, ist das Bild für die Suche nach noch reineren, nach den reinsten Bewußtseinszuständen. Wieder wirst du Einsiedler. Und doch gibt es noch etwas, was du suchst. Du hast ein Bild, einen Begriff, ein tiefsitzendes Gefühl, daß es noch mehr gibt, das Gefühl, daß du alles nicht ganz verstehst. So stirbst du in diesem Leben in der gleichen Haltung des Suchens.

Infolge deiner vorgefaßten Meinungen über Spiritualität in der yogischen Tradition bist du taub für die Hilfe deiner Führer auf den inneren Ebenen. Deine Seele ist auf die Begriffe der Befreiung und des Brahma fixiert (die hinduistische Vorstellung von absoluter Realität). Es ist wie bei einem Menschen, der in der christlichen Tradition aufwächst und erwartet, daß ein großer Mann aus den Wolken kommt und ihn in den Himmel trägt. Du bist mit der Vorstellung gestorben, du hättest das Nirvana erlangt und müßtest nicht zur Erde zurückkommen. Du hältst so sehr daran fest, daß es lange dauerst, bis du dich wieder inkarnierst. Du willst einfach nicht auf deine Führer hören. Schon der Gedanke, auf die Erde zurückzukehren, ist dir widerwärtig. Schließlich hat man dich davon überzeugt, daß es notwendig ist, zurückzukommen, und du wirst in der westlichen Welt in einem Versuch inkarniert, deine Perspektive über das Leben zu erweitern, aber du landest natürlich schnell wieder in einem Kloster.

Ich sehe dich als christlichen Mönch in Deutschland. Es fällt dir schwer, dein spirituelles Verlangen mit der christlichen Tradition in Einklang zu bringen. Du überträgst die Vorstellung, Brahma zu erlangen, auf den christlichen Begriff von Gott. Daraus erwächst das brennende Verlangen und das Gebet zu Gott, dich zu retten. In diesem Leben bist du Mönch in einem Kloster. Du führst eine vollkommen entfremdete Existenz. Kaum je unterhältst du dich mit einem deiner Mitbrüder und hältst dich allen Diensten fern, die mit der Öffentlichkeit zu tun haben. Du verbringst die meiste Zeit allein in der Meditation und beim Abschreiben von Büchern. Du bist ziemlich entsetzt über das Intelligenzniveau deiner Mitbrüder und die Art und Weise, wie sie Gott gegenübertreten. Du kannst ihnen deine Erfahrungen aber auch nicht mitteilen. Ich sehe dich inmitten von unglaublichen Energien meditieren. Die Kundalini-Energien, die du im vergangenen Leben erweckt hast, steigen wieder in dir auf. Doch in der christlichen Tradition gibt es nicht viele Möglichkeiten zu verstehen, was in dir geschieht. Du bindest dich an die Jungfrau Maria. Du betest zu ihr als der göttlichen Mutter und suchst bei ihr Befreiung.

Diesmal ist deine Seele nach deinem Tod ein wenig aufnahmebereiter, und du bekommst von einigen deiner Führer eine klare Lektion über den Nutzen, für die Menschheit zu arbeiten und ihr zu dienen. Sie sagen dir, daß du da den tieferen Sinn finden wirst, der das Verlangen, das du fühlst, befriedigen und erfüllen wird. Sie bringen dich zu der Überzeugung, daß es eine gute Idee ist, diesen Weg zu versuchen.

Ich sehe dich als kleines Kind, als den Erstgeborenen einer Familie, kurz nach der Mitte des fünfzehnten Jahrhunderts. Dein Vater ist Buchdrucker. Dein Familienleben ist ziemlich normal und gut angepaßt. Ich nehme eine bayrische Atmosphäre wahr – deine Mutter und dein Vater sind recht geräuschvoll. Als kleiner Junge verbringst du viel Zeit mit dem Gedruckten und du arbeitest in der Druckerwerkstatt deines Vaters. Das, was in dieser Zeit gedruckt wird, hat religiösen Inhalt, und du entwickelst ein brennendes Lesefieber. Als Erwachsener arbeitest du weiter bei deinem Vater, aber ich sehe auch, wie du in Klöster gehst. Du bist daran interessiert, mehr Material zum Drucken zu sammeln, damit das Wort der Heiligen Schrift verbreitet wird.

In diesem Leben heiratest du. Es fällt dir schwer, mit einem anderen Menschen intim zu sein. Ich sehe, daß deine Frau sehr sensibel, demütig, sanft und sehr von dir abhängig ist. Du empfindest es als Druck, für sie sorgen zu müssen. Du hast auch ein Kind, einen Sohn. Nach einigen Jahren übernimmst du deines Vaters Geschäft. Nun bist du der Verantwortliche für Geschäft und Familie. Das lastet schwer auf deinen Schultern. Es ist ein gewaltiger Druck, und dein brennender Eifer, religiöse Bücher zu drucken und sie der Öffentlichkeit zugänglich zu machen, schwindet bald dahin. Es wird dir klar, daß deine Absicht, die Massen zu inspirieren, sich nicht realisieren läßt. Die Menschen hören nicht auf zu saufen und dumpf vor sich hin zu leben. So bist du desillusioniert. Im Laufe der Zeit wirst du zum zweitenmal Vater. Du fühlst dich mehr und mehr gefangen. Es gibt für dich keinen Ausweg. Du bist an das Geschäft gebunden. Du kannst auf keine andere Art und Weise den Lebensunterhalt verdienen, und du fühlst dich der Familie verpflichtet. Für den Rest des Lebens bist du unglücklich und stirbst ziemlich früh.

Diesmal ist deine Seele in Desillusionierung versunken. Wieder einmal bist du dem Rat deiner Führer nicht zugänglich und wirst sofort auf die Welt zurückgeschickt, randvoll mit Frustrationen. Du kommst in einer Zeit großer politischer Unruhen nach Italien – zur Zeit der Gegenreformation. Ich sehe dich darin verstrickt. Du willst die Welt verändern und alles reinigen. Damit hast du einige deiner Frustrationen und Desillusionierungen und die Intensität deines Verlangens, spirituelle Reinheit zu finden, ausagiert. Dieser Fanatismus erfüllt dich voll und ganz und treibt dich an. Nach dem Tod in diesem Leben bist du wie ein religiöser Wahnsinniger.

Diesmal bist du von Zorn erfüllt, von rechthaberischem Zorn. Ich sehe, wie du mit einigen deiner Führer in harte Konfrontation gehst. Sie fordern dich heraus und brechen bei dem Versuch, dich in Verbindung mit der sanften Essenz deiner spirituellen Natur zu bringen, durch deinen Ärger.

Das Karma jenes Lebens wird für eine Zeitlang auf die Seite gelegt, und du wirst dazu geführt, in einem weiblichen Körper in das Leben einzutreten. In diesem Leben sollst du deine weiblichen Seiten entwickeln, aber du projizierst deine Frustration und Desillusion in deine Rolle als Frau. Auf diese Weise schaffst du es wieder, dich dir selbst zu entfremden.

Später in deinem gegenwärtigen Leben, wenn du beginnst, als Lehrer zu arbeiten, wirst du einige der Menschen wiedertreffen, mit denen du in der Gegenreformation als Priester zu tun hattest. Die Natur deines Karmas ist, daß du lernen mußt, dich ihnen mitzuteilen und in einer Art mit ihnen zusammen zu sein, die ihnen hilft und sie nicht vor den Kopf stößt und verdammt.

Der Leibgeist ist das Fahrzeug, die Seele ist der Fahrer. Die Seele wirkt, wenn auch anfänglich sehr schwach, in vielen Leben durch das Ego-Selbst, und die Bewußtheit ihrer selbst und der transpersonalen Dimensionen des Kosmos nimmt zu. Alle archetypischen Themen, die mit den Chakras verbunden sind, werden von der Seele durchlebt. Die gesamte Sammlung dieser Entwicklungsmuster kann man als das Labyrinth betrachten, in das die Seele schließlich in die Geheimnisse ihres Seins eingeht und ihre abschließende Initiation empfängt.
Bis jetzt haben wir den Sitz der individuellen Identität in Zusammenhang mit dem Ego-Selbst gebracht. Es sollte jetzt jedoch klar sein, daß das fundamentale Gespür für das Getrenntsein der Ebene der Seele entstammt. Dieses »Ich« wird in vielen Inkarnationen von der innewohnenden Seele in den Leibgeist projiziert. Nur in den letzten Stunden der Seele wird dieses »Ich« zunehmend transparent.

In *Aion* identifiziert C. G. Jung das Selbst als ein »Gottesbild«. Man kann es zumindest nicht von dem Gottesbild unterscheiden, das er charakterisiert. Die polytheistischen Tendenzen alter Kulturen zeigen den Reichtum der archetypischen Ebenen der Psyche, doch nach Jung offenbart Monotheismus das Selbst.[1]

Er bezeichnet das Bild Gottes, wie es aus den spirituellen Tiefen der Seele projiziert wird, auch als die transzendente Funktion, weil seine Kraft uns jenseits des Dualismus unserer »Ichheit« tragen kann. Vom Selbst gehen transformierende Symbole aus, die uns inspirieren, unsere Ganzheit zu suchen. Wir werden wie ein Fluß dazu gebracht, zu unserer Quelle zurückzukehren. Es ist so, als ergösse sich das Leben selbst durch uns, flösse immer weiter und münde in den grenzenlosen Ozean des Bewußt-Seins ein. Das Ende unserer Reise ist nahe. Was ist die Natur der Transformation, die unmittelbar vor uns liegt? Um die Antwort auf diese Frage ins richtige Licht zu rücken, wollen wir Jungs Prozeß der Individuation zusammenfassen, indem wir uns auf den religiösen Symbolismus unserer Kultur und das Christus-Symbol beziehen. Jung sagt ebenfalls in *Aion* von Christus: »Die Rede kommt notwendigerweise auf Christus, denn er ist der noch lebende Mythos unserer Kultur. Er ist unser Kulturheros, der unbeschadet seiner historischen Existenz den Mythos des göttlichen Urmenschen, des mystischen Adam verkörpert.«[2] Er bleibt im Zentrum des christlichen Mandalas das Urbild für das Selbst.

Jesus wurde, so wird berichtet, in einer Aura auspizienreicher Vorzeichen geboren, und sein Name bedeutet im Hebräischen »Messias« oder Heiland. In den hebräischen heiligen Schriften wurde prophezeit, aus dem Geschlecht Davids werde ein Heiland geboren werden, der König der Juden sein solle. Die Hebräer hatten während ihrer ganzen Geschichte Unterdrückung, Konflikte und Exil zu durchleiden. Man kann dies bis zum alten Ur und Chaldäa, etwa 2000 v. Christus, zurückverfolgen. Ihre Schriften sprechen im Zusammenhang mit ihren Versuchen und dem Versagen, dem manchmal zornigen und manchmal wohlwollenden Gott Yahweh gerecht zu werden, vom Recht zur Wahl. Die Propheten des Alten Testamentes warteten auf das Kommen eines Führers, der sie zu Gerechtigkeit und Frieden zurückführen würde. Jesus wurde von einer relativ kleinen Zahl von Juden als dieser spirituelle König willkommen geheißen.

Es wird gesagt, bei der Taufe durch Johannes sei Jesus vom »Heiligen Geist« überschattet worden, und der »Geist Gottes« sei in ihn eingetreten. Er wurde so von denen, die glaubten, Jesus sei der erwartete Messias, als der Christus bezeichnet (ein griechisches Wort, das »der Gesalbte des Herrn« oder »König aus göttlichem Recht« bedeutet).

Wenn man sich den Kontext des Lebens Jesu und die Natur des Einflusses anschaut, dann können wir eine perfekte Metapher der Versuchungen und Leiden des Ich-Bewußtseins und des befreienden Handelns des Selbst erkennen. Mitten in den politischen Unruhen aufgrund der Unterdrückung durch die Römer, sich gegenseitig bekämpfenden religiösen Splittergruppen, messianischer Hoffnung und revolutionärer Erregung erscheint Jesus der Christus als der Botschafter des Friedens und der Ganzheit im Inneren. (Ein anderer Name, der sich auf Christus bezieht, ist Emmanuel, »Gott im Innern«.) Das Bild Christi ist deshalb der Archetyp der transpersonalen und ganzmachenden Aspekte der Psyche. In psychologischen Begriffen ist Christus der Mittler oder das Beispiel des Selbst in bezug auf das Ego.

Die Symbolik der Kreuzigung veranschaulicht zum Beispiel auf dramatische Weise die Psychologie des Ego-Todes und die Notwendigkeit, die Gegensätze in der Psyche zu vereinen. Man kann der transpersonalen Realität des Selbst nicht mehr entgehen, und die persönliche Identität wird ans Kreuz gehängt, was durch die Vierheit der Gegensätze dargestellt wird, die in ihrem zentralen oder transzendenten Knotenpunkt integriert werden.

Ehe wir diese kritische Ebene der Entfaltung erreichen, wird die zugrundeliegende Spannung und der Dualismus der Psyche nicht so deutlich. In den vorangegangenen Stadien der Ego-Entwicklung haben wir uns mit dem Ego identifiziert, das das Gewahrsein der psychischen Inhalte in logische Kategorien einordnet, während es jene Elemente unterdrückt, die seine Integrität bedrohen. Wir haben uns deshalb verzweifelt an eine Seite der Polarität geklammert, während wir die andere vermieden haben. Jung zeigt, daß dort, wo eine Betonung des Christusbildes erfolgt, der Schatten (seine unbewußte Ergänzung) stimuliert wird. Hierdurch steigt die Spannung zwischen den beiden.[3]

Dadurch, daß wir alle Teile von uns liebevoll annehmen, erfolgt unsere psychische Erlösung. Und das ist genau das, was das Christus-Bild als ein Ausdruck des Selbst von uns verlangt. Im christlichen Mythos wird Christus als der Sohn Gottes betrachtet, das heißt, die Inkarnation Gottes, die manchmal mit reiner Liebe gleichgesetzt wird. Psychologisch gesehen steht dies für die Totalität des Selbst.

Die transpersonalen Eigenschaften des Selbst verlangen danach, in den persönlichen Grenzen des Ego-Bewußtseins verwirklicht zu werden, genauso wie das egogebundene Bewußtsein schließlich dazu getrieben wird, in den Bereich des Transpersonalen einzugehen. Die legendäre Figur von Jesus Christus ist ein Modell für den Wesenstyp, den jeder verwirklichen kann, wenn er in dieser Weise transformiert wird. Auferstehung und Himmelfahrt sind ein mythisches Thema, das die Transzendenz der zeitlichen und persönlichen Bedingungen der egozentrierten Existenz andeutet.

Ob wir nun von einem Buddha- oder einem Christus-Wesen sprechen – es findet eine radikale Transformation statt, wenn wir uns dem Selbst ausliefern. Es scheint, als habe sich Jung diesen Pforten genähert, aber die Möglichkeit der Erleuchtung taucht in seinen Berichten von den Individuationsprozessen nicht auf. Daraus könnte man schließen, daß er nicht hindurchgegangen ist. Er ist der Ansicht, das Ziel der Individuation werde niemals voll realisiert. Sie sei lediglich ein Prozeß, der zur Ganzheit hinführt. In anderen Worten, sie ist kein Ziel, sondern das Mittel, mit dessen Hilfe sich der Prozeß der transpersonalen Integration vollzieht.

Letzten Endes wurde das Ego von Jung als ein Gefäß betrachtet, das weiterwächst und schließlich eine nicht versiegende Quelle von symbolischen Ausdrücken des Selbst definiert und enthält. Dieses Selbst bleibt jedoch transzendent und nach der Jungianerin Aniela Jaffe ein verborgenes und unerreichbares Ziel.[4]

Jung rührt hier zweifelsohne an ein großes Geheimnis. Doch wenn auch das gesamte Potential des Selbst niemals vom rationalen Selbst assimiliert werden kann, entfalten sich höhere Ebenen der Bewußtheit, in denen das große Geheimnis ausgelotet wird. Das Entzücken eines Mystikers ist ein sehr reales Ereignis, welches das persönliche Selbst zutiefst bewegt.

Die heilige Theresa spricht in ihrer Autobiographie von Visionen und Entzücken, die eine wunderbar reinigende Wirkung haben. Sie wirkten, wie sie schreibt, wie eine große Flamme, die unsere sinnliche Natur und alles Verlangen des Lebens verbrennt. Was bleibt, ist tiefe Ehrfurcht.[5]

Der heiligen Theresa wurden außergewöhnliche spirituelle Phänomene zugeschrieben, die denen ähnlich sind, die man oft auch bei heiligen Menschen des Ostens findet. Zum Beispiel erlebte sie oft Levitationen, und als sie starb, duftete ihr Körper nach frischen Blumen und verweste nicht. Ähnlich geriet die heilige Katharina von Siena in ekstatische Verzükkung, bei der ihr Körper schwebte und einen süßen Geruch verströmte. In diesen Trancezuständen faßte sie manchmal gottberauschte Dialoge in Worte. Sie hat später einige davon zusammengestellt, und diese werden in den »göttlichen Dialogen« wiedergegeben. Darin spricht sie davon, daß sie die verborgenen Dinge Gottes sieht, was zur Folge hatte, daß der Glanz in sie überströmte und daß sie in »seine« unendliche Vorsehung verwandelt wurde. Sie sagt, die Seele werde von diesen Erfahrungen zwar gesättigt, sie hungere aber immer noch danach, Gott in seinem Licht und durch sein Licht zu sehen. Es ist dieses Licht, das ihr seine Wahrheit und die höchste und unendliche Gottesschönheit jenseits aller Schönheit und Weisheit gezeigt hat.

Ein anderes Beispiel ist der Mystiker Jan van Ruysbroeck, der sich in den Wald zurückzog, wenn der Heilige Geist ihn bewegte. Nach einer längeren Abwesenheit machten sich einige Mönche auf, um ihn zu suchen. Sie entdeckten ihn unter einem Baum sitzend, der in Flammen zu stehen schien. Er war in Ekstase versunken und von einer strahlenden Aura göttlichen Lichtes umgeben.

Ruysbroeck war ein flämischer Zeitgenosse von Meister Ekkehart. Er war ein profilierter Autor mystischer Literatur und entkam nur knapp der Zensur der Kirche und mußte somit nicht das Schicksal Eckeharts als Häretiker teilen. Ähnlich wie Eckehart schrieb Ruysbroeck, jene, die Gott sehen, transzendierten intuitiv alle Unterscheidungen und würden von einem angeborenen Licht verwandelt, mit dem sie vereinigt würden und durch das sie sähen.[6]

Könnte es nicht sein, daß dieses angeborene Licht oder der lichtvolle Heilige Geist von Gottes Gnaden, von dem diese christlichen Mystiker berichten, das klare Licht der Leere ist? Wenn wir Berichte von Mystikern verschiedenster spiritueller Traditionen lesen, ist der am weitesten verbreitete Hinweis auf Gott, den wir finden, ein überirdisches Licht. Ist es notwendig oder sogar hilfreich, dieser Erfahrung des Absoluten ein Bild von Gott überzustülpen?

Robert Powell erzählt in *The Blissful Life* die Lebensgeschichte eines hinduistischen modernen Heiligen, Shri Nisargadatta Maharaj, der sagt, er habe Gott nie gesehen und wisse nichts von normalen religiösen Dingen. Indem er die Welt wie die Illusion sieht, die auf einer Filmleinwand geschaffen wird, weiß er, daß es das Licht (das reine Bewußtsein ist), das die Projektion der sich ständig wandelnden Bilder erleuchtet. Er hat keine Vorstellung von einem Gott im Außen, weil er jenes »Ich bin das« realisiert hat (das Licht reiner Bewußtheit).[7]

Die Essenz der das andere Ufer erreichenden Weisheit

Die Theorie der Leere wurde in der Entwicklung des Buddhismus auf unterschiedliche Weise erläutert. Das nachfolgende Herzsutra, das möglicherweise von Buddha (500 v. Chr.) gepredigt wurde, ist ein Beispiel für den nichtrationalen oder kontemplativen Ansatz.

> »Also habe ich gehört, einst wohnte der Gesegnete in Rajagriha auf dem Gipfel des Vultur mit einer großen Schar von Mönchen und Bodhisattvas. Zu dieser Zeit befand sich der Gesegnete ganz und gar in der Versenkung, die alle Phänomene prüft, die ›tiefe Erleuchtung‹ genannt.
>
> Zur gleichen Zeit betrachtete der edle Avalokitesvara … die tiefe Praxis der das andere Ufer erreichenden Weisheit und prüfte die fünf Aggregate, die von Natur aus leer sind. Dann wandte sich der ehrwürdige Shariputra auf Buddhas Inspiration hin an den edlen Avalokitesvara und sagte: ›Auf welche Weise sollten diese aus guter Familie lernen,

die der tiefen Praxis der Weisheit, die das andere Ufer erreicht hat, folgen wollen?‹

So sprach er, und der edle Avalokitesvara … antwortete dem ehrwürdigen Shariputra: ›O Shariputra, der Sohn oder die Tochter aus guter Familie, die der tiefgründigen Praxis der das andere Ufer erreichenden Weisheit folgen möchte, sollte diese folgendermaßen anschauen und die fünf Aggregate analysieren, die von Natur aus leer sind.

Form ist Leere, Leere ist Form. Leere ist nicht verschieden von Form, Form ist nicht verschieden von Leere. Das gleiche gilt für Gefühl, Erkenntnis, karmische Formationen und Bewußtsein. O Shariputra – alle Phänomene sind leer, ohne Eigenschaften. Sie sind weder geboren noch sterben sie; sie sind weder befleckt noch rein, nehmen weder zu noch ab.

Daher, Shariputra, in der Leere gibt es nicht Form, Gefühl, Erkenntnis, karmische Formation, Bewußtsein, nicht Auge, Ohr, Nase, Zunge, Körper, Geist … Es gibt keine Unwissenheit, noch das Ende von Unwissenheit. Es gibt nicht Alter und Tod, noch gibt es die Zerstörung des Alters und des Todes. So gibt es kein Leiden, keinen Grund zu leiden, kein Aufhören von Leiden und keinen Weg. Es gibt keine Weisheit, kein Erreichen und kein Nicht-Erreichen.

Da es, Shariputra, kein Erreichen gibt, halten sich alle Bodhisattvas an die das andere Ufer erreichende Weisheit, und weil es keine Verdunklung des Geistes gibt, fürchten sie sich nicht. Sie gehen weit über die Falschheit hinaus und überschreiten deshalb die Grenzen der Sorge. Alle Buddhas, die in den drei Zeiten leben, erwachen voll und klar in der unübertroffensten, vollkommensten und vollständigsten Erleuchtung, indem sie sich auf die das andere Ufer erreichende Weisheit verlassen.

O Shariputra, so sollte ein Bodhisattva Mahasattva die tiefe, das andere Ufer erreichende Weisheit lernen.‹

Dann stand der Gesegnete aus der Versenkung auf, lobte den edlen Avalokitesvara und sprach: ›Sehr gut, sehr gut, o Sohn aus guter Familie. Genauso ist es. Genauso sollte die tiefe Weisheit der das andere Ufer erreichenden Weisheit praktiziert werden, und jene, die in dieser Weise gegangen sind, werden jubeln ...‹«[8]

In *Tibetan Yoga and Secret Doctrines* legt W. Y. Evans-Wentz die Vorstellung nahe, durch die Lehre von der Leere seien die hinduistischen Lehren vom Maya (der großen Illusion), von den großen buddhistischen Philosophen, die die Mahayana-Form des Buddhismus ins Leben gerufen haben, wiederbelebt worden. Er meint auch, die Vorstellung sei sehr verbreitet, Buddha habe die Prajnaparamita (Sutra der das andere Ufer erreichenden Weisheit) seinen fortgeschrittensten Schülern sechshundert Jahre früher esoterisch gelehrt.[9] Die Lehren über die Leere wurden jedoch esoterisch erst im zweiten Jahrhundert n. Chr. dargelegt.

Der buddhistische Philosoph Nagarjuna soll die Lehre in einer himmlischen Sphäre erhalten haben, wo sie von Gautama Buddha versteckt worden sein soll, und er formulierte eine negative Dialektik (die Madhyamika-Philosophie), um die Theorie von der Leere logisch zu beweisen. Später reagierten die Mahasiddha-Yogis (ca. 700–1000 n. Chr. auf der Höhe des indischen tantrischen Buddhismus) existentiell auf die analytischen Methoden der Mahayana-Sutras und praktizierten experimentelle tantrische Methoden. Die philosophische Logik der Sutras und die experimentellen Techniken der Tantras wurden so in einer Sammlung von Lehren vereint, die als Mahamudra (wörtl. »Großes Siegel«) bekanntgeworden sind.

In fortgeschrittenen Stadien der Meditation schafft das klare Licht der Leere einen extrem seligen Bewußtseinszustand. Diese Ekstase übersteigt jede andere Freude, und ist deshalb

»groß« (maha). Haben wir einmal die Seligkeit und die volle Leere erlebt, dann können wir sie nie mehr vergessen. Das Erlebnis ist in unserem Geist versiegelt (mudra), was den Begriff großes Siegel oder Mahamudra erklärt.

Der erste Pachem Lama legt in *The Great Seal of Voidness* eine verborgene Etymologie des tibetanischen Begriffes für Mahamudra, »Chaggya Chenpo«, dar. »Chag« bezieht sich auf Leere, »gya« ist Befreiung vom Samsara und »Chenpo« bezeichnet die große Vereinigung der Realisierung der Leere und die Befreiung von der Weltsicht der Illusion (samsara). Er bietet auch eine andere Bedeutung für Mahamudra an. »Mudra« bedeutet notwendige Voraussetzung. »Maha« bedeutet großes Verstehen. Folglich gibt es ohne tiefes Verständnis der Leere keine Technik, Erleuchtung zu erlangen.[10]

Die Methoden der Sutras beginnen mit einer philosophischen Analyse der Leere und fahren mit Meditationstechniken zum Stillewerden des Geistes fort. Wenn der Geist erst einmal unter Kontrolle und gerichtet ist, wird er in der Meditation genutzt, um durch durchdringende Einsicht in die Natur des Geistes selbst das philosophische Verständnis für die Leere zu beweisen. Tantrische Methoden betonen diese Reinigung der übersinnlichen Kräfte in den Chakras, die die Funktionen des Ego-Bewußtseins und ihre Verbindung zum zentralen Energiekanal entlang der Wirbelsäule aufrechterhalten. Wird der Geist von seinen phänomenalen Verunreinigungen gereinigt, dann leuchtet das klare Licht der wahren Natur des Geistes spontan auf.

Der Geist muß vorbereitet werden, um das große Siegel, das Mahamudra, empfangen zu können. Der schwierigste und wichtigste Teil beim Bepflanzen eines Gartens ist die Vorbereitung des Bodens. Auch der Geist muß vorbereitet werden, damit er die Samen der Weisheit aufnehmen kann, die in den Mahamudra-Lehren enthalten sind. Wenn er nicht angemessen trainiert ist, dann kann es sein, daß er Vorstellungen über die Leere mit der Erfahrung selbst verwechselt oder zu nihilistischen falschen Vorstellungen gelangt. Zuerst wollen wir Verständnis dafür wecken, wie der Geist »die falsche Sicht« für die Welt schafft.

Die Buddhisten glauben, unsere gewöhnliche Wahrnehmung der Welt sei eine kollektive Halluzination, die sich seit dem Beginn der Geschichte des Bewußtseins entwickelt hat. Diese kollektive Illusion wurde durch einen geistigen Prozeß, der als »Etikettieren« (labeling) bezeichnet wird, geschaffen, bei dem der rationale Geist eine Gruppe von konvergierenden Faktoren wahrnimmt, sie ordnet und selektiv zum Objekt macht. Das Objekt bekommt dann einen Namen oder ein Etikett und damit den Status von »Realität«. Der Geist schafft dann seine eigene Realität, indem er den ständigen Fluß der Kräfte und Substanzen, wie sie auftreten, so interpretiert, daß sie in isolierten Segmenten von Raum und Zeit bestimmte Formen annehmen. Diese Realität ist nicht mehr als eine Sammlung von Bildern oder Begriffen im Geist.

Die Buddhisten gebrauchen für die Art und Weise, wie wir in diese Halluzination hineingeboren werden, die Metapher eines Zeltes, das durch den Schein von hundert Butterlampen von innen erleuchtet wird. Steht man außerhalb des Zeltes, dann nimmt man nicht wahr, wenn eine dieser Lampen ausbrennt und eine andere angezündet wird. Auf die gleiche Weise bleibt die kollektive Illusion der Welt erhalten, unmerklich beeinflußt durch individuelle Tode und Wiedergeburten.

Das Hauptaugenmerk der scharfsinnigen Einsicht des tantrischen Buddhismus wird darauf gelegt, die gewöhnliche Sicht zu untergraben. Dies ist eine langwierige und schwierige Aufgabe. Der Geist wurde nicht nur durch diese Sicht indoktriniert, er hat auch die angeborene Tendenz, diesen irrigen Standpunkt zu schaffen.

Der Mangel an »inhärenter Existenz« ist auch ein wichtiger

Begriff beim Verständnis der Bedeutung der Leere. Inhärent existieren bedeutet, von jeglichem konditionierenden Faktor unabhängig sein. Doch nichts in der phänomenalen Welt existiert unabhängig von den Teilen, die sie ausmachen, und den Etiketten, mit denen der Geist die Erscheinung der Gesamtheit der flüchtigen Elemente belegt hat. Wenn wir von einem Auto alle mechanischen Teile, die es ausmacht, entfernen, dann bleibt kein Auto übrig. »Auto« ist lediglich ein Etikett, ein Begriff im Geist, der auf die Erscheinung einer bestimmten Ansammlung von Komponenten projiziert wird. Die ganze Festung der Ego-Bewußtheit baut auf der gewöhnlichen Sicht der äußeren Realität und auf einem auf ähnliche Weise erworbenen Glauben an ein unabhängiges und konkretes Gewahrsein des Selbst auf. Unser Gewahrsein des Ichs ist zweifelsohne eine A-priori-Annahme. Dieses ist jedoch lediglich ein Etikett, das nicht inhärent existiert. Wenn wir in der Meditation nach diesem Ich suchen, ist es nirgendwo zu finden.

Ein anderer wichtiger Aspekt beim Erlangen der »richtigen Sicht« ist das Verständnis, daß die Dinge, die mit unseren konventionellen Begriffen der Realität etikettiert werden, bestimmte Eigenschaften besitzen. Diese Eigenschaften können in ihrem Rohzustand erfahren werden, wenn wir uns von unseren vorgefaßten Vorstellungen davon, was ein Objekt ist, befreien. Empirische Phänomene haben eine relativ objektive Existenz, die nicht ihrer essentiellen Leere widerspricht. Es ist in der Tat die Leere der Dinge (das Fehlen inhärenter Existenz), die es der phänomenalen Welt erlaubt, sich zu entfalten und zu wandeln. Ihre vielgestaltigen Eigenschaften würden zerstört, wenn ihre Elemente über eine unabhängige Existenz verfügten und in ihrer Natur fixiert blieben.

Die Leere stimmt deshalb nicht notwendigerweise mit dem, was in der phänomenalen Welt sichtbar wird, überein. Sichtbarwerden im Geist (der Realität der Objekte) ist in der gleichen Weise untrennbar an die leere Natur der kristallklaren Bewußtheit gebunden, wie die Widerspiegelung des Mondes auf dem Wasser untrennbar an die spiegelnde Oberfläche des Wassers gebunden ist. Darüber hinaus können wir die Leere nicht wirklich messen und definieren; Worte wie Essenz oder Geist kommen ihr so nahe, wie es möglich ist, aber sie implizieren immer noch »etwas«. Edwin Bernbaum bietet in dem Buch *The Way to Shambhala* die folgende Metapher an: Sie ist wie eine klare und unzerstörbare Leere – wie ein funkelnder Diamant, den wir in unserem Innersten finden und der alle Dinge durchdringt. Weiter sagt er: »Wenn wir diese Realität erleben, verschwinden die Dinge nicht, sie werden durchscheinend wie Wachspapierlaternen, die vom klaren Licht der Leere erleuchtet werden.«[11]

Nihilismus kann man als Leugnung der Authentizität von Erfahrungen und folglich als Leugnung jeder auf Assoziation beruhenden Bedeutung oder jedes auf ihr beruhenden Wertes bezeichnen. Die negativen Begleiterscheinungen des Nihilismus sind Hoffnungslosigkeit und Sinnleere. Die Theorie der Leere legt zwar nahe, daß die Suche nach Bedeutung in der Welt der Phänomene weitgehend ein egoistischer Versuch ist, unsere Existenz zu rechtfertigen. Sie ermutigt jedoch nicht zu einer pessimistischen Sicht der Existenz. Chögyam Trungpa sagt in *Cutting Through Spiritual Materialism,* statt in Ereignissen und Dingen nach großer Tiefgründigkeit zu suchen, sei es notwendig, zu verstehen, daß die Dinge genau das sind, was sie sind.[12]

Er erzählt dann die Geschichte von einigen der *arhats* (wörtlich »Siegreichen«, also Buddhas, fortgeschrittenen Schülern): Sie starben an Herzversagen, als Buddha das erste Mal über die Leere sprach.[13] Diese Schüler hatten anscheinend in der Meditation erlebt, wie man mit dem Raum verschmilzt, aber der Raum war offensichtlich für sie ein Etwas. Sie waren noch in der dualistischen Erfahrung von Subjekt und Objekt gefangen. Der Eindruck der Theorie der Leere, die beinhaltet, »nirgends« zu sein und »nichts« zu erleben, war für ihr Verständnis der Realität verheerend.

Nagarjuna entwickelte die Implikationen der Theorie von der Leere weiter, indem er aufzeigt, daß wir nicht einmal anfangen können, die Natur der Realität zu betrachten. Dazu wäre ein dualistischer Ansatz notwendig – ein Beobachter, der von der Realität getrennt ist und der sie wahrnehmen, definieren und benennen kann. Der Begriff von »tathata« (Soheit) wurde auf diese Weise mit der Theorie der Leere in Verbindung gebracht. Die phänomenale Welt ist einfach. Der Prozeß, durch den sie aufsteigt und dahinschwindet, ist einfach. Die Leere des Raumes und die Leere der spiegelgleichen Qualität der ursprünglichen Bewußtheit ist einfach. Selbst wenn wir uns darüber einig sind, daß Realität ein Geheimnis ist, dann bestätigen wir, daß sie etwas, ein Ding (some thing) ist. Trungpa stellt heraus, daß der Glaube an irgendeine Philosophie oder Religion, vom Standpunkt von Nagarjunas Madhyamika-Lehren aus gesehen, lediglich ein Prozeß der Projektion eines Etiketts auf das Geheimnis ist. Weiter meint er, da es niemanden gibt, der die Realität wahrnehmen kann, und keine Begriffe, die dieser Wahrnehmung entspringen können, steigen Dinge und Ereignisse in der himmelsgleichen Offenheit strahlender Bewußtheit in ihrem Sosein auf.[14]

In einem moderneren Kontext werden die Implikationen der Theorie der Leere in Einsteins Relativitätstheorie deutlich. Die Erkenntnisse der zeitgenössischen Physik betonen ebenfalls, daß eine unabhängige, eigenständige Existenz eine Unmöglichkeit ist. Es gibt keine harten Grenzen in der großen Matrix multidimensionaler Energien, die das Universum ausmachen. Wenn wir es aufgeben, auf den illusionären Grenzen, die vom rationalen Geist geschaffen wurden, zu bestehen, dann trifft die unendliche Energie von »allem was ist«

nicht auf einen Scheinwiderstand, wenn sie durch den Leib-geist strömt. Wenn wir von den geistigen Konstrukten der periodischen Struktur von Zeit und Raum befreit sind, erleben wir Masse, Energie und Bewußtheit als vereintes Feld.

Das klare Licht der Leere ändert sich nicht und ist von keiner Ursache abhängig. Wie ein Spiegel bleibt es von den Erscheinungen, die sich darin spiegeln, unbeeinflußt. Das Aufrecht-erhalten der Klarheit der Leere in unseren alltäglichen Erfahrungen wird im buddhistischen Tantra durch den Fisch symbolisiert. Keith Dowman beschreibt in dem Buch *Masters of Mahamudra,* wie der Fisch mühelos ohne zu blinzeln und ohne je zu schlafen durch seine Umwelt schwimmt. Und – Fische werden nicht durchnäßt – sie sind zwar im Wasser, aber nicht aus Wasser.[15] Für die alten Yogis war der Fisch eine Metapher, wie wir in der phänomenalen Welt existieren können, wenn wir zum Buddha werden.

Dowman beschreibt dann eines der letzten Hindernisse auf dem Weg in der Biographie des Mahasiddha Kanhapa – eines Meditierenden, der das klare Licht der Leere in der Meditation realisierte, dessen Realisation jedoch verlorenging, sobald er in den Dramen der alltäglichen Existenz mitspielen mußte.[16] Zur Praxis von Mahamudra gehört deshalb schließlich die Übertragung der Erfahrung der Leere in die täglichen Aktivitäten. Das Leben selbst ist der Weg. Jedes Hindernis, Problem oder jeder Wunsch ist eine Gelegenheit, die Kontrolle des Egos loszulassen und die Untrennbarkeit der Erscheinungen und der Leere anzuerkennen. Das Leben bietet von selbst, ohne unser Zutun, genau die Erfahrungen und Situationen, die zeigen, wo wir abschweifende Gedanken, Abneigungen und Wünsche loslassen müssen. Was auch immer das Ereignis, das Gefühl oder die begriffliche Orientierung sein mag – alles ist eine Gelegenheit, Mahamudra zu praktizieren. Wenn wir alle Wünsche und begrifflichen Erfindungen aufgeben, die sich auf Taten in der Vergangenheit, der Gegenwart und der Zukunft beziehen, und durch den phantastischen Traum des Lebens hindurch eine ungebrochene Haltung meditativen Gleichgewichtes entwickeln, integrieren wir letztendlich den ursprünglichen Zustand des Seligkeitsbewußtseins in unsere Alltagsexistenz.

Durch das Verständnis für den Fluß der Bewußtheit durch die Chakras haben wir ein gewisses Maß von Bewußtheit für unsere instinktmäßigen Prädispositionen, das Auftreten von Gefühlen und Emotionen und Tendenzen in unserem Geist gewonnen.

Wir sind jetzt an einem Punkt, an dem wir die Leere aller dieser Phänomene erfahren können; denn diesen Ereignissen ist kein Selbst zu eigen. Wenn die Illusion einer Selbst-Identität zerstört ist, wird unsere Erfahrung in der Welt radikal verändert. Wir sind nicht mehr vom Ego versklavt und kommen zu einer nicht mehr auf das Selbst hin orientierten spontanen Art zu handeln. Das Leben wird furchtbar einfach, es gibt nur noch eine Reaktion auf das, was das Leben uns bringt: bedingungslose Annahme und Erbarmen.

Das Geschenk der Dakini

Nicht lange, nachdem ich in den tibetanischen Buddhismus eingeführt worden war, hatte ich die folgenden Erlebnisse. Zu jener Zeit war meine Kenntnis der verschiedenen Gottheiten und der fortgeschritteneren Praktiken sehr begrenzt. Ich stand damals nicht unter der persönlichen Führung eines Lehrers, obwohl ich bei Gyalwo Karmapa Zuflucht gesucht und einige niedrigere Lehren und Initiationen erhalten hatte. Das, was ich nachfolgend schildere, ereignete sich ganz und gar spontan. (Ich möchte hinzufügen, daß dies nicht meine erste Erfahrung mit der Kundalini war. Etwa zehn Jahre früher war ich dazu geführt worden, wie ein Yogi in der Einöde in den Wäldern zu leben. Damals hatte ich meine Initialerfahrung mit dem Erwachen der Kundalini.) Einige Jahre nach den Ereignissen, die ich hier beschreibe, besuchte ich ein Mahamudra-Retreat und bekam Einführungen in höhere tantrische Praktiken. Ich habe zwar die Erfahrungen gemacht, die ich im folgenden mitteile, und ich habe Mahamudra-Initiationen und -Lehren erhalten. Trotzdem habe ich nicht das Gefühl, daß ich über diese letzten Stadien des tantrischen Pfades mit wirklicher Autorität schreiben kann, und wenn ich es könnte, wäre es für dich wahrscheinlich nicht von großem Wert. Deshalb habe ich mich entschieden, mit dem Tagebuch über meine Beziehung zu der Dakini zu schließen, die mich in die Vorstellungen einführte, die in höheren tantrischen Praktiken symbolisiert werden. Ich hoffe dabei, daß ich dich dazu inspirieren kann, die einzige zuverlässige Quelle des Wissens zu suchen: deine eigene Erfahrung.

Während die tantrische Tradition Nachdruck auf eine Beziehung zu einem inkarnierten Guru legt, enthält die tantrische Überlieferung auch viele Legenden von Yogis, die Initiationen von Dakinis erhielten, die ihnen in Träumen, Meditationen oder in der Form einer inkarnierten Frau erschienen. Die moderne Forschung zeigt auch, daß die Kundalini spontan außerhalb einer Schüler-Lehrer-Beziehung erwachen kann – in den meisten Fällen sicherlich aufgrund früherer Leben, in denen sie entwickelt worden ist. Es kann aber auch geschehen, daß die archetypischen Kräfte, die im Spiel sind, von sich aus an die Oberfläche gelangen.

Durch die Darstellung dieser Ausschnitte aus meinem Meditationstagebuch hoffe ich, den Wert, der Symbolen und Erfahrungen innewohnt und die auf ganz natürliche Weise aufgetaucht sind, übermitteln zu können. Damit möchte ich dem Leser zeigen, daß diese Gottheiten bzw. deren Eigenschaften des Bewußtseins, in den sublimeren Dimensionen der Psyche real existieren.

8. März 1980 Heute kam, als ich meditierte, ein weibliches Geistwesen zu mir. Es forderte mich auf, regelmäßig zu meditieren und einige Monate lang sexuelle Begegnungen zu meiden. Dafür würde sie mir in meiner spirituellen Praxis helfen. Zu meinem Erstaunen setzte sie sich dann rittlings in der tantrischen Yab-Yum-Position auf mich. Ich spürte einen intensiven Austausch psychischer Energie, insbesondere im linken und rechten Kanal (Ida und Pingala) entlang der Wirbelsäule. Diese tiefschürfende Erfahrung der Resonanz zwischen uns inspirierte mich, über die alten sexuellen Praktiken des Tantra nachzudenken. Das führte zu einer spontanen Erinnerung an ein Leben als tantrische Lehrerin im alten Indien. Nach dieser Meditationserfahrung war ich fasziniert und blieb erwartungsvoll.

9. März Am Anfang der Meditation zog die Dakini heute um mich herum auf dem Boden einen Kreis. In den Kreis hinein zeichnete sie einen sechszackigen Stern (zwei übereinanderstehende Dreiecke). Sie nahm dann die Yab-Yum-Position ein, und ich fühlte mich wunderbar geerdet. Ich merkte auch, daß sich in meinem ersten Chakra Energie gesammelt hatte und spürte dann, daß meine »Gefährtin« aus ihrem linken und rechten Kanal Energie in ihr erstes Chakra zog. Dies erzeugte in meinem eigenen Energie-System ein Vakuum, was wiederum Energie in mein erstes Chakra zog. Wieder war ich über die Resonanz zwischen uns erstaunt. Es war ein Gefühl, als sängen zwei Stimmen harmonisch miteinander: die Vereinigung der beiden Energien schuf etwas, das mehr war als die Summe seiner Teile. Ich verspürte einen tiefen Frieden. Mein ganzes Energiefeld war ausgeglichen. (Das Mandala der zwei übereinanderstehenden Dreiecke war der einzige Anhaltspunkt, den ich hatte, mit dessen Hilfe ich der Dakini, die mich unterrichtete, eine Identität zuschreiben konnte. Es ist das Mandala der Göttin Vajra-Vahari, der Göttin, die im tibetanischen Tantra dem Dumo-Feuer zugeordnet wird. Siehe Abbildung 36, Seite 270.)

10. März Heute saß meine Führerin vor mir, und meine Aufmerksamkeit wurde wieder auf das erste Chakra gelenkt. Ich nahm dann wahr, daß der linke und rechte Kanal, die dort zusammenkommen, heute größer war. Dann schien sich die Stelle, wo sie zusammenkommen, zu öffnen, und die Kanäle bewegten sich wie zwei Schlangen nach oben und mündeten in den Zentralkanal ein. Nach etwa fünfzehn Minuten spürte ich, wie eine dichte Energie durch den Zentralkanal nach oben zu steigen begann. Mir kam das Bild einer Glasröhre in den Sinn, die mit einer goldenen Flüssigkeit gefüllt ist. Als die goldene Flüssigkeit auf der Höhe meines dritten Chakras angelangt war, wurde sie von einer dunklen, dicken Substanz in der Röhre gehindert, weiter hochzusteigen. Nachdem sich der Druck eine Zeitlang verstärkt hatte, wurde diese dichtere Energie nach oben gestoßen, und ich spürte, wie sie durch meine Brust nach oben stieg und aus meinen Armen herausfloß. Die goldene Flüssigkeit stieg weiter auf und floß aus der Oberseite meines Kopfes aus. Ich wurde zu einem Springbrunnen, aus dem goldenes Licht sprudelte.

Dann nahm meine Führerin die Yab-Yum-Position ein. Dies hatte zur Folge, daß die Energie im Zentralkanal zunahm. Ich fühlte viel Wärme und Liebe, als wir umschlungen in diesem Strom goldener Energie saßen. Ich hatte auch ein mir fast unheimliches Gefühl, von innen nach außen geöffnet zu werden. Schicht um Schicht schien abzublättern und es schienen riesige Horizonte inneren Raumes freigelegt zu werden. Schließlich war alles abgestreift, und es war nichts übrig, kein Ich, keine Führerin, kein Ding – nur ein durchscheinendes goldenes Licht. Ich habe keine Vorstellung, wie lange ich in diesem Zustand weilte. Als ich zurückkehrte,

Abbildung 36: Vajra-Vahari-Mandala. In diesem Meditationsmandala ist Vajra Vahari von vier Dakinis umgeben. Jede von ihnen nimmt eine Tanzposition ein und scheint mit Vajra Vahari identisch zu sein, mit Ausnahme der Farbe und der Ornamente am Vajra-Messer, welche jede Dakini einer der fünf Buddha-Familien zuordnet. Vajra Vahari geht aus dem kosmischen Leib hervor und wird von einem umgekehrten Dreieck symbolisiert. Ihre Farbe ist Rot, und sie strahlt vor Seligkeit. Die ursprüngliche Energie wird mit dem inneren Feuer in Verbindung gebracht (Dumo). Aus: *Thanka Collection of Sergei Diakoff,* mit Erlaubnis abgebildet.

fühlte ich mich wie ein Buddha, der nach allen Richtungen Licht ausstrahlt.

11. März Auch heute begann die Meditation wieder mit dem Zeichnen des Kreises und der ineinander verschränkten Dreiecke. Als meine Führerin die Yab-Yum-Position eingenommen hatte, forderte sie mich auf, mich selbst als Vajrasattva zu visualisieren. Als ich dies tat, hatte ich plötzlich die Erinnerung an eine Initiation, die ich von Gongpo Tsedam Rinpoche erhalten hatte, und ich erlebte die gleiche Ausdehnungsfähigkeit wie damals. Die Ausdehnung setzte sich fort, bis mein Körper der ganze Kosmos war. In mir gab es Spiralen und immer mehr Spiralen von Energie. Planeten drehten sich um die Sonne, während diese sich um das Zentrum der Milchstraße drehte und sich durch den Raum meines kosmischen Körpers bewegte. Es gab zwei Hauptenergiespiralen, die sich an meiner Wirbelsäule auf und ab bewegten. Sie waren so mächtig, daß mein ganzer Körper wirbelte.

Ich fühlte dann eine Vereinigung der Kräfte, die vom Kronen-Chakra zum ersten Chakra hinunter und von da wieder nach oben flossen. Dies hatte die Konzentration von Kräften im Herz-Chakra zur Folge: Es fühlte sich an wie eine Million Sonnen, die Wellen von Erbarmen und Liebe ausstrahlten. Dies wurde durch die ungeheure Kraft verstärkt, die ich in der Vereinigung mit meiner Gefährtin verspürte. Es war, als seien wir das Herz der Schöpfung und als gingen alle Wechselbeziehungen des Lebens von uns aus.

Ich hatte das tiefe Gefühl, in mir sei alles enthalten. Meine Führerin sagte mir, das Vajrasattva-Yab-Yum sei alles umfassend, es sei der Zustand, in dem man sich befinde, ehe man in die Leere einginge. Dann führte sie mich in die Leere. Die intensive Bewegung der Energien in mir hielt an, und in mein Bewußtsein brach ein strahlendes weißes Licht ein. Es war mir, als würde ich explodieren, und ich spürte im sechsten

Chakra einen schmerzhaften Druck. Dieser hielt nur eine kurze Weile an. Danach überkam mich tiefer Frieden, während in meinen höheren Chakras hohe Töne erklangen. In mir stieg Wärme auf, und ich begann zu weinen. Mächtige Gefühle der Liebe kamen aus meinem tiefsten Innersten – Gefühle, wie ich sie in Beziehungen gesucht hatte. Ich war von Dankbarkeit überwältigt, als mir klar wurde, daß diese Liebe »mein« ist, oder genaugenommen, daß ich sie bin. Diese Liebe kann einem nie genommen werden.

12. März Heute begann meine Führerin, den ineinander verschränkten, von einem Kreis umgebenen sechseckigen Stern unter mir zu malen. Als sie vor mir saß, spürte ich, daß meine Aura in diesem Mandala versiegelt und geerdet wurde. In meinem ätherischen Körper spürte ich eine Erregung aufkommen. Sie begann im Becken und stieg durch den Magen und die Brust nach oben. Die Vorderseite meines Torsos fühlte sich an, als würde sie gedehnt und geöffnet. Diese Erregung stieg nach oben und über den Kopf hinaus, dann hinunter durch den Hals, die Schultern und die obere Wirbelsäule. Als sie über die Lendenregion nach unten strömte, fühlte ich, wie einige Blockaden gelöst wurden. Die Kraft floß dann durch die Beine nach unten und befreite die eingeschlossene Energie in den Knien. Nachdem die Kraft nach unten zu den Füßen und dann wieder in das Becken geflossen war, pulsierte mein ätherischer Körper vor Licht.
Meine Führerin nahm die Yab-Yum-Position ein. Ich merkte, daß der rechte und linke Kanal heute einen noch größeren Durchmesser hatten. Während ich mich darauf konzentrierte, wurde mir klar, daß meine Führerin ihr subtiles Energiesystem im meinigen hatte aufgehen lassen. Als der Strom der Kundalini durch den Zentralkanal aufstieg, schien er noch gewaltiger zu sein als am Tag vorher, und ich gelangte schnell in die Leere. Der Druck in meinen höheren Chakras

war intensiver, und das Licht schien heller zu sein. Am Ende der Meditation war die gesamte Energie im Kehl-Chakra konzentriert. Meine Führerin teilte mir telepathisch mit, mein Kehlzentrum würde so programmiert, daß sich in meinem Nervensystem neue neurologische Kreise entwickelten.

13. März Heute morgen stellte sich meine Führerin vor mich und zog dunkle Energie aus meinem Astralleib. Ich konnte auf der Höhe des zweiten Chakras etwa sechzig Zentimeter von mir entfernt einen Wirbel astraler Energie sehen. Sie zog den Trichter dieses Wirbels zur Begrenzung meiner Aura, wo er sich auflöste. Meine Führerin blieb vor mir stehen, und ich konnte spüren, daß sich in meinem Astralleib etwas abspielte. Sie sagte, sie lege ein Bild von Vajrasattva in meine Aura; dadurch, daß sie mich als diesen Buddha visualisiere, reinige sie meinen Astralleib. Dann forderte sie mich auf, die Identität von Vajrasattva anzunehmen, und als ich es tat, verstärkte sich die Vibration in meiner Aura.
Ich verspürte ungeheure Freude und ein tiefes Gefühl von Frieden. Ich fühlte mich voll Vertrauen und Sieg: verzückt. Wieder spürte ich den Druck in den oberen Chakras. Dieser wurde so stark, daß es zunehmend schwerer wurde zu atmen (mein Atem schien manchmal geradezu stillzustehen). Am Ende der Sitzung war die Energie so dicht, aber klar, daß ich das Gefühl hatte, mein Körper habe sich in Kristallglas verwandelt.

14. März Meine Führerin und ich saßen etwa eineinhalb Stunden in der Yab-Yum-Position und konzentrierten uns auf das erste Chakra. Es fiel mir schwer, auf die Intensivierung der Kundalini in diesem Chakra konzentriert zu bleiben. Am Ende der Sitzung war ich im wahrsten Sinne des Wortes von Energie erfüllt.

Die Dakini erklärte mir auf telepathische Weise, mein Leben in der tibetanischen Tradition habe ein Gefährt der Bewußtheit geschaffen, das viel vollkommener war als je in einem anderen Leben. Jetzt würde ich mich wieder mit ihm verbinden. Das erinnerte mich an meine erste Sitzung bei einem Hellseher. Dieser hatte mir gesagt, in einem früheren Leben als tibetanischer Lama hätte ich Erleuchtung erlangt. Damals verwirrte mich das; es ging mir nicht in den Kopf, daß ich in einem früheren Leben erleuchtet gewesen sein sollte, während dieses Leben ein solches Durcheinander war. Nach meiner Vorstellung hatte man es, wenn man Erleuchtung erlangt hatte, geschafft und mußte nie wieder auf die Erde zurückkommen. Ich verstehe jetzt besser, daß wir in jedem Leben eine Menge unserer Schritte auf dem spirituellen Pfad zurückverfolgen. Selbst wenn wir in einem Leben einen Durchbruch erleben, gibt es trotzdem bei jedem viele karmische Muster, die ausgespielt werden müssen, damit sie sich erschöpfen. Es kann sein, daß in zeitlich späteren Leben unsere entwickelteren Ebenen der Realisierung nicht voll zum Tragen kommen, weil diese Muster sich selbst ausspielen und das innere Wissen abgeschwächt ist. Das Leben spielt sich nicht immer auf den Höhen des Himalaya ab. Es kann auch sein, daß die Kraft und das Wissen in einem späteren Leben zur Selbsterhöhung mißbraucht wird, was ein sehr mächtiges negatives Karma schafft.

16. März Als meine Führerin am Anfang der Sitzung die Yab-Yum-Position einnahm, intensivierte sie noch einmal den Energiefluß vom rechten und linken Kanal in den Zentralkanal. Nach ungefähr einer Stunde stieg eine reinigende Kraft durch den rechten und linken Kanal hoch und vereinigte sich im sechsten Chakra. Dies hatte zur Folge, daß vom sechsten Chakra ein strahlendes goldenes Licht ausging. Dieses Licht bewegte sich dann durch den rechten und den linken Kanal nach unten und erhöhte die Kraft, die durch die beiden Kanäle und den Zentralkanal floß.

Für den Rest der Sitzung erlebte ich, wie neue Energien den Zentralkanal hochstürmten. Ich war außer mir vor Seligkeit und umschlang meine Gefährtin in ekstatischem Entzücken. Diese Dimensionen des Bewußtseins waren immer in meinem tiefsten Inneren gewesen; dieser Zustand war es, nach dem ich mich gesehnt habe. Es war wie ein Traum, der Wirklichkeit wird, in diese tiefe ruhige Seligkeit zurückzugehen. Ich war von Dank erfüllt, daß ich diese Gnade empfangen durfte.

17. März Heute begann die Sitzung wie gewöhnlich und meine Führerin nahm die Yab-Yum-Position ein. Etwa fünfzehn Minuten lang schuf sie in ihrem Zentralkanal ein Vakuum, um die Energie in meinem Zentralkanal zu stimulieren. Bald strömte ein Fluß von weißgoldenem Licht von meinem ersten zum siebten Chakra. Dieser Lichtstrom nahm an Umfang und Intensität zu. Plötzlich hielt der Strom an, und aus dem Inneren des Zentralkanals tauchte eine Ebene von Lichtausdehnungen nach der anderen auf. Dann und wann versank ich in einen schlafartigen Zustand und es kamen mir Bilder, aber ich war in der Lage, mich zurückzuholen, und behielt die Klarheit der Leere. Ich fühlte mich jetzt überwältigt, mir klangen die Ohren, und durch meinen Körper ging eine starke Vibration.

18. März Die heutige Sitzung glich faktisch genau der gestrigen, meine Führerin brachte lediglich vor dem Eintritt in die Leere das Bild von Manjusri ins Spiel. In der Rechten hält er ein Schwert, das die Klarheit symbolisiert, die die Illusion des Samsara zerschneidet. In der Linken hält er das Dharma, ein Buch, das die Weisheiten der höheren Bewußtseinsstadien, wie sie in der Meditation realisiert werden, enthält. Meine

Führerin wies mich an, die falsche Qualität gewöhnlicher Realität zu kontemplieren. Ich wurde dann noch einmal in den unendlichen Ozean von Licht und Frieden getaucht. Ich blieb mit einer Einsicht zurück: Die Freiheit, die man gewinnt, indem man die Bindung des Egos durchschneidet, ist mit Wohlstand synonym. »Wenn wir uns selbst verlieren, gewinnen wir die Quelle von allem.«

19. März   Als der goldene Lichtstrom heute den Zentralkanal hochströmte, fiel mein Kopf spontan nach vorn. Mein Kinn preßte sich gegen die Brust. Dies hielt das Fließen des Stromes auf, dessen Bewegung dann aufhörte und der zum Stillstand gelangte. Nach einer Weile hob sich mein Kopf und ich trat in die Leere ein. Das durchscheinende Bild eines Urbuddha tauchte auf (ich machte ihn später als den Dhyani-Buddha Vairocana aus), und ich identifizierte mich mit seinem Meditationsbewußtsein. Dies hatte zur Folge, daß ich eine tiefe Ruhe erlebte, eine Stille, die viel tiefer war, als die Worte Frieden und Gelassenheit es zum Ausdruck bringen können. Ich war auf dem Grund eines Ozeans der Stille. Die manifestierte Welt war so weit oben, daß ihre Oberfläche ganz und gar »aus den Augen und aus dem Sinn« waren.

20. März   Alles begann an diesem Morgen wie gewöhnlich, nahm aber bald einen interessanten Verlauf. Meine Gefährtin schien ganz offen in mir sexuelle Gefühle zu wecken. Ich war schockiert, aber ich hatte gelernt, diesen Erfahrungen zu trauen. Ich bekam tatsächlich eine Erektion, als sie mit ihrem schönen ätherischen Körper vor mir erotisch tanzte. Mächtige sexuelle Gefühle überwältigten mich, als sie sich mit mir in der Yab-Yum-Position vereinigte. Ich hatte plötzlich eine starke Reaktion, ich fühlte mich unangenehm bei der Intensität der sexuellen Gefühle. »Ich würde lieber in der Leere meditieren« (ein guter Aufkleber für die Stoßstange!). Als ich mir das klarmachte, ließ die sexuelle Energie nach. Ich verstand, daß meine Führerin mich ermutigte, eine wichtige Entscheidung zu treffen. Wenn der Kraft, in die ich initiiert wurde, erlaubt würde, alte sexualromantische Muster zu nähren, würde ich von ihnen versklavt werden. Mir wurde gezeigt, wie dies tatsächlich in einem früheren Leben geschehen war und wie diese Bindungen mich in diesem Leben beeinflußt hatten. Ich verstand das, aber trotzdem bettelte noch ein Teil von mir: »Gibt es nicht eine Frau, mit der ich mich tantrischer Sexualität erfreuen könnte?«

Nachdem ich zugestimmt hatte, meine Bindungen fahrenzulassen, geschah etwas sehr Interessantes. Mein erstes Chakra schien eine Vagina zu sein, und in ihr stieg ein großer Penis auf. Er wurde immer größer, bis er zu meinem Kronenchakra aufgestiegen war. Dies war mit intensiver physischer Erregung und einem mächtigen Gefühl von Stärke des Lingams begleitet. Die Lingam-Yoni-Metapher weckte ein potentes Gefühl der Erfüllung und der Eigenständigkeit. Nachdem ich mich etwa zehn Minuten an diesem Zustand erfreut hatte, begann der Lingam sich hinaus in die Unendlichkeit auszudehnen. Wieder wurde ich in der Leere aufgelöst.

21. März In der heutigen Sitzung konzentrierte sich meine Führerin auf meinen mentalen Körper. Mir kam das Bild, mein Geist würde wie ein Computer-Chip in den kosmischen Geistcomputer gesteckt. Als dies geschah, ging eine Hochfrequenzschwingung und ein strahlendes Licht von der Spitze meines mentalen Körpers bis hinunter zum Kronenchakra. Sie konzentrierte sich dann im sechsten Chakra, und mein Kopf fühlte sich an, als würde er zerspringen. Als meine Bewußtheit sich im universalen Geist auflöste, ging sie in ein unendliches Meer von Lichtbewußtsein ein. Aus dieser Perspektive sah ich endlose Wellen von Licht zu den Küsten der phänomenalen Welten rollen. Ich sah, wie durch diese Wellen unzählige Welten geschaffen und zerstört wurden. Die essentielle Bedeutungslosigkeit dieser kosmischen Pulse weckten in mir eine große Freude und ein Gefühl von Befreiung. Ich weiß wirklich nicht, warum.

22. März Heute fühlte sich mein mentaler Körper groß und schwer wie eine große Messingglocke an. Mir kam dann das Bild, meine Seele säße in Form von Vajradhara obendrauf. Dieser Buddha schien vom Herz des Raumes, vom tiefsten Selbst, auszugehen. Ich fühlte mich ohne Grenzen und heiter, als meine Bewußtheit auf diese Ebene gezogen wurde.

23. März Meine Führerin begann, indem sie mich aufforderte, mir zu vergegenwärtigen, was ich gestern erfahren hatte. Als ich es tat, ergoß sich ein großes Quantum psychischer Energie durch das Kronenchakra in mein sechstes und fünftes Chakra. Ich dachte, ich würde ermächtigt, diese Ebenen der Bewußtseins in meinem Leben zu manifestieren. Als sich diese Kräfte hinab in mein Herzzentrum bewegten, wurde ich von Frieden und einem deutlichen Gefühl von Harmonie überwältigt. Trotz der Intensität der psychischen Kräfte sank ich tiefer und tiefer in diesen Frieden. Als ich aus der Meditation kam, war ich wieder von Dankbarkeit überwältigt.

24. März Heute begann meine Führerin, indem sie an allen meinen subtilen Körpern und Chakras Heilungsarbeit leistete und sie ausbalancierte. Sie forderte mich auf, mich selbst als Vajradhara zu visualisieren. Als ich dies tat, fühlte ich, wie seine Klarheit alle Ebenen von mir durchdrang. Mein ätherischer Körper schien wie elektrisiert zu sein. Mein Astralkörper war von Begeisterung und Wärme erfüllt. Mein geistiger Körper funkelte wie ein Stern. Sie forderte mich dann auf, über Vajradhara zu meditieren, was einige starke negative

Gefühle in mir weckte. Der jugendliche Optimismus und die Positivität von Vajradhara weckten meinen Widerwillen, hier auf der Erde sein zu müssen. Ich finde es sehr schwer, die psychische und materielle Verschmutzung unserer Welt zu akzeptieren. Ich habe eine sehr niedrige Toleranzgrenze für Habsucht, Gewalt und Ausbeutung, von denen der Globus unterdrückt wird. Heute hatte ich eine klare Einsicht: Wenn ich im Vajradhara-Bewußtseinszustand verbleiben könnte, würde ich von diesen Kräften der Umgebung nicht beeinflußt. Ja, dies wäre das segensreichste, was ich für den Rest der Welt tun könnte. Vajradhara ist »derjenige, der das Vajra hält«, die Macht der unzerstörbaren Leere. Wenn ich im Vajradhara-Zustand des Bewußtseins bleibe und nicht dem ständigen Fluß der Gefühlsurteile und negativen Gedanken verfalle, kann ich eine Empfangs- und Sendestation für die Vajradhara-Vibration in dieser Dimension sein.

25. März Meine Führerin begann die heutige Sitzung, indem sie meine Chakras und subtilen Körper ausbalancierte und reinigte. Sie setzte sich dann in tiefer Meditation vor mich und projizierte das Bild von Vajradhara in mein sechstes Chakra. Ich meditierte die ganze Sitzung über diesem Bild. Mir wurde klar: Wenn alle meine Handlungen dieser Ebene entspringen, dann wird mein Leben automatisch von der kreativen Kraft des Kosmos geleitet. Als ich über Vajradhara meditierte, fühlte ich, daß mein geistiger Körper so programmiert wurde, daß er aus seiner Perspektive funktionieren konnte.

26. März Meine Führerin kam, setzte sich vor mich und ging in tiefe Meditation. Es ging Licht von ihr aus, und ich gelangte damit in Einklang. Dies brachte mich sofort in die Leere.
Im diesem hinter mir liegenden Monat hatte ich besondere Träume. Am Ende der heutigen Meditation erinnerte ich mich

an einen Traum der letzten Nacht, in dem ein Strom von Energie von meinen Händen ausging, als ich in eine neue Dimension des Bewußtseins gelangte. Als ich mich an die Traumerfahrung erinnerte, merkte ich, wie ich in ein früheres Leben getragen wurde. Ich war ein Einsiedler, der in Indien in Meditation versunken in einer Höhle saß. Als ich tiefer in jenes Leben hineinging, sah ich, daß mein Leben heiter war und im Einklang mit der Natur stand.

Bei der Gelassenheit, die ich heute erlebte, wurde ich mir deutlich der Angst und der Spannungen bewußt, die ich in meinem derzeitigen Körper herumtrage. Ich spürte heute, wie wunderbar es wäre, ohne sie zu leben.

27. März   An diesem Morgen löste sich meine Führerin kurz, nachdem sie sich vor mich gesetzt hatte, um zu meditieren, in die Leere auf. Ich blieb zurück und kontemplierte die Leere, in der wir existieren. Ich sank in dieser Leere tiefer und tiefer, bis ich das Gefühl hatte, ich sei wieder auf dem Grund des Ozeans angelangt. Gleichgültig, wie bewegt die Ober-fläche des Lebens ist, die Tiefen der Leere sind immer ruhig. Ich bekomme eine klarere Vorstellung davon, was das Leben sein könnte, wenn es aus den Tiefen dieses ruhigen Verwei-lens gelebt werden kann.

28. März   Heute nahm meine Führerin die Yab-Yum-Posi-tion ein und weckte noch einmal die Kundalini-Kraft. Als ich den Druck im sechsten Chakra spürte, erinnerte ich mich an einen Traum der vergangenen Nacht. In dem Traum war die Kundalini den Zentralkanal hinaufgestiegen, hatte die Blü-tenblätter des sechsten Chakras durchdrungen und enthüllte einen von diamantenem Licht glänzenden Edelstein. Ich fühlte, daß mir ein großes Geheimnis offenbart worden war: die Bedeutung des Mantras OM MANI PADME HUM. Ich versuchte in meinem Traum, dies Menschen zu erklären, weil ich fürchtete, daß ich diese Einsicht vergessen würde. Kurz vor dem Ende der Sitzung kam mir spontan ein Bild von der Tür eines lodernden Brennofens, der geöffnet wurde, und das Feuer der Kundalini brannte in mir wie ein rasendes Feuer. Als die Flammen langsam abflauten, kam Frieden auf mich herab. Wieder stiegen Gefühle der Dankbarkeit aus meinem Inneren auf.

29. März Am Anfang der Sitzung war ich von einer Art zeremonieller Atmosphäre beeindruckt. Als ich meine Aufmerksamkeit auf die inneren Ebenen lenkte, nahm ich etwa einhundert tibetanische Mönche wahr. Sie sangen, und es schien, als sei die Atmosphäre von Weihrauch erfüllt. Und plötzlich erlebte ich einen Traum von der vergangenen Nacht noch einmal. Ich ging auf eine Plattform, die so angestrichen war, daß man sie nicht erkennen konnte. Ich hatte Angst, sie zu betreten, wurde aber dazu gezwungen. Als nächstes bemerkte ich auf der Plattform eine elektrische Hochspannungsleitung. Ich konnte sie schlecht erkennen und fürchtete, draufzutreten, weil ich nicht vom Strom getötet werden wollte. Dann beobachtete ich mich im Traum. Ich sah aus wie ein engelhaftes Wesen und trug ein langes weißes Gewand. Als ich über die Leitung stieg, gelangte ich in eine andere Dimension, und mein Wahrnehmungsfeld sah aus, als würde ich durch ein Kaleidoskop blicken. Überall gleichzeitig zu sein, verwirrte mich, und ich wußte nicht, wo ich war. Meine normalen Begriffe von Raum und Zeit waren unbrauchbar. Als ich hinabschaute, sah ich ein Bild, das sich auf mich zubewegte. Als es näher kam, sah ich, daß es eine tibetanische Gottheit war. Ich hatte das nicht ganz geheure Gefühl, ich hätte sie früher schon einmal gesehen, aber ich erkannte sie nicht. Ich erinnere mich, daß ich versuchte, mir das Bild der Gottheit vor Augen zu halten, aber schließlich verblaßte es.

Abbildung 37: Vajrapani ist in der tantrischen Ikonographie als blauer Bodhisattva, der von Flammen umgeben ist, dargestellt, was die Weisheit, die alle Hindernisse zerstört, symbolisiert. Er schwingt ein *dorje*, und ein weiterer befindet sich zuoberst auf seinem Kopf. Er trägt auch die Juwelen eines Bodhisattva und einen Schlangengürtel. In seiner mächtigen Statur tritt er rechts auf die Samenhülse einer Lotusblüte. Die Blüte und die Samen des Lotus entwickeln sich gleichzeitig. Dies ist ein tantrisches Symbol für die Einheit in der Vielfalt und die synchrone Beziehung von Ursache und Wirkung. Zeitgenössische Darstellung von Äge Delbanco, wiedergegeben mit der Erlaubnis des Künstlers.

In der Meditation erschien die gleiche Gottheit wieder. Als die Mönche weiter sangen, gab meine Führerin mir den Auftrag, diese Gottheit zu kontemplieren. Ich war höchst beeindruckt von der Macht dieser Gottheit. Sie schien die Kraft des Tantra zu verkörpern. Der Körper war in eine Spirale von Flammen gehüllt, und er streckte dynamisch sein rechtes Bein vor. Ich fühlte sein Feuer in mir brennen, es war eine transformierende Energie. Der Gesang der Mönche wurde lauter. Mir kam die Vorstellung, ich ginge durch eine Initiation. Der Eindruck verstärkte sich, daß es etwas mit Lehren zu tun hatte, daß ich ermächtigt würde, Tantra zu lehren. Ich mißtraute diesem Gedanken, ich hatte den Verdacht, mein Ego würde wieder in Versuchung geführt.

Später entdeckte ich, daß diese Gottheit Vajrapani war. Eine der Implikationen der Vajrapani-Initiation ist das Potential, die Samen der Realisation als Realisationsblüten in uns zu entwickeln.

Sieben Jahre später, während ich dieses Manuskript abschließe, achte ich noch immer darauf, wie die Samen dieser inneren Erfahrungen in meinem äußeren Leben Blüten treiben. Wenn ich zurückschaue, scheint es, als habe die Intensität des inneren Feuers mich bis ins Innerste geläutert. Sechs Monate nach diesem unglaublichen Gipfelerlebnis begann die Schlacke, in mein äußeres Leben ausgespien zu werden. Die vergangenen sieben Jahre waren ein intensives Drama nach dem anderen; durch die Kraft der Kundalini wurden die tiefsten und dunkelsten karmischen Muster in mir ununterbrochen aktiviert.

Die Fallstricke des Karmas und des Egos sind zwar noch straff angezogen und halten mich fest; doch die Freiheit, zu der der tantrische Pfad führt, wird jeden Tag deutlicher. Meine

Überzeugung und mein Verständnis wachsen, während mein Stolz und meine Abwehr zerstört werden, und doch frage ich mich von Zeit zu Zeit: Wird die Notwendigkeit, loszulassen, je aufhören? Doch ich weiß, sie wird nicht aufhören, der tantrische Pfad hat kein Ende. Es gibt keinen Ort zu sein und keinen Ort, von dem man kommt, und es gibt niemand zu sein und nichts zu werden. Dies ist die Essenz der ans andere Ufer führenden Weisheit.

Anmerkungen und Bibliographie

Einführung

1 retreat (engl.) = Rückzug
2 Carl Gustav Jung, *Aspects of the Feminine,* Bollingen Series, Princeton, NJ, Princeton University Press, 1982, S. 92
3 Jamgon Kongtrul, *The Torch of Certainty,* Boston, Shambhala, 1986, S. 12–13
4 Ein empfehlenswertes Arbeitsbuch ist das von Barbara Ann Brennan, *Hands of Light,* NY, Bantam, 1987; deutsch: *Lichtarbeit,* München, Goldmann 1990

Kapitel 1

1 Philip Rawson, *Tantra: The Indian Cult of Ecstasy,* New York, Avon, 1973, S. 7
2 Rawson, Philip, a.a.O., S. 196
3 Joseph Campbell, T*he Mythic Image,* Princeton, NJ, Princeton University Press, 1974, S. 331
4 Ich übernehme keine Verantwortung für Leser, die dies ohne geeignetes Training versuchen.
5 Carl Gustav Jung, *Analytical Psychology: Its Theory and Practice,* New York, Vintage, 1968, S. 10; deutsch: *Praxis der Psychotherapie, Gesamtwerk,* Olten, Walter, Bd. 16
6 Martin Willson, *Rebirth and the Western Buddhist,* London, Wisdom Publications, 1987, S. 9–10
7 Ian Stevenson, *Twenty Cases of Suggestive Reincarnations,* Charlottesville, VA, University Press of Virginia, 1974; deutsch: *Wiedergeburt – Kinder erinnern sich an frühere Erdenleben,* Aquamarin-Verlag
8 Carl Gustav Jung, *Analytical Psychology,* a.a.O. S. 7–8; deutsch: *Praxis der Psychotherapie, Gesamtwerk,* Olten, Walter, Bd. 16
9 Daniela Jaffe, *The Myth of Meaning,* New York, Penguin, 1975, S. 79; deutsch: *Der Mythos vom Sinn,* Zürich, Daimon, 1983, S. 134 ff.

10 Carl Gustav Jung, *Septem Semones ad Mortuos* in *Memories, Dreams, Reflections,* New York, Random House, 1965, S. 397; deutsch: *Erinnerungen, Träume, Gedanken,* S. 389

11 Radmila Moacanin, J*ung's Psychology and Tibetan Buddhism,* London, Wisdom Publications, 1986, S. 75; deutsch: *Archetypische Symbole und tantrische Geheimlehren,* Interlaken 1988, Ansata, S. 101

12 Lama Govinda, *Creative Meditation and Multi-Dimensional Consciousness,* Wheaton, Il, Theosophical Publishing House, 1976, S. 30; deutsch: *Schöpferische Meditation und multidimensionales Bewußtsein,* Freiburg, Aurum, 1988, S. 47

13 Für mehr Information über die Umprogrammierung des Unbewußten empfehle ich wärmstens: Emmet E. Miller, *Software for the Mind,* Berkeley, Ca., Celestial Arts, 1987

Kapitel 2

1 Lama Govinda, *Foundations of Tibetan Mysticism,* York Beach, ME, Samuel Weiser, 1974 und London, Rider & Co., 1974, S. 181; deutsch: *Grundlagen tibetischer Mystik,* Weilheim, Barth, 1988, S. 212

2 Erich Neumann,*The Origins and History of Consciousness,* Bollingen Series, Vol, XLII, Princeton, NJ, Princeton University Press, 1954, S. 8; deutsch: *Ursprungsgeschichte des Bewußtseins,* Frankfurt, Fischer, 1989, S. 20

3 Neumann, *a.a.O.,* S. 114–116, 280; deutsch: S. 95 ff. und 254 ff.

4 Dane Rudhyar, *Occult Preparations for a New Age,* Wheaton, Il, Theosophical Publishing House, 1975, S. 144–145

5 Joseph Campbell, *The Mythic Image,* Bollingen Series, Col. C, Princeton, NJ, Princeton University Press, 1981, S. 341

6 Lama Thubten Yeshe, *Wisdom-Energy,* Honolulu, Conch Press, 1976, S. 74

7 Mehr Information über die Zufluchts-Praxis findet man in Khetsun Sangpo Rinbochay, *Tantric Pratice in Nying-Mapa,* Ithaca, NY, Snow Lion, 1982

Kapitel 3

1 Erich Neumann, *The Origins and History of Consciousness,* Bollingen Series, Vol. XLII, Princeton, NJ, Princeton University Press, 1954, S. 39–102; deutsch: *Ursprungsgeschichte des Bewußtseins,* Frankfurt, Fischer, 1989, S. 43 ff.

2 Irene Claremont de Castillejo, *Knowing Woman,* New York, Harper & Row, 1973, S. 77

3 Carl Gustav Jung, *Aspects of the Feminine,* Princeton, NJ, Princeton University Press, 1982, S. 172

4 David Alan Ramsdale and Ellen Jo Dorfman, *Sexual Energy Ecstasy,* Playa Del Ray, Ca., Peak Skill, 1985, S. 197; deutsch: *Sexuelle Energie und Ekstase,* München, Goldmann 1987, S. 257

5 Ramsdale and Dorfman, *Sexual Energy Ecstasy, a.a.O.,* S. 198; deutsch: S. 258

6 Nik Douglas and Penny Slinger, *Sexual Secrets,* Rochester, VT, Destiny Books, 1979, S. 300; deutsch: *Das große Buch des Tantra, Sexuelle Geheimnisse und die Alchemie der Ekstase,* Basel, Sphinx, 1986, S. 263.
  Man kann dieses Material auch anderswo finden, denn bei den sechs Lehren von Naropa handelt es sich um einen alten Text, doch vielleicht ist diese spezielle Referenz für den Leser eine Hilfe.

Kapitel 4

1 Lama Govinda, *Foundations of Tibetan Mysticism,* York Beach, ME, Samuel Weiser, 1974 und London, Rider & Co., 1974, S. 179; deutsch: *Grundlagen tibetischer Mystik,* Weilheim, Barth, 1988, S. 90

2 Robert A. Monroe, *Journeys Out of the Body,* New York, Doubleday, 1971, S. 77–78; deutsch: *Der Mann mit den zwei Leben,* München, Knaur (Tb 4150)

3 Chögyam Trungpa, *Cutting Through Spiritual Materialism,* Boston, Shambhala, 1973, S. 241; deutsch: *Das Ende des spirituellen Materialismus,* Theseus, 1989

4 John Blofeld, *Tantric Mysticism of Tibet,* New York, E. P. Dutton, 1970, S. 80

5 Mehr Informationen über Einsichts-Meditation finden Sie in: Amadeo Sole-Leris, *Tranquility and Insight,* Boston, Shambala, 1986

Kapitel 5

1 Lama Govinda, *Foundations of Tibetan Mysticism,* York Beach, ME, Samuel Weiser, 1974 und London, Rider & Co., 1974, S. 179; deutsch: *Grundlagen tibetischer Mystik,* Weilheim, Barth, 1988, S. 211

2 Robert A. Monroe, *Journeys Out of the Body,* New York, Doubleday, 1971, S. 77–78; deutsch: *Der Mann mit den zwei Leben,* München, Knaur (Tb 4150)

3 Alice Bailey, *Esoteric Healing,* New York, Lucis Publishing Co., 1977, S. 123–124

4 Erich Neumann, *The Origins and History of Consciousness,* Bollingen Series, Vol. XLII, Princeton, NJ, Princeton University Press, 1970, S. 195–200; deutsch: *Ursprungsgeschichte des Bewußtseins,* Frankfurt, Fischer, 1989, S. 174 ff.

5 Mehr Informationen finden Sie in: Carl Gustav Jung, *Psychology of Transference,* Princeton, NJ, Princeton University Press, 1966, S. 85–86; deutsch: *Persönlichkeit und Übertragung,* Olten, Walter, 1988, S. 160 ff.

6 Helena Curtis, *Biology,* Worth Publishers, 1968, S. 162

7 John Blofeld, *The Tantric Mysticism of Tibet,* New York, Dutton, 1970, S. 160–161

8 Mehr Informationen über die Vajrasattva-Praxis findet man bei Khetsun Sangpo Rinbochay, *Tantric Practice in Nying-Mapa,* Ithaca, NY, Snow Lion, 1982 oder bei John Blofeld, *The Tantric Mysticism of Tibet,* NY, Dutton, 1970

Kapitel 6

1 Lama Govinda, *Foundations of Tibetan Mysticism,* York Beach, ME, Samuel Weiser, 1974 und London, Rider & Co., 1974, S. 183; deutsch: *Grundlagen tibetischer Mystik,* Weilheim, Barth, 1988, S. 214

2 John A. Sanford, *Healing and Wholeness,* New York, Paulist Press, 1977, S. 133

3 Govinda, *a.a.O.;* deutsch: S. 253

4 Govinda, *a.a.O.;* deutsch: S. 274–275

5 John Blofeld, *Mantras Sacred Words of Power,* London, Unwin Hyman, 1977, S. 34–35; deutsch: *Mantra, die Macht des heiligen Lautes,* Weilheim, Barth, 1988, S. 60 ff.

6 Jane Roberts, *The Nature of the Psyche,* Englewood Cliffs, NJ, Prentice Hall, 1979, S. 130; deutsch: *Die Natur der Seele,* München, Goldmann, 1989, S. 181 ff.

7 Roberts, *The Nature of the Psyche,* a.a.O., S. 136–141; deutsch: S. 192 ff.

8 Stephen La Berge, *Lucid Dreaming,* New York, Ballantine, 1985, S. 80; deutsch: *Hellwach im Traum,* Paderborn, Jungfermann, 1987

9 Mehr Information über Traum-Yoga finden Sie in: Charles Muses, *Esoteric Teachings of Tibetan Tantra,* York Beach, ME, Samuel Weiser, 1961, S. 200–220

10 Carlos Castaneda, *Journey to Ixtlan,* New York, Pocket Books, 1975; deutsch: *Reise nach Ixltan,* Frankfurt, Fischer, 1987

11 La Berge, *Lucid Dreaming,* a.a.O., S. 118–120

12 La Berge, *Lucid Dreaming,* a.a.O., S. 118

13 La Berge, *Lucid Dreaming,* a.a.O., S. 12–13

14 Zitiert nach Carl Gustav Jung, *The Psychology of the Transference,* Princeton, NJ, Princeton University Press, 1966, S. 95; deutsch: *Persönlichkeit und Übertragung,* Zürich, Walter, 1988, S. 189 ff.
Es gibt eine Anzahl Publikationen über die Alchemie, die man durchforschen kann. Das Interesse an diesem Material nimmt zu.

15 Sanford, *Healing and Wholeness,* a.a.O., S. 64–65

16 Carl Gustav Jung, *Aion,* Bollingen Series, Vol. IX, Princeton, NJ, Princeton University Press, 1959; deutsch: *Aion. Untersuchungen zur Symbolgeschichte,* Zürich, Rascher, 1951

17 Joseph Campbell, *The Mythic Image,* Bollingen Series, Vol. C, Princeton, NJ, Princeton University Press, 1974, S. 394

18 Carl Gustav Jung, *Psychological Commentary* in W.Y. Evans-Wentz, *The Tibetan Book of the Dead,* New York & London, Oxford University Press, 1960; deutsch: *Das Tibetanische Totenbuch,* Olten, Walter

19 Tsultrim Allione, *Women of Wisdom,* London, Arkana, 1985, S. 145–149; deutsch: *Tibets weise Frauen,* Capricorn

20 Mehr Information über die Chöd-Praxis finden Sie bei: Khetsun Sangpo Rinbochay, *Tantric Practice in Nying-Mapa,* Ithaca, NY, Snow Lion, 1982, S. 161–166

Kapitel 7

1 Shakti Gawain, *Creative Visualization,* Mill Valley, CA, Whatever Publishing, 1978, S. 44; deutsch: *Stell dir vor! Kreativ Visualisieren,* Basel, Sphinx, 1985, S. 62

2 J. H. Walle und N. & M. Feiertag, *The Organization of the Brain* in *Scientific American,* Sept. 1979, Vol. 241, S. 97

3 Walt Anderson, *Open Secrets,* New York, Penguin, 1979, S. 50; deutsch: *Das offene Geheimnis,* München, Goldmann

4 Daniel Cozort, *Highest Yoga Tantra,* Ithaca, NY, Snow Lion, 1986, S. 117

5 Mehr Information über Guru-Yoga und die vier tantrischen Ermächtigungen findest du in: Ninth Karmapa, Wang-Ch ug Dorje, *The Mahamudra. Eliminating the Darkness of Ignorance,* translated and edited by Alexander Berzin, Dharamsala, India, Library of Tibetan Works and Archives, 1978, S. 17–20

6 Mehr Information über die Vasenatmung und Hitze-Yoga findest du in: Chang Chen Chi, *The Esoteric Teachings of Tibetan Tantra,* York Beach, ME, Samuel Weiser, 1961, S. 173–200

7 Diese gekürzte Version wurde wiedergegeben nach dem *Sri Chakra Sambhara Tantra,* hrsg. von Kazi Dawa Sandup, London, Luzac & Co., und Calcutta, Thatcher, Spink & Co., 1919

Kapitel 8

1 Carl Gustav Jung, *Aion,* Bollingen Series, Vol. IX, Princeton, NJ, Princeton University Press, 1959; deutsch: *Aion. Untersuchungen zur Symbolgeschichte,* Zürich, Rascher, 1951

2 Jung, *Aion,* a.a.O., S. 36–37, deutsch: S. 63–64

3 Jung, *Aion,* a.a.O., S. 43

4 Daniela Jaffe, *The Myth of Meaning,* New York, Penguin, 1971, S. 120; deutsch: *Der Mythos vom Sinn,* S. 100 ff.

5 *The Life of Teresa of Jesus* zitiert in: *The Laughing Man,* Vol. 2, No. 2, Dawn Horse Press, 1981, S. 50

6 Das oben erwähnte Material wurde in einem Artikel diskutiert, der veröffentlicht ist in: *The Laughing Man,* Vol. 2, No. 2, Dawn Horse Press, 1981, S. 46, 61–62

7 Robert Powell, *The Blissful Life,* Durham, NC, Acorn Press, 1984, S. 27

8 *The Heart Sutra,* ohne Quellenangabe

9 W.Y. Evans-Wentz, *Tibetan Yoga and Secret Doctrines,* Oxford, Oxford University Press, 1958, S. 344, 349

10 The First Pachem Lama, *The Great Seal of Voidness,* Dharamsala, Indien, Library of Tibetan Works and Archives, 1975, S. 7

11 Edwin Bernbaum, *The Way to Shambhala,* New York, Doubleday, Anchor, 1980, S. 108–109; deutsch: *Der Weg nach Shambhala,* Freiburg, Bauer, 1988, S. 114

12 Chögyam Trungpa, *Cutting Through Spiritual Materialism,* Boston, Shambhala, 1973, S. 189; deutsch: *Das Ende des spirituellen Materialismus,* Theseus, 1989

13 Trungpa, *Cutting Through Spiritual Materialism, a.a.O.,* S. 190

14 Trungpa, *Cutting Through Spiritual Materialism, a.a.O.,* S. 194, 196

15 Keith Dowman, *Masters of Mahamudra,* Albany, NY, State University of New York Press, 1985, S. 78

16 Dowman, *Masters of Mahamadra, a.a.O.,* S. 123–129

Glossar tantrischer Begriffe

Abhidharma: Ein metaphysischer oder philosophischer Zweig der buddhistischen Lehre.

Arhat: Wörtlich »der Siegreiche«, ein Begriff, der im Hinayana-Buddhismus verwendet wird und einen Praktizierenden bezeichnet, der den Kreislauf der Geburt und des Todes verläßt, indem er in das Nirvana eingeht.

Bardo: Wörtlich »ein Zwischenzustand« – gewöhnlich bezieht er sich auf die Zeitspanne zwischen Tod und Wiedergeburt.

Bija-Mantra: Eine Samen-Silbe, die eine spezifische kosmische oder psychische Kraft bezeichnet, die in Mantras und Visualisierungen verwendet wird.

Bindu (Thig-Le in tibetisch): Wörtlich »Punkt«, bezeichnet starke Punkte der Leere oder Samen-Essenz.

Bodhicitta: »Erleuchtetes Geist-Herz« eines Buddhas. Metaphorisch wird sie als milchweißer seligkeitserzeugender Nektar visualisiert und gewöhnlich in erbarmungsvoller Haltung und der Motivation, zum Wohle aller fühlenden Wesen Erleuchtung zu erlangen, in Zusammenhang gebracht.

Bodhisattva: Eine Person, die danach strebt, Bodhicitta zu schaffen und schwört, ein Leben des selbstlosen Dienstes zu führen, was beinhaltet, auf das Nirvana zu verzichten, bis alle Wesen Erleuchtung erlangt haben.

Buddha: Entweder Gautama, der Gründer des Buddhismus, oder jedes andere erweckte Wesen.

Chakra: »Rad« – wird gebraucht, um die wichtigsten psychischen Energiezentren entlang der Wirbelsäule zu beschreiben.

Dakini: Wörtlich »Himmelsgeherin«, ein weiblicher Geist, der geheimes Wissen vermittelt.

Dharma: Die gesammelten Lehren von Gautama Buddha oder das universelle Gesetz.

Dharmakaya: Der überirdische Körper des Buddha-Geistes.

Gelupa: Eine der Hauptsekten des tibetischen Buddhismus.

Guru: »Lichtbringer«, d. h. ein Lehrer.

Heruka: Jede furchterregende Verkörperung des Buddha-Geistes, die in höheren tantrischen Praktiken als Gottheit verwendet wird.

Hinayana: »Kleines Fahrzeug«, die ursprüngliche Form des Buddhismus, wie sie von Schülern von Gautama Buddha propagiert wurde.

Ida: Der weibliche sekundäre psychische Kanal entlang der Wirbelsäule.

Jina: Eroberer, der Name, der den fünf Urbuddhas gegeben wurde, weil ihre Weisheit die Illusionen des Ego-Geistes zerstört.

Jnana: Der kognitive Zustand, der der Leere eigen ist und folglich die Quintessenz der Weisheit.

Kargyu: Eine der Hauptsekten des tibetanischen Buddhismus.

Karma: Wörtlich »Handlung«, verweist auf die Beziehung von Ursache und Wirkung unserer geistigen, emotionalen und physischen Handlungen und ihren Ergebnissen in unserem Leben.

Klesa: Eine karmische Verdunkelung, die durch Verlangen oder Irreführung verursacht wurde und als Hindernis auf dem Weg zur Erleuchtung wirkt.

Lama: Tibetischer buddhistischer Mönch oder Lehrer, der hochgebildet in buddhistischen und/oder tantrischen Lehren und Praktiken ist.

Madhyamika: Eine philosophische Schule, die Vorläufer der erweiterten Lehre des Mahayana-Buddhismus war und auf der Theorie der Leere basierte. Sie wurde im zweiten Jahrhundert n. Chr. von dem Weisen Nagarjuna geschaffen.

Mahamudra: Wörtlich »die große Geste«. Das große Siegel oder Symbol, das auf das Höchsterreichbare des tantrischen Pfades hinweist: die Einheit von vollkommener Einsicht in die Leere und Befreiung.

Mahayana: »Das große Fahrzeug« in Nebeneinanderstellung zum Hinayana oder »kleinem Fahrzeug«. Eine ausgeweitete Lehre, die sich darin auszeichnet, daß sie auf dem Bodhisattva-Eid, einem großen Pantheon von Gottheiten, Meditation über die Leere und der Bedeutsamkeit des Gurus für das Wort der Schriften beruht.

Mandala: Der göttliche Kreis, der bei der Meditation verwendet wird und spezifische psychische oder kosmische Kräfte repräsentiert. Jung hielt Mandalas für einen Ausdruck des Selbst, des heilenden Aspektes der Psyche.

Mantra: Ein heiliger Gesang, der bestimmte psychische Wirkungen hervorruft. Jede Gottheit hat ihr eigenes Mantra, was genutzt wird, um in der Meditation deren Eigenschaften heraufzubeschwören.

Maya: Das große Sichtbarwerden der phänomenalen Welt, das im hinduistischen Tantra mit der weiblichen Kraft der Schöpfung in Verbindung gebracht wird.

Mudra: Eine Geste, die die Qualität einer spezifischen Gottheit symbolisiert.

Nada: Eine subtile Bahn psychischer Energie im Leibgeist.

Nirmanakaya: Ein inkarnierter Buddha.

Nirvana: »Auslöschen oder zu Ende gehen«, die Befreiung vom Leiden, das von den Irreführungen des Ego-Selbst verursacht ist.

Nyingmapa: Eine Hauptsekte des tibetischen Buddhismus.

Pingala: Der maskuline, sekundäre Kanal für psychische Energie entlang der Wirbelsäule.

Prana: Die psychische Energie, die durch die subtilen Bahnen des Leib-Geistes fließt, mit dem Atem in Verbindung gebracht wird und in Wechselbeziehung zu unterschiedlichen Chakras und Bewußtseinszuständen steht.

Prajna: Erhöhtes Gewahrsein, das im buddhistischen Tantra mit weiblichen Gottheiten assoziiert wird.

Samadhi: Wörtlich »Einheit mit dem Herrn«, ein tiefer Meditationszustand, in dem die leere Natur der Realität erfahren wird, synonym mit Erleuchtung.

Sambogakaya: Der Astral- oder illusionäre Körper des Buddha-Geistes. Die Form, in der die Meditationsgottheiten während der Meditation oder beim Traum-Yoga erscheinen.

Samsara: Zustand der zyklischen Existenz, dessen Ursache Unwissenheit und das Leiden des Ego-Selbst ist.

Siddhi: Aneignung von Kräften oder Fähigkeiten, seien sie weltlicher oder spiritueller Art.

Shunyata: »Leere«. Im tantrischen Gebrauch bezeichnet Shunyata die leere Natur der Realität.

Sushumna: Der primäre oder zentrale psychische Kanal entlang der Wirbelsäule, in der die Kundalini aufsteigt.

Tantra: Ein altes Verb, das »weben« bedeutet und auf die ununterbrochene Verwobenheit von männlichen und weiblichen kosmischen Kräften hinweist, die das Gewebe der Realität schaffen. Als Lehrgebäude nutzt es ein Pantheon von Gottheiten und deren spezifische Meditationsrituale.

Tathata: Die »Soheit« oder die exakten Elemente, die jedes Phänomen ausmachen; auf einer anderen Ebene die wichtigsten Eigenschaften der Existenz, z. B. die Leere.

Thig-Le: Siehe *Bindu.*

Tulku: Eine anerkannte Reinkarnation eines erleuchteten Wesens, theoretisch eine Erscheinungsweise des Buddha-Geistes.

Vajra: Außerordentlich hart oder unzerstörbar und unver-fälscht, wie ein Diamant – wird verwendet, um die Leere zu symbolisieren.

Vajrayana: Die tantrische Schule des Mahayana-Buddhis-mus.

Yab-Yum: Wörtlich »Vater-Mutter« – bezieht sich auf männ-liche und weibliche Gottheiten in tantrischer sexueller Umarmung und symbolisiert die Einheit von Weisheit und Erbarmen.

Yantra: Eine symbolische Zeichnung, die eine bestimmte Gottheit heraufbeschwört.

Yidam: Jede männliche oder weibliche Gottheit, die als Meditationsobjekt Verwendung findet.

Yoga: Wörtlich »Joch«, was die Einheit von Weltlichem und Sublimem im Geistleib impliziert. Im allgemeinen beinhaltet Yoga unterschiedliche physische und mentale Methoden, die eingesetzt werden, um zu dieser Einheit anzuregen.

Glossar Jungscher Begriffe

Anima: Die weibliche Seite der Psyche des Mannes.

Animus: Die männliche Seite der Psyche der Frau.

Archetyp: Bilder oder psychische Konfigurationen in der kollektiven Tiefe der Psyche, die die Parameter der persönlichen Identität definieren.

Kollektives Unbewußtes: Die Summe der unbewußten transpersönlichen Elemente der Psyche.

Individuation: Die allmähliche Ausweitung der Grenzen der persönlichen Identität, die zur Integration von immer mehr unterdrückten persönlichen und transpersonalen Faktoren führt. Damit erlangt man das Gefühl von Ganzheit und Vollkommenheit.

Selbst: Der vollständige Bereich archetypischer und transpersonaler Faktoren der Psyche, der als einigende oder transzendentale Kraft wirkt.

Schatten: Die sozial nicht akzeptablen und persönlich zurückgewiesenen Aspekte der Psyche, die als autonome Unterpersönlichkeiten unterhalb der normalen Wahrnehmungsschwelle des Ego-Selbst wirksam werden.

Stichwortverzeichnis

Viele sprechen und schreiben heute über Energiekörper und Chakras, ohne jedoch über systematische eigene Erfahrungen zu verfügen. Nicht so Charles Breaux. Ihm fiel der Einstieg in die Meditation leicht, ja, er hatte aufgrund umfassender meditativer Praxis in vergangenen Inkarnationen gar keine andere Wahl, als den Weg des Tantra konsequent zu verfolgen.

Seine hellsichtigen und heilerischen Qualitäten verbindet der Autor mit dem therapeutischen Wissen C. G. Jungs. Somit präsentiert das vorliegende Werk eine herausragende Synthese westlicher und östlicher Tradition: analytisch-assoziatives psychologisches Verständnis und direkte Wahrnehmung der feinstofflichen Energiestrukturen.

Dieses Buch wird allen helfen, die sich um ein tieferes Verständnis psychischer Energien bemühen und die Dynamik archetypischer Strukturen verstehen wollen. Besonders Meditierende und alle, die in heilenden Berufen arbeiten, werden die umfassenden Informationen des Autors über die Funktion der Chakras begrüßen.

Charles Breaux hat humanistische Psychologie studiert. Mehrere Jahre lang arbeitete er am »Berkeley Psychic Institute« und leitete das »Berkeley Holistic Health Center«. Zahlreiche Seminare mit tibetischen Lamas, Workshops und Vorträge. Seit 1976 eigene Praxis für Lebensberatung unter Anwendung von Körperarbeit und energetischer Diagnose.

Esoterik

Herausgegeben von Gerhard Riemann

Deutsche Erstausgabe März 1991
© 1991 Droemersche Verlagsanstalt Th. Knaur Nachf., München
Titel der Originalausgabe »Journey into Consciousness«
© 1989 Charles Breaux
Originalverlag Nicolas-Hays, Inc.
Umschlaggestaltung Peter F. Strauss
Satz DTP (Ventura Publisher 2.0) br
Druck und Bindung Ebner Ulm
Printed in Germany
2 4 5 3 1
ISBN 3-426-04251-7